我们一起解决问题

绩效考核与目标设定量化管理全案

弗布克管理咨询中心　编著

人民邮电出版社
北　京

图书在版编目（CIP）数据

绩效考核与目标设定量化管理全案 / 弗布克管理咨询中心编著. -- 北京 : 人民邮电出版社, 2021.3(2023.3重印)
ISBN 978-7-115-56024-7

Ⅰ. ①绩… Ⅱ. ①弗… Ⅲ. ①企业管理－人力资源管理－手册 Ⅳ. ①F272.92-62

中国版本图书馆CIP数据核字(2021)第031554号

内容提要

绩效考核是企业经营管理中的重要环节，制定科学、完善、切合实际的绩效考核项目和标准，对企业实现经营目标和战略目标具有重要意义。

本书有指标、有目标、有标准、有量表、有方案、有细则，考核对象涉及招商、外联、营销、销售、门店、电商、配送、采购、车间、班组、工艺、质量、技术、研发、仓储、售后、新媒体、财务、行政、后勤、安保及物业等企业业务与职能部门的各类人员。全书提供了 118 个企事业单位各级别人员通用职位的考核量表、45 套关键岗位人员（团队）的绩效考核方案与实施细则，这些内容方便读者"拿来即用"或"稍改即用"。

本书不仅适合企事业单位经营管理者、人力资源从业者阅读与使用，也可作为企业培训师、咨询师及高等院校相关专业师生的参考用书。

◆编　　著　弗布克管理咨询中心
　责任编辑　付微微
　责任印制　胡　南
◆人民邮电出版社出版发行　　北京市丰台区成寿寺路 11 号
　邮编 100164　　电子邮件 315@ptpress.com.cn
　网址 https://www.ptpress.com.cn
　涿州市京南印刷厂印刷
◆开本：787×1092　1/16
　印张：22.5　　2021 年 3 月第 1 版
　字数：426 千字　　2023 年 3 月河北第 3 次印刷

定　价：99.00 元

读者服务热线：（010）81055656　印装质量热线：（010）81055316

反盗版热线：（010）81055315

广告经营许可证：京东市监广登字20170147号

前　言

绩效考核一直以来都是企业管理的一大难题，企业要想解决这个难题，最好的办法就是将考核指标量化。量化的指标更有利于考核的进行和对考核结果的计算，如果企业能将绩效考核指标量化并实现量化管理，那么绩效考核工作就会变得相对简单。

考核指标从选取到量化，对于一个少则十几个、多则几十个甚至上百个部门的企业来说，确实是一项艰巨的任务。弗布克管理咨询中心在过去15年经验积累和企业咨询实践的基础上，根据各行业的实际情况，参照同一行业的同一部门或借鉴不同行业的同一部门，对员工**绩效考核指标与目标值进行了设计与量化，同时针对考核标准、考核量表、考核方案、实施细则等给出了设计方案**，形成了这本《绩效考核与目标设定量化管理全案》。

本书也是《绩效量化考核与薪酬体系设计全案》的修订版。自第1版（2008年）和第2版（2012年）上市以来，《绩效量化考核与薪酬体系设计全案》得到了数十万读者的广泛关注，他们对该书的实用性、针对性、方便性给予了高度评价，同时针对书中存在的问题也提出了客观的批评和有效的改进建议。应广大读者的建议和要求，我们对本书进行了以下三大方面的改进，以期进一步满足读者的使用需求。

一、去繁就简，重构体系

本书选取企业中常见的部门及岗位的绩效考核进行精细与系统的设计，内容涉及范围**从考核指标到关键指标，从指标的目标值到考核标准，从考核量表、考核方案到实施细则，共七大维度**，彻底将绩效考核的设计体系化。这样做不仅有利于节省广大企业绩效管理人员和绩效考核人员的时间，提高其工作效率，而且也增加了本书的参考与使用价值。

二、删减冷门，精准定位

为符合当前行业的发展趋势，本书删减了部分较冷门的行业及岗位的绩效考核设计模板，使全书内容更加精简、精练。读者也可以根据自己所在企业的实际情况，对绩效考核的指标与目标值做适当修改或重新设计，使之更加适用于本企业的情况。

三、内容丰富，实用性强

本书面向**绩效考核问题**、**绩效考核工作**、**考核内容设计**、**绩效考核体系**、**绩效考核咨询**，**以及自我诊断**、**自我设计与量化管理**等方面，突出了本书的工具性、参照性、范例性和实用性，方便企业“拿来即用”。

我们希望广大读者能够一如既往地支持本书的内容建设，不断提出宝贵意见，你们的意见对我们非常重要！正是有了你们的意见，才有了这次的改进！再次感谢你们！

目录

第8章 车间班组人员绩效考核 // 107

第9章 工艺质量人员绩效考核 // 119

第 13 章 售后服务人员绩效考核 // 193

第 15 章 信息软件人员绩效考核 // 227

第 16 章 设计制作人员绩效考核 // 241

第 18 章 财务会计人员绩效考核 // 265

第 19 章 行政办公人员绩效考核 // 279

第21章 后勤保障人员绩效考核 // 309

第22章 安保物业人员绩效考核 // 323

第1章

绩效考核量化管理体系

1.1 绩效考核量化管理体系设计

1.1.1 绩效考核量化管理的四大体系

企业无论规模大小，都不能缺少考核管理这一环节。所谓绩效考核量化，就是用量化的数据、指标反映员工工作业绩，对员工的工作进行有效评估。

为了有序推进考核量化管理工作，企业应构建考核量化管理体系。本书从以下四个方面构建了一套绩效考核量化管理体系，供读者参考。

1. 考核指标体系

绩效指标一般可以分为公司级、部门级和岗位级三个层级。指标的设计应有助于员工明确工作重点。员工明确工作重点后，还应知晓其工作完成情况的优劣，这就需要对指标的目标值进行设计。

2. 量表方案体系

绩效考核得分统计离不开考核量表这一工具，其内容包括考核主体、考核指标、指标权重、目标值及考核得分等。考核量表的形式很灵活，企业可以根据管理的需要来设计。

绩效考核是一个系统的工程，不论是绩效考核的内容、方式还是反馈，整个过程都应围绕绩效考核的目标展开。高效推进绩效考核工作，单靠岗位考核量表这一工具是不够的，企业还应设计出针对部门、岗位及人员等方面的考核方案。

3. 标准细则体系

绩效评估标准应该根据工作本身来建立，并且在一段时期内要保持一定的稳定性。

考核标准建立后，为了使其能够更好地执行，企业还需要制定完善的细则。从层次上划分，考核细则可分为企业考核细则、部门考核细则、各业务层面的考核细则等。

4. 应用改进体系

绩效考核作为一种人力资源管理方法，对促进员工工作业绩的提升起着重要的作用。而要达到这一效果，则离不开绩效应用与改进这一环节的工作。

绩效考核结果的应用，既包括物质层面的激励，也包括精神层面的激励。除了将考核结果与员工的激励联系起来，企业管理者还需要通过绩效考核结果看到员工工作的不足之处，为其指明改进的方向，达到提升绩效的目的。

1.1.2 绩效考核量化管理的八大设计

1. 考核指标设计

通过绩效考核指标设计，可以让员工明确工作目标，便于员工在工作中有的放矢，这也是绩效管理导向作用的体现。企业在设计绩效考核指标时，至少应明确以下 6 个问题：

（1）指标的设计依据；

（2）指标的划分维度；

（3）指标的设计方法；

（4）指标的考核频率；

（5）指标的数据来源；

（6）指标的权重设计。

2. 目标值设计

目标值主要用来评估被考核对象是否达到企业期望的衡量标准。企业在设计指标的目标值时，需要注意以下两个要点：

（1）在一定时期内保持其统一性，不要随意变动；

（2）设定的目标值要合理，不能过高也不能过低。

3. 岗位绩效考核量表设计

岗位绩效考核量表是对员工的工作业绩等进行评价和统计的表格，并用它来判断员工的能力素质与岗位的要求是否相符。其中，指标及评价信息是考核量表的重要组成部分，这部分内容包括指标及评价信息的内容、要点，考核及评价方法，信息来源等多个要素。

4. 考核方案设计

科学的考核方案是绩效考核顺利进行的指导性文件。考核方案应重点对考核内容、考核频率、考核方法等进行说明。

5. 考核标准设计

企业要想进行客观有效的绩效考核，就必须选择适当的考核标准。考核标准应明确，由于不同部门、不同岗位、不同技术层次的员工的工作要求是不同的，因此企业制定的考核标准也应有所不同。

6. 部门考核细则设计

不同类型的企业，其部门和绩效指标层级的划分方式有所不同，但在考核环节，都会依据各部门的业务内容、工作特点来设定考核的细节问题，如考核内容、评分标准等。为了对绩效考核工作实施规范化、有序化的管理，企业有必要设计出各部门的考核细则，以便加强对各部门的管理。

7. 绩效考核结果应用设计

绩效考核结果可以应用于绩效奖金发放、薪酬调整、岗位调整等方面。企业在具体应用时，可以根据管理的需要进行选择。

8. 绩效面谈与改进设计

绩效面谈是企业绩效管理工作中很重要的一个环节。通过绩效面谈，可以实现上级主管与下属之间对工作情况的沟通和确认，找出员工工作中的优势与不足，并制定相应的改进方案，进而提升员工的工作绩效、实现企业的发展目标。

1.2　绩效考核量化管理——指标、目标

1.2.1　绩效考核指标设计

1. 绩效考核指标设计的依据

全面、合理的考核指标设计应该是以企业发展战略为导向，以工作分析为基础，结合业务流程来进行的。绩效考核指标设计必须支持企业目标的实现，设计依据如图 1-1 所示。

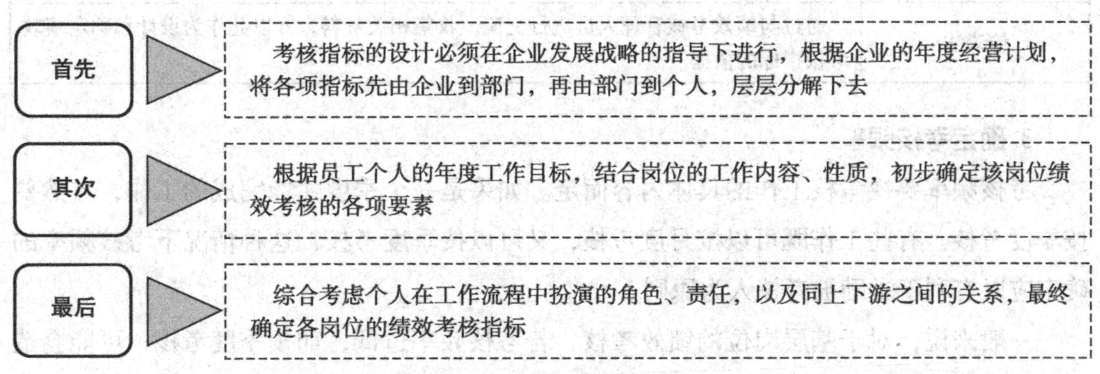

图 1–1　绩效考核指标设计的依据

根据工作职责，绩效考核指标设计示例如图 1-2 所示。

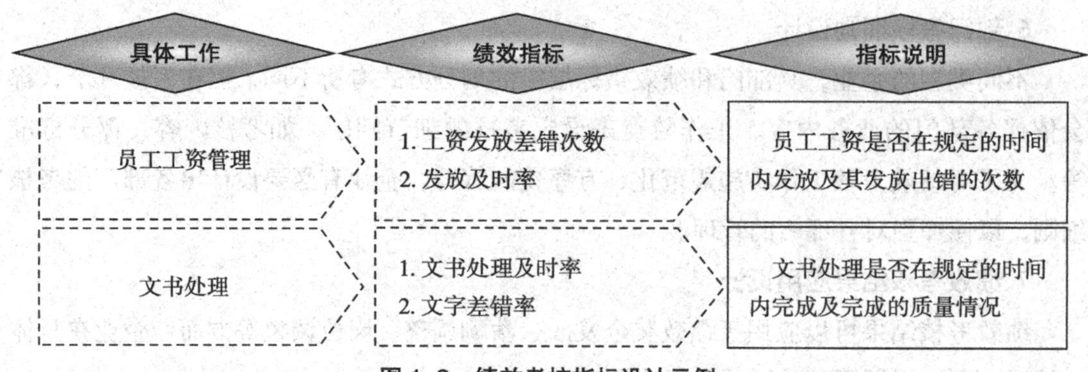

图 1-2 绩效考核指标设计示例

2. 绩效考核指标设计的方法

绩效考核指标设计的方法主要有工作分析法、战略目标分解法等，具体如表 1-1 所示。

表 1-1 绩效考核指标设计的方法

方法名称	方法说明
工作分析法	通过收集、分析与工作相关的信息，提取主要和重要的工作事项，并将其作为确定绩效考核指标的依据
战略目标分解法	通过对企业的战略目标进行层层分解来获得各部门及各岗位的绩效考核指标
绩效指标图示法	将某类岗位任职者的绩效特征用图表形式描绘出来并且分析研究，最后确定考核指标
基于综合业务流程的设计方法	根据被考核对象在流程中所扮演的角色、肩负的责任，以及同上游、下游之间的关系，来确定衡量其工作绩效的考核指标
问卷调查法	通过书面形式列出绩效考核项目和问题，并且分发给相关人员填写，以收集不同人员对绩效考核指标设计的建议
访谈法	通过与绩效考核管理人员进行交流，收集相关资料，并以此作为设计和确定绩效考核指标的依据

3. 确定考核频率

考核频率要视考核工作的具体内容而定。如果是一个季度才能完成的工作，自然要按季度考核。有些工作既可以按月度考核，又可以按季度考核，这种情况下考核频率的确定应以有利于激励被考核人为原则。

一般来说，对于基层岗位的绩效考核，若考核频率过低，如按季度考核，可能会造成反馈不及时，对被考核人的激励作用较弱。而对于高层岗位的绩效考核，若采用月度考核的方式，由于高层的工作结果产生周期性较长，月度考核都是过程性指标，因此无法考核到重点，也会失去考核的激励作用。

4. 绩效考核指标的数据来源

绩效考核指标的数据来源主要由两个方面构成，一是企业内部相关部门提供的数据；二是与业务工作有联系的企业外部有关部门（单位）提供的数据。在绩效目标体系中设置数据来源项目，有助于增强绩效考核的客观性和科学性。

5. 考核指标权重设置

企业在对绩效考核指标设置权重时，需要把握图1-3所示的要点。

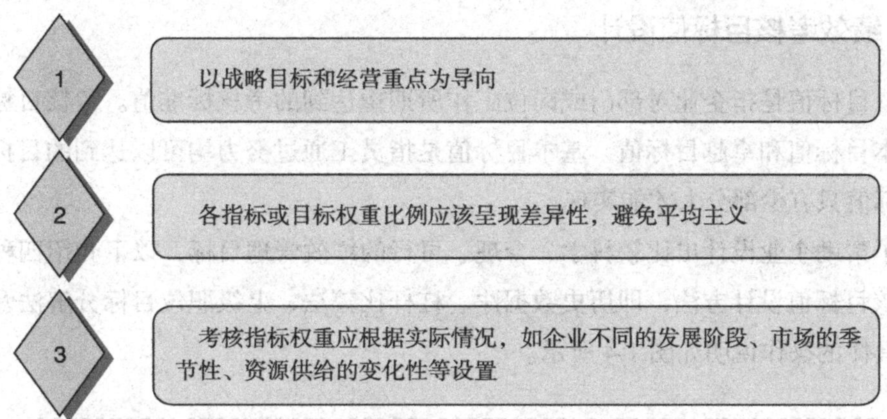

图1–3　绩效考核指标权重设置的要点

为了使考核结果更具有客观性和可信性，人力资源部在设置考核指标权重时，还应选择科学、合理的方法。绩效考核指标权重设置的方法包括专家咨询法、层次分析法等，具体的应用说明如表1-2所示。

表1–2　绩效考核指标权重设置的方法

方法	应用说明
专家咨询法	专家咨询法又称“德尔菲法”，其具体做法是召集专家，先让他们分别根据个人的经验和主观感受给每个指标确定一个权数，经过处理后，将第一轮的赋权结果反馈给各位专家，然后进行第二轮评估……如此反复，直至专家们的评估意见达成一致
层次分析法	层次分析法是一种多因素决策分析方法，其基本思想是先将一个复杂的问题分解成若干组成要素，并对这些组成要素进行分组，从而形成一个有序的阶梯形结构，然后通过两两比较的方式确定层次中各要素的相对重要性，最后通过综合判断确定各要素的排列顺序
简单排序编码法	简单排序编码法是通过管理者对各项考评因素的重视程度进行排序编码，然后确定权重。这是一种简单的权重设置方法，需要管理者依据历史数据及个人经验对各项考评项目进行正确的排序
倍数环比法	（1）倍数环比法是先将各项考评因素随机排列，再按照顺序对各项因素进行比较，得出各因素重要度之间的倍数关系（又称环比比率），然后将环比比率统一转换为基准值，最后进行归一化处理，确定其最终权重 （2）这种方法需要对考评因素有客观的判断依据，需要有客观准确的历史数据作为支撑 （3）这种方法较为实用，计算也简单，由于有准确的历史数据作为支撑，因此具有较高的科学性

（续表）

方法	应用说明
优序对比法	（1）优序对比法通过对各项因素两两比较，并且充分考虑各项因素之间的关联性，从而确定其权重 （2）优序对比法通过各考评因素之间的对比，可充分显示出各考评因素的重要性及相互关系，其实施过程仍需要管理者依据经验做出判断，即使在某一判断上出现偏差，也可以通过与其他因素的比较得到弥补，对管理者的主观经验判断是一个补充

1.2.2 绩效考核目标值设计

考核目标值是指企业对部门或岗位工作所期望达到的考核标准值。考核目标值一般包括基本目标值和卓越目标值，基本目标值是指员工通过努力均可以达到的目标值，而卓越目标值只有少部分人才能实现。

为了帮助企业设计出比较科学、合理、可行的绩效管理目标，以下介绍四种常用的绩效考核目标值设计方法，即历史数据法、杠杆比较法、上级职位目标分解法及竞争承诺法，具体的操作说明如图 1-4 所示。

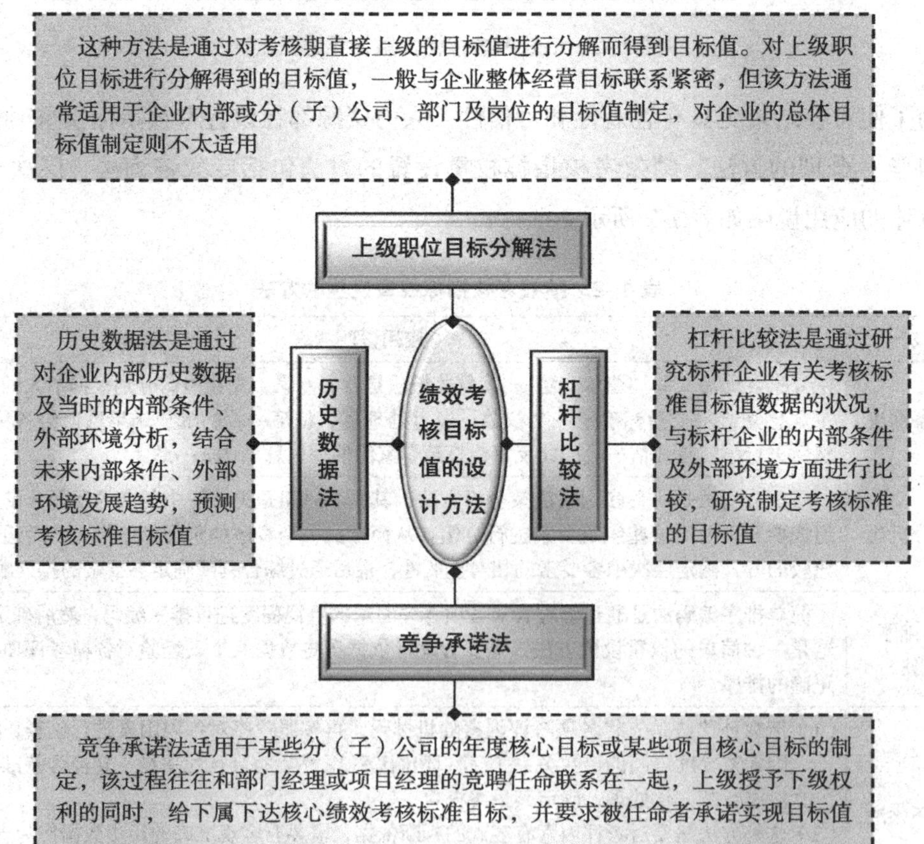

图 1-4　绩效考核目标值的设计方法

上述每种目标值的设计方法实际上都存在一定的优缺点，操作的复杂程度也不同，企业无论采用哪种方法进行目标值设计，都需要事先找到目标制定依据。在企业实际运营过程中，所有目标值的制定都应该经过上下级充分的讨论与协商，这其实就是一个博弈的过程，而最终确定的目标值则是博弈的结果。

1.3　绩效考核量化管理——量表、方案

1.3.1　岗位考核量表设计

为了更好地解决岗位考核量表设计的关键问题，企业可以遵循图 1-5 所示的岗位考核量表设计步骤。

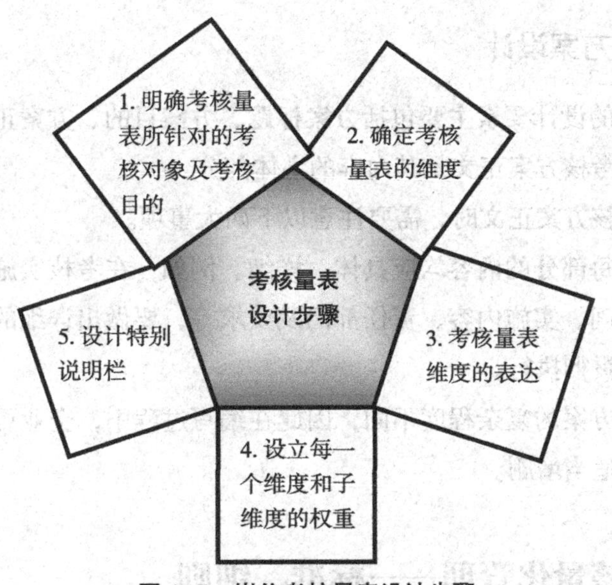

图 1-5　岗位考核量表设计步骤

1. 明确考核量表所针对的考核对象及考核目的

考核量表设计的每个步骤都要根据考核对象的工作内容、特点及性质展开，不同的考核目的，所需要考核的内容是不同的，采用的考核量表也不同。

2. 确定考核量表的维度

考核量表维度的划分方法主要有三种：第一种是根据各考核指标的特点进行划分，即针对是定量描述还是定性描述，将考核维度划分为定量维度和定性维度；第二种是根据工作业绩、工作能力及工作态度进行划分；第三种是根据平衡计分卡进行划分，可划分为财务维度、运营维度、客户维度及学习发展维度。

3. 考核量表维度的表达

考核量表维度的表达就是为每一个维度拟定规范的表达语句，或是定性与定量性的指标描述。

4. 设立每一个维度和子维度的权重

由于考核的角度不同、目的不同，因此每一个维度的重要性也不同。例如，对销售人员的考评，销售指标就较为重要，相较而言，学习发展指标则不是那么重要。而对于每一个子维度，也应该根据其重要性调整权重，但所有调整都必须确保每组子维度权重之和为 1，维度权重之和也应为 1。

5. 设计特别说明栏

（1）考核量表中应设计特别说明栏，用文字将其他重要事项加以说明。

（2）特别说明栏的填写应简明扼要。

1.3.2 岗位考核方案设计

岗位考核方案的设计要素主要包括方案标题、方案目的、方案正文、方案落款四部分的内容。其中，考核方案正文是其内容的主体部分。

企业在设计考核方案正文时，需要注意以下两大事项。

（1）考核方案每部分的内容均应具体、详细。例如，在考核实施步骤这一项，应注明各阶段的实施时间、实施内容、责任部门及要求等，要做出详细的部署和安排，以便于各部门及人员的贯彻执行。

（2）由于考核方案的复杂程度不同，因此在编写过程中，企业可以根据实际情况对正文中的内容进行适当增删。

1.4 绩效考核量化管理——标准、细则

1.4.1 考核标准设计

为了更好地开展绩效考核工作，企业应当对考核涉及的内容进行规范化说明，如考核指标如何选择、目标值如何调整、指标权重如何设计等。这样设计考核标准，既规范了绩效考核工作，又兼顾了绩效考核的动态性。

1.4.2 部门考核实施细则设计

为了更好地将考核工作落到实处，企业需要制定一套完备且操作性强的考核实施细则。

本书在设计各部门的考核细则时，主要从职能部门的工作特点出发，重点对考核内容或指标、考核评分标准等事宜进行说明，能够为企业各部门的考核提供有效的解决方案。

1.5　绩效考核量化管理——应用、改进

1.5.1　考核结果应用设计

绩效考核结果可应用于薪酬激励、员工培训及岗位调整等方面。通过对绩效考核结果的应用，可以鼓励企业内部的正确行为、激励员工为实现企业目标而共同努力；同时，还可以利用考核结果对企业内部运作中出现的问题进行指导和纠正，以推进企业健康发展。

1. 在薪酬激励中的应用

影响企业薪酬结构体系设计的因素有很多，如企业的市场竞争力、市场薪资水平、职位、员工的绩效表现等。为了更好地激励员工，企业在设计员工薪酬结构时，可以将员工的绩效表现与薪酬直接挂钩，作为其薪酬的重要组成部分。

根据员工工作岗位、工作性质的不同，其绩效薪酬占员工工资总额的比例也会有所不同。

2. 在员工培训中的应用

员工培训是企业人力资源管理的重要内容。企业可以通过员工绩效考核结果来验证培训效果，找出存在的不足，进而设计出具有针对性的培训方案，以使培训更有成效。

3. 在岗位调整中的应用

通过对员工全方位的考核，企业可以了解员工取得的业绩、具备的工作能力及发展潜力等。企业可以将绩效考核结果作为员工工作岗位调整（职位晋升、降职、轮岗等）的重要参考依据。

1.5.2　绩效面谈与改进设计

1. 绩效面谈

不少企业在绩效管理工作中，只重视绩效考核的过程和结果，却忽视了通过绩效面谈进行绩效反馈这个环节，导致绩效提升不能尽如人意。

在绩效面谈环节，企业至少应做好以下两方面的工作。

（1）绩效面谈准备。面谈者一般是员工的主管领导，也有可能是人力资源部的主管、经理等。为了有效达成绩效考核结果面谈的目的，面谈者应在面谈前做好准备工

作，包括确定面谈时间、选择面谈场所、准备面谈资料及设计面谈内容等。

（2）绩效面谈技巧。绩效面谈是一个双向沟通的过程。为达到面谈效果，在沟通过程中，面谈者要鼓励被考核者多讲话，同时要掌握倾听、表达与反馈技巧，以及疑难问题处理与面谈结束的处理技巧。

2. 绩效改进

企业可以将绩效考核结果作为确定员工薪酬、奖惩、职位变动等人事决策的重要依据，但考核的目的不能仅仅局限于此，员工能力的不断提升及绩效的持续改进才是绩效考核的主要目的，而实现这一目的离不开绩效改进工作的开展与实施。

第2章

招商外联人员绩效考核

2.1 招商外联人员关键绩效考核指标设计

2.1.1 招商外联人员九大量化考核指标

指标1：合同达成率

考核目的	用来衡量招商人员（如招商部经理、招商专员等）招商项目的实际完成情况		
考核指标	合同达成率	计算公式/说明	$\frac{\text{实际合同签订数}}{\text{计划合同签订数}}\times 100\%$
考核周期	年度	信息来源	招商部
失真提示	企业盲目追求合同签订数量，目标设定过高，会使得考核指标的目标值设定不合理，评价标准不科学、不客观，进而导致考核结果失真		

指标2：招商任务完成率

考核目的	用来衡量招商人员招商任务的完成情况		
考核指标	招商任务完成率	计算公式/说明	$\frac{\text{实际完成的招商任务数}}{\text{计划完成的招商任务数}}\times 100\%$
考核周期	季/年度	信息来源	招商部
失真提示	企业盲目追求招商数量，目标设定过高，会使得考核指标的目标值设定不合理，评价标准不科学、不客观，进而导致考核结果失真		

指标3：评标差错出现的次数

考核目的	用来衡量招商人员的评标水平和能力		
考核指标	评标差错出现的次数	计算公式/说明	根据评标现场的数据与反馈统计出错的次数
考核周期	年度	信息来源	招商部
失真提示	未考虑到每一次评标的难易程度，导致设置的目标值偏高或偏低，从而削弱了考核的效果		

指标 4：招商费用降低率

考核目的	用来衡量招商人员的费用控制能力		
考核指标	招商费用降低率	计算公式 / 说明	$\frac{\text{考核期内招商费用降低额}}{\text{上期招商费用总额}} \times 100\%$
考核周期	年度	信息来源	招商部
失真提示	未考虑到报告期内招商活动的具体情况，导致设置的目标值偏高或偏低，从而削弱了考核的效果		

指标 5：招商策划方案采用率

考核目的	用来衡量招商宣传策划人员的工作能力和工作质量		
考核指标	招商策划方案采用率	计算公式 / 说明	$\frac{\text{招商策划方案被采用的数量}}{\text{撰写的招商策划方案总数}} \times 100\%$
考核周期	季 / 年度	信息来源	招商部
失真提示	招商策划方案被采用的标准较为复杂，难以清晰界定，有时可能只采用某一方案中的一部分内容，导致招商策划方案被采用的数量统计结果不一，从而降低了考核结果的可比性		

指标 6：任务处理及时率

考核目的	用来衡量招商工作人员的尽职能力和工作能力		
考核指标	任务处理及时率	计算公式 / 说明	$\frac{\text{已及时处理的任务数}}{\text{应处理的任务总数}} \times 100\%$
考核周期	年度	信息来源	招商部
失真提示	未考虑到每一个任务的难易程度，导致目标值的设置偏高或偏低，从而削弱了考核的效果		

指标 7：招商建议提供的次数

考核目的	用来衡量招商人员的工作成果与业绩		
考核指标	招商建议提供的次数	计算公式 / 说明	根据招商部的相关资料进行查找与统计
考核周期	季 / 年度	信息来源	招商部
失真提示	未考虑到建议的质量，导致目标值设置偏高，从而削弱了考核的效果		

指标 8：信息提供准确率

考核目的	用来衡量外联部信息提供人员的工作态度与工作能力		
考核指标	信息提供准确率	计算公式 / 说明	$\frac{\text{考核期内提供准确信息的次数}}{\text{考核期内提供信息的总次数}} \times 100\%$
考核周期	季 / 年度	信息来源	外联部
失真提示	各种信息提供记录不完整，使得考核评估缺乏客观的依据		

指标 9：销售计划完成率

考核目的	用来衡量外联部工作人员销售计划的完成情况		
考核指标	销售计划完成率	计算公式 / 说明	$\frac{\text{实际完成的销售数量}}{\text{计划完成的销售数量}} \times 100\%$
考核周期	季 / 年度	信息来源	外联部
失真提示	企业盲目追求销售数量，销售目标设定过高，使得指标的目标值设定不合理，评价标准不科学、不客观，导致考核结果失真		

2.1.2 招商部关键绩效考核指标设计

序号	KPI 指标	考核周期	指标定义 / 公式	资料来源
1	规章制度完善率	年度	$\frac{\text{考核期内完善的招商规章制度数}}{\text{考核期内招商规章制度总数}} \times 100\%$	招商部
2	招商计划完成率	季 / 年度	$\frac{\text{实际完成的招商数量}}{\text{计划完成的招商数量}} \times 100\%$	招商部
3	商铺承租率	年度	$\frac{\text{实际出租的商铺数量}}{\text{商铺总量}} \times 100\%$	招商部
4	招商费用降低率	年度	$\frac{\text{考核期内招商费用降低额}}{\text{上期招商费用总额}} \times 100\%$	招商部

2.1.3 外联部关键绩效考核指标设计

序号	KPI 指标	考核周期	指标定义 / 公式	资料来源
1	销售增长率	年度	$\frac{\text{考核期内销售增长额}}{\text{上期销售总额}} \times 100\%$	外联部
2	客户流失率	季 / 年度	$\frac{\text{考核期内应到客户数} - \text{考核期内实到客户数}}{\text{考核期内应到客户数}} \times 100\%$	外联部
3	客户保持率	季 / 年度	$\frac{\text{上期成交客户在本期持续交易的客户数}}{\text{上期成交客户数}} \times 100\%$	外联部
4	客户增长率	年度	$\frac{\text{考核期内客户增长数}}{\text{上期客户数}} \times 100\%$	外联部
5	外联费用降低率	年度	$\frac{\text{考核期内外联费用降低额}}{\text{上期外联费用总额}} \times 100\%$	外联部

2.2　招商外联业务关键绩效考核指标的目标值设计与调整

2.2.1　招商外联业务关键绩效考核指标的目标值设计

序号	KPI 指标	目标值
1	招商洽谈数量	达到____个
2	招商成功数量	达到____个
3	招商投资额	达到____万元
4	招商合同履行率	达到____%
5	年 / 季 / 月度销售额	达到____万元
6	年度销售增长率	达到____%

2.2.2　招商外联业务关键绩效考核指标的目标值调整

招商外联业务绩效考核指标的目标值调整要注意宏观经济的运行态势、招商质量的高低和销售淡旺季等因素。

1. 宏观经济的运行态势

招商外联业务受外界环境影响较大，因此，企业对招商外联业务的绩效考核必须参照宏观经济的运行态势。例如，在正常年度，企业招商洽谈数量、招商成功数量、招商投资额都较高，一旦经济遇冷，这三个数值通常会大幅下降。此时，考核指标的目标值就要适当做出调整。

2. 招商质量的高低

招商合同履行率能反映出招商业务质量的高低。有的单位虽然招商合同签了不少，但最终落地的项目却不多，这是招商质量不高的表现。该指标在实际应用中，除了与宏观经济的运行态势密切相关，还与招商单位后续的服务密切相关。实践中，该指标的目标值还要根据招商单位的后续服务水平适当增减。

3. 销售淡旺季

外联业务的工作多与客户相关，工作成果会直接表现在销售数据上，因此企业在设定外联业务销售数据考核指标的目标值时，要注意销售旺季与淡季的差别及行业的发展态势。在销售旺季，考核指标的目标值可以适当调高，淡季可以适当调低。当行业呈现高速发展态势时，年度销售增长率就要适当调高。

2.3 招商外联人员绩效考核标准设计

2.3.1 招商人员绩效考核标准

招商人员的绩效考核标准可以从考核指标、考核目标值、考核变化、考核细则等角度进行分析。

1. 从考核指标的角度看

招商人员的考核指标必须能够反映出招商人员的工作业绩、工作能力和工作态度。其中，工作业绩类指标最为重要，可以将其进一步细化为多个考核指标，如招商合同签约率、履行率及招商计划完成率等；工作能力和工作态度类指标的重要性略低于工作业绩，考核指标可以少设置一些，如设置专业技术能力、组织协调能力、积极性和责任感等指标。

2. 从考核目标值的角度看

招商人员的考核目标值要根据招商业务的实际情况设定，同时以企业招商业务过去的经验和业内的普遍情况为参照。

3. 从考核变化的角度看

当宏观经济形势发生变化时，市场资金流也会随之发生变化，这种情况下，招商业务会受到明显的影响。因此，当宏观经济形势向好，处于景气周期时，企业对招商人员的考核可以“严”一点，将目标值定得高一点；反之，不妨稍微“松”一点，将目标值定得低一点。

4. 从考核细则的角度看

招商人员的考核细则一般要写明考核的目的、考核的原则、考核的依据、考核周期及时间安排、考核内容、考核的具体实施程序、考核结果的应用，以及其他需要着重说明的事项。

2.3.2 外联人员绩效考核标准

外联人员的绩效考核标准也可以从考核指标、考核目标值、考核变化、考核细则几个角度进行分析。

1. 从考核指标的角度看

外联人员的考核指标要着重反映外联人员的工作业绩，在实际工作中，可以进一步细化为多个考核指标，如客户增长率、销售增长率及客户流失率等。

2. 从考核目标值的角度看

外联人员的考核目标值要根据外联业务的实际情况设定，同时以企业外联业务过去的经验和业内的普遍情况为参照。

3. 从考核变化的角度看

受季节性及经济形势的影响，外联业务会出现周期性变化，有时一些突发性事件也会对外联业务有较大的影响。因此，企业对外联人员的考核必须考虑到这些因素，根据这些因素的变化对考核目标值进行调整。

4. 从考核细则的角度看

外联人员的考核细则一般要写明考核的目的、考核的原则、考核的依据、考核周期及时间安排、考核内容、考核的具体实施程序、考核结果的应用，以及其他需要着重说明的事项。

2.4 招商外联岗位关键绩效考核指标量表

2.4.1 招商部经理考核指标量表

被考核人姓名			职位	招商部经理	部门	招商部
考核人姓名			职位	总经理	部门	
序号	KPI 指标	权重	目标值			考核得分
1	规章制度完善率	10%	考核期内规章制度完善率达到____%			
2	招商计划完成率	15%	考核期内招商计划完成率在____% 以上			
3	商铺承租率	15%	考核期内商铺承租率在____% 以上			
4	招商费用降低率	10%	考核期内招商费用降低率达到____%			
5	年租金收入	15%	考核期内年租金收入达到____万元			
6	招商合同履行率	15%	考核期内招商合同履行率在____% 以上			
7	工作能力与激情	20%	◎不符合要求者，减____分 ◎符合要求者，得____分			
本次考核总得分						
被考核人		考核人			复核人	
签字：　日期：		签字：　日期：			签字：　日期：	

2.4.2 招商部主管考核指标量表

被考核人姓名			职位	招商部主管	部门	招商部
考核人姓名			职位	招商部经理	部门	招商部
序号	KPI 指标	权重	目标值			考核得分
1	招商计划完成率	20%	考核期内招商计划完成率在____% 以上			

（续表）

序号	KPI 指标	权重	目标值	考核得分
2	出租率	15%	考核期内出租率在____% 以上	
3	招商费用降低率	15%	考核期内招商费用降低率达到____%	
4	年租金收入	15%	考核期内年租金收入达到____万元	
5	招商合同签约率	15%	考核期内招商合同签约率在____% 以上	
6	岗位知识掌握程度	10%	◎不懂专业知识，无法顺利开展工作，得____分 ◎掌握基本专业知识，能够勉强开展工作，得____分 ◎掌握专业知识，能够顺利完成工作，得____分 ◎专业知识深厚，能为内外部客户解决问题，得____分	
7	对本职工作充满热情	10%	◎不符合要求者，减____分 ◎符合要求者，得____分	
本次考核总得分				
被考核人		考核人	复核人	
签字： 日期：		签字： 日期：	签字： 日期：	

2.4.3 外联部经理考核指标量表

被考核人姓名		职位	外联部经理	部门	外联部
考核人姓名		职位	总经理	部门	

序号	KPI 指标	权重	目标值	考核得分
1	销售计划完成率	15%	考核期内销售计划完成率在____% 以上	
2	信息提供准确率	15%	考核期内信息提供准确率在____% 以上	
3	客户增长率	15%	考核期内客户增长率在____% 以上	
4	销售增长率	15%	考核期内销售增长率在____% 以上	
5	客户流失率	15%	考核期内客户流失率控制在____% 以内	
6	岗位知识掌握程度	10%	◎不懂专业知识，无法顺利开展工作，得____分 ◎掌握基本专业知识，能够勉强开展工作，得____分 ◎掌握专业知识，能够顺利完成工作，得____分 ◎专业知识深厚，能为内外部客户解决问题，得____分	
7	对本职工作充满热情	15%	◎不符合要求者，减____分 ◎符合要求者，得____分	
本次考核总得分				
被考核人		考核人	复核人	
签字： 日期：		签字： 日期：	签字： 日期：	

2.5 招商外联业绩提成方案设计

2.5.1 招商专员业绩提成方案

招商专员业绩提成方案

一、目的

（1）明确公司招商专员的提成比例、提成依据和计算方法，加强对公司招商专员提成的管理，提高招商专员的工作积极性。

（2）促进公司招商目标的达成。

二、适用范围

本方案适用于一线招商人员。

三、提成周期

公司招商专员的提成按季度计提。

四、提成发放的依据

根据公司招商项目资金实际到账的金额计算招商业绩提成。

五、招商业绩提成比例

本公司的招商业绩提成是根据实际招商额综合计算得出的，具体如下所述。

（1）本公司采取“底薪＋提成”的薪资发放方式，预计提成收入占总工资的60%。计提期间内未完成招商任务的不发放提成，只领取底薪。

（2）计提期间超额完成招商任务，但超额部分不足20%的，完成招商任务的部分按招商额的1%计提，超额部分按1.5%计提。

（3）计提期间超额完成招商任务，且超过20%（含）的，完成招商任务的部分按1%计提，未超过招商任务20%（含）的部分按1.5%计提，超过招商任务20%的部分按2%计提。

六、招商业绩提成的发放

1. 发放时间

在本计提期结束后八个工作日内发放提成。

2. 发放程序

（1）招商专员填写提成申请表，并提交招商部经理签字确认。

（2）招商专员将经过招商部经理签字确认的提成申请表交至人力资源部进行审核。

（3）人力资源部根据财务部、招商部提供的相关票据、资料等对提成申请进行审核，并将审核结果提交总经理审批。

（4）人力资源部将审批结果通知招商部经理，由招商部经理单独通知招商专员。如无异议，财务部根据审批结果发放提成；如存在异议，招商专员可在收到审批结果后两个工作日内向公司人力资源部提出申诉。

2.5.2 外联经理业绩提成方案

外联经理业绩提成方案

一、目的

为加强公司外联部的提成管理，提高外联人员的工作积极性，促进公司外联目标的达成，特制定本方案。

二、适用范围

本方案适用于公司外联部正式员工的业绩提成管理，公司临时聘用的外联人员的业绩提成另行规定。

三、外联经理业绩提成的计提周期

公司外联经理的业绩提成按季度计提。

四、外联经理业绩提成比例

公司外联经理的业绩提成比例设置如下表所示。

外联经理业绩提成比例设置表

<table>
<tr><th colspan="2">工作年限</th><th>任务超额完成率</th><th>业绩提成比例（%）</th></tr>
<tr><td colspan="2" rowspan="3">1年以内</td><td>0~50%（含）</td><td>1.45</td></tr>
<tr><td>51%~100%（含）</td><td>1.50</td></tr>
<tr><td>100%以上</td><td>1.60</td></tr>
<tr><td colspan="2" rowspan="3">1（含）~2年</td><td>0~50%（含）</td><td>1.60</td></tr>
<tr><td>51%~100%（含）</td><td>1.65</td></tr>
<tr><td>100%以上</td><td>1.70</td></tr>
<tr><td colspan="2" rowspan="3">2（含）年以上</td><td>0~50%（含）</td><td>1.70</td></tr>
<tr><td>51%~100%（含）</td><td>1.75</td></tr>
<tr><td>100%以上</td><td>1.80</td></tr>
<tr><td>说明</td><td colspan="3">（1）任务超额完成率＝$\frac{\text{销售额}-\text{销售任务额}}{\text{销售任务额}}\times 100\%$
（2）业绩提成＝任务超额完成部分 × 相应提成比例
（3）公司采取底薪加提成的方式发放薪酬，未完成销售任务时无销售提成，仅支付底薪
（4）工作年限是指在本公司工作的年限</td></tr>
</table>

五、业绩提成的计算和发放

（1）当期完成回款的（包括完成部分回款），本计提周期结束后五个工作日内发放提成。

（2）当期未完成回款，但在应回款期过后三个月内完成回款的，回款后发放业绩提成，提成比例不变。

（3）当期未完成回款，但在应回款期过后三个月至一年完成回款的，按业绩提成的50%发放。

（4）当期未完成回款，且在应回款期过后一年仍未完成回款的，外联经理需承担相应责任。

2.6 招商外联部门考核实施细则

2.6.1 招商部绩效考核实施细则

<table>
<tr><td rowspan="2">细则名称</td><td rowspan="2">招商部绩效考核实施细则</td><td>编号</td><td></td></tr>
<tr><td>版本</td><td></td></tr>
<tr><td colspan="4">
第1章　总则
第1条　目的
为建立和完善部门业绩考核制度和激励约束机制，对招商部的工作结果进行客观、公正的评价，促进部门高效完成招商工作任务，特制定本细则。
第2条　考核原则
（1）一致性，即在一段连续时间内，考核的内容和标准不能有大的变化，至少在一年内应保持一致。
（2）客观性，即考核要客观地反映员工的实际情况，避免因光环效应、偏见等造成误差。
（3）公平性，即对同一岗位的员工应使用相同的考核标准。
（4）公开性，即被考核人要知道自己的详细考核结果。
第3条　考核依据
对招商部进行考核时，考核人员应主要以该部门的部门职责、招商计划及任务的完成情况等作为考核的基本依据。
第2章　考核周期及内容安排
第4条　考核周期及时间安排
公司每半年对招商部进行一次考核，上半年考核于本年度7月10日前完成，下半年考核于次年1月10日前完成。
第5条　考核内容
公司对招商部进行考核的内容包括招商工作绩效考核和部门管理绩效考核两个方面。
（1）招商工作绩效考核，主要考核招商任务完成的情况，考核结果占总考核得分的80%。
（2）部门管理绩效考核，主要考核招商部的人员管理和工作分工等情况，考核结果占总考核得分的20%。
第3章　考核实施及应用
第6条　考核实施程序
1. 考核准备
（1）公司人力资源部在招商部的配合下，确定招商部的考核指标，并根据市场变化、公司经营策略的变化等对考核指标进行调整。
（2）人力资源部负责制定招商部绩效考核实施方案，经总经理审批后实施。
</td></tr>
</table>

（续）

2. 考核实施

（1）招商工作绩效考核。公司人力资源部将不同的考核内容进行量化，确定量化考核指标，并结合招商部实际情况及公司内外部环境的变化等因素，确定各个指标的权重。

公司对招商部的考核采用百分制，具体指标、权重和评分标准见下表。

招商部工作绩效考核表

考核指标	权重	考核标准说明	得分
规章制度完善率	10%	在考核期内，目标值为 100%，每降低____%，扣____分；低于____%，该项得 0 分	
招商计划完成率	10%	在考核期内，目标值为____%，每降低____%，扣____分；低于____%，该项得 0 分	
商铺承租率	15%	在考核期内，目标值为____%，每降低____%，扣____分；低于____%，该项得 0 分	
年租金收入	10%	在考核期内，目标值为____万元，每降低____万元，扣____分；低于____万元，该项得 0 分	
招商费用降低率	10%	在考核期内，目标值为____%，每增加____%，扣____分；高于____%，该项得 0 分	
商铺空置率	15%	在考核期内，目标值为____%，每增加____%，扣____分；高于____%，该项得 0 分	
招商价格比	10%	在考核期内，目标值为____%，每降低____%，扣____分；低于____%，该项得 0 分	
客户增加率	10%	在考核期内，目标值为____%，每降低____%，减____分；低于____%，该项得 0 分	
招商合同履行率	10%	在考核期内，目标值为____%，每降低____%，扣____分；低于____%，该项得 0 分	

（2）管理绩效考核。部门管理绩效考核分为工作任务管理考核和部门人员管理考核两个方面，具体考核标准见下表。

招商部管理绩效考核标准表

考核评级	工作任务管理	部门人员管理	得分
优秀（90~100 分）	（1）工作安排非常合理且有序 （2）能出色完成任务	（1）员工的工作与其能力非常匹配 （2）员工的工作积极性很高	
良好（80~89 分）	（1）工作安排较合理 （2）能按时且保质保量地完成工作	（1）员工的工作与其能力比较匹配 （2）员工的工作积极性较高	
中等（70~79 分）	（1）大部分工作安排合理 （2）能按时完成大部分工作，且完成质量较好	（1）大部分员工的工作与其能力相匹配 （2）员工的积极性一般	
及格（60~69 分）	（1）工作安排不够合理 （2）工作未完成部分	（1）部分员工的工作与其能力不匹配 （2）员工的工作积极性较低	

（续）

（续表）

考核评级	工作任务管理	部门人员管理	得分
差 （59分及以下）	（1）工作安排非常不合理 （2）不能按时完成工作	（1）员工的工作与其能力不匹配 （2）员工的工作积极性很低	

3. 考核结果与等级划分

人力资源部按照最终考核得分进行排序，将招商部的考核结果分为优秀、良好、中等、及格和差五个等级，各等级对应的分数如下表所示。

考核结果与等级划分表

分值	90~100分	80~89分	70~79分	60~69分	59分及以下
等级	优秀（A）	良好（B）	中等（C）	及格（D）	差（E）

4. 考核申诉

（1）招商部如对考核结果有意见，可在得知结果后的七个工作日内，向人力资源部提出申诉。

（2）申诉超过时限的，人力资源部将不予受理。

（3）接到申诉后，人力资源部及相关领导应审查考核记录，对考核得分进行确认，发现错漏要及时更改，并经公司总经理审批后，向招商部公布申诉结果。

（4）对于无客观事实依据、仅凭主观臆断的申诉，人力资源部不予受理。

5. 考核结果的应用

（1）人力资源部可将考核结果应用于招商部绩效奖金的发放等工作。

（2）人力资源部根据考核结果与被考核人进行面谈，及时解决存在的问题，以改进招商管理工作。

第7条　其他事项

（1）招商部的绩效考核工作主要由人力资源部负责，招商部予以配合。

（2）考核负责人在开展考核工作前要参加相关的考核培训（由人力资源部组织）。

编制日期		审核日期		批准日期	
修改标记		修改处数		修改日期	

2.6.2　外联部绩效考核实施细则

细则名称	外联部绩效考核实施细则	编号	
		版本	

第1章　总则

第1条　目的

为建立和完善部门业绩考核制度与激励约束机制，对外联部的工作结果进行客观、公正的评价，促进部门高效完成外联工作任务，特制定本细则。

第2条　适用范围

本方案适用于外联部绩效考核所有事项的管理工作。

第3条　考核原则

（1）坚持以事实为依据，本着客观公正、从严公开、激励促进的原则，客观、全面、公正地反映外联部的实际工作情况。

（续）

（2）坚持目标考核与项目考核相结合，坚持定量考核与定性考核相结合，充分调动外联部工作人员的积极性、主动性和创造性，促进各项工作任务圆满完成。

第 2 章　考核周期及内容安排

第 4 条　考核周期

1. 季度考核

对外联部工作人员当季的工作表现进行考核，考核实施时间为次月 5 日前，遇节假日顺延。

2. 年度考核

考核期为全年，考核实施时间为下一年度 1 月 15 日前。

第 5 条　考核的内容和分值

1. 部门工作绩效考核

本考核期内应完成的工作任务，由人力资源部进行考核，占总考核得分的 80%。

2. 部门管理绩效考核

本考核期内外联部的人员管理与工作分工等情况，由人力资源部进行考核，占总得分的 20%。

第 3 章　考核实施及应用

第 6 条　考核的程序

1. 考核准备

（1）公司人力资源部在外联部的配合下，确定外联部的考核指标，并根据市场变化、公司经营策略的变化等对考核指标进行调整。

（2）人力资源部负责制定外联部绩效考核实施方案，经总经理审批后实施。

2. 考核实施

（1）外联工作绩效考核。公司人力资源部将不同的考核内容进行量化，确定量化考核指标，并结合外联部实际情况及公司内外部环境的变化等因素，确定各个指标的权重。

公司对外联部的考核采用百分制，具体指标、权重和评分标准见下表。

外联部工作绩效考核表

考核指标	权重	考核标准说明	得分
规章制度完善率	15%	在考核期内，目标值为 100%，每降低____%，扣____分；低于____%，该项得 0 分	
销售计划完成率	20%	在考核期内，目标值为____%，每降低____%，扣____分；低于____%，该项得 0 分	
客户流失率	15%	在考核期内，目标值为____%，每增加____%，扣____分；高于____%，该项得 0 分	
年新增客户数	20%	在考核期内，目标值为____个，每减少____个，扣____分；少于____个，该项得 0 分	
外联费用降低率	15%	在考核期内，目标值为____%，每增加____%，扣____分；高于____%，该项得 0 分	
信息提供准确率	15%	在考核期内，目标值为____%，每降低____%，扣____分；低于____%，该项得 0 分	

（2）管理绩效考核。部门管理绩效考核分为工作任务管理考核和部门人员管理考核两个方面，具体考核标准见下表。

（续）

外联部管理绩效考核标准表

考核评级	工作任务管理	部门人员管理	得分
优秀（90~100分）	（1）工作安排非常合理且有序 （2）能出色完成任务	（1）员工的工作与其能力非常匹配 （2）员工的工作积极性很高	
良好（80~89分）	（1）工作安排较合理 （2）能按时且保质保量地完成工作	（1）员工的工作与其能力比较匹配 （2）员工的工作积极性较高	
中等（70~79分）	（1）大部分工作安排合理 （2）能按时完成大部分工作，且完成质量较好	（1）大部分员工的工作与其能力相匹配 （2）员工的积极性一般	
及格（60~69分）	（1）工作安排不够合理 （2）部分工作未完成	（1）部分员工的工作与其能力不匹配 （2）员工的工作积极性较低	
差（59分及以下）	（1）工作安排非常不合理 （2）不能按时完成工作	（1）员工的工作与其能力不匹配 （2）员工的工作积极性很低	

3. 考核结果与等级划分

人力资源部按照最终考核得分进行排序，将外联部的考核结果分为优秀、良好、中等、及格和差五个等级，各等级对应的分数如下表所示。

考核结果与等级划分表

分值	90~100分	80~89分	70~79分	60~69分	59分及以下
等级	优秀（A）	良好（B）	中等（C）	及格（D）	差（E）

第7条　考核结果管理

1. 考核结果保密管理

（1）考核结果只对人力资源部经理、外联部经理、总经理公开。

（2）考核结果及考核文件交由人力资源部存档。

（3）任何人不得将考核结果告诉无关人员。

2. 考核申诉

（1）外联部如对考核结果有意见，可在得知考核结果后的七个工作日内，向人力资源部提出申诉。

（2）申诉超过时限的，人力资源部不予受理。

（3）接到申诉后，人力资源部及相关领导应审查考核记录，对考核得分进行确认，发现错漏要及时更改，并经公司总经理审批后，向外联部公布申诉结果。

（4）对于无客观事实依据、仅凭主观臆断的申诉，人力资源部不予受理。

3. 考核结果应用

（1）人力资源部可将考核结果应用于外联部绩效奖金的发放等工作。

（2）人力资源部根据考核结果与被考核人进行面谈，及时解决存在的问题，以改进外联管理工作。

第8条　其他事项

（1）外联部的绩效考核工作主要由人力资源部负责，外联部予以配合。

（2）考核负责人在开展考核工作前要参加相关的考核培训（由人力资源部组织）。

编制日期		审核日期		批准日期	
修改标记		修改处数		修改日期	

第 3 章

营销 / 销售人员绩效考核

3.1 营销 / 销售人员关键绩效考核指标设计

3.1.1 营销 / 销售人员九大量化考核指标

指标 1：销售额（销售量）

考核目的	用于对企业和员工的销售业绩进行评估		
考核指标	销售量	计算公式 / 说明	企业一定时期内的产品销售额（销售量）
考核周期	月 / 季 / 年度	信息来源	销售部、财务部
失真提示	销售量指标设置与分解不合理，导致考核效果减弱或失效		

指标 2：销售增长率

考核目的	用于反映当期产品销售相较于上期产品销售的增减情况		
考核指标	销售增长率	计算公式 / 说明	$\frac{本年销售额-上年销售额}{上年销售额}\times 100\%$
考核周期	年度	信息来源	销售部、财务部
失真提示	因销售数据（包括当期及以往的总体销售额或销售量、分产品销售额等）缺乏可信度，导致考核结果失真		

指标 3：市场占有率

考核目的	用于及时了解企业产品或服务的市场表现，以帮助企业了解市场需求及本企业所处的市场地位		
考核指标	市场占有率	计算公式 / 说明	$\frac{当期企业某种产品的销售额（销售量）}{当期市场同类产品的销售总额（销售总量）}\times 100\%$
考核周期	季 / 年度	信息来源	营销部、销售部、第三方调查机构提供的报告或数据，以及相关行业协会提供的市场研究报告等
失真提示	（1）市场范围界定不一，导致计算出的数据的效度降低 （2）计算口径不一致（是用销售额还是用销售量），导致出现无可比性的情形		

指标 4：营销 / 销售计划达成率

考核目的	用于督促营销 / 销售任务的完成，减少企业库存，实现企业的整体效益		
考核指标	营销 / 销售计划达成率	计算公式 / 说明	$\frac{\text{实际完成的销售额（销售量）}}{\text{计划销售额（销售量）}} \times 100\%$
考核周期	月 / 季 / 年度	信息来源	营销部、销售部
失真提示	因销售统计数据填制不准确，导致考核结果失真		

指标 5：销售回款率

考核目的	用于考核企业销售货款的回收水平，促进应收账款管理效率的提升		
考核指标	销售回款率	计算公式 / 说明	$\frac{\text{实际收到的销售款}}{\text{销售总收入}} \times 100\%$
考核周期	月 / 季度	信息来源	营销部、销售部、财务部
失真提示	因销售回款数据统计不及时、数据核对差错等，造成考核数据失真		

指标 6：坏账率

考核目的	用于督促应收账款的回收，以降低经营风险		
考核指标	坏账率	计算公式 / 说明	$\frac{\text{年坏账额}}{\text{年赊销总额}} \times 100\%$
考核周期	年度	信息来源	营销部、销售部、财务部
失真提示	计算口径不一致，导致考核结果的可比性低		

指标 7：广告投放有效率

考核目的	用于评估广告投放的最大效用		
考核指标	广告投放有效率	计算公式 / 说明	$\frac{\text{销售收入增长率}}{\text{广告费用增长率}} \times 100\%$
考核周期	季 / 年度	信息来源	广告部、营销部、销售部、财务部
失真提示	部分非广告投放所带来的销售收入增长也被计算在内，导致考核数据不准确，考核结果失真		

指标 8：销售净利率

考核目的	用于反映企业销售收入的盈利水平		
考核指标	销售净利率	计算公式 / 说明	$\frac{\text{销售净利润}}{\text{销售总收入}} \times 100\%$
考核周期	月 / 季 / 年度	信息来源	销售部、营销部、财务部
失真提示	考核所基于的数据不准确，导致考核结果可信度低		

指标 9：客户回访率

考核目的	用于评估客户回访工作的落实情况，以不断提高客户服务质量		
考核指标	客户回访率	计算公式 / 说明	$\frac{\text{实际回访的客户数量}}{\text{客户总数量}} \times 100\%$
考核周期	月 / 季 / 年度	信息来源	大客户部
失真提示	（1）对实际回访的客户数量进行重复计算，导致考核结果失真 （2）客户回访记录信息虚假，导致考核所依据的统计数据不准确，考核结果失真		

3.1.2 营销部关键绩效考核指标设计

序号	KPI 指标	考核周期	指标定义 / 公式	资料来源
1	销售额（销售量）	月 / 季 / 年度	考核期内的销售收入（销售数量）总计	营销部
2	营销计划达成率	月 / 季 / 年度	$\frac{\text{营销实际完成销售额或销售量}}{\text{营销计划销售额或销售量}} \times 100\%$	营销部
3	销售增长率	年度	$\frac{\text{本年销售额}-\text{上年销售额}}{\text{上年销售额}} \times 100\%$	营销部
4	市场占有率	季 / 年度	$\frac{\text{当期企业某种产品的销售额（销售量）}}{\text{当期市场同类产品的销售总额（销售总量）}} \times 100\%$	市场部
5	销售回款率	月 / 季度	$\frac{\text{实际收到的销售款}}{\text{销售总收入}} \times 100\%$	财务部
6	销售费用预算	月 / 季 / 年度	预计在销售过程中发生的、为实现销售收入而支付的各项费用	财务部
7	坏账率	年度	$\frac{\text{年坏账额}}{\text{年赊销总额}} \times 100\%$	财务部
8	促销效果评估	月 / 季 / 年度	企业一般会选用投入产出比评估法、销售增量回报比评估法、效益增量回报比评估法来进行综合评估 （1）投入产出比评估法 $\text{促销效果}=\frac{\text{促销费用}}{\text{促销产出}} \times 100\%$ （2）销售增量回报比评估法 $\text{促销效果}=(1-\frac{\text{促销费用}}{\text{促销前后的销售差值}}) \times 100\%$ （3）效益增量回报比评估法 $\text{促销效果}=(1-\frac{\text{促销费用}}{\text{促销前后的毛利差值}}) \times 100\%$	营销部
9	新品（重点推介商品）销售收入占比	月 / 季 / 年度	$\frac{\text{当期新品（重点推介商品）销售收入}}{\text{当期销售总收入}} \times 100\%$	营销部

（续表）

序号	KPI 指标	考核周期	指标定义 / 公式	资料来源
10	营销广告投放有效率	季 / 年度	$\frac{销售收入增长率}{广告费用增长率}\times 100\%$	财务部
11	客户维护费用节省率	月 / 季 / 年度	$\frac{客户维护费用预算-实际发生的费用}{客户维护费用预算}\times 100\%$	财务部
12	新增渠道成员数量	季 / 年度	考核期内新开发销售渠道成员数量	渠道部

3.1.3 销售部关键绩效考核指标设计

序号	KPI 指标	考核周期	指标定义 / 公式	资料来源
1	销售额（销售量）	月 / 季 / 年度	考核期内各项业务的销售收入（销售数量）总计	销售部
2	销售计划达成率	月 / 季 / 年度	$\frac{实际完成的销售额（销售量）}{计划销售额（销售量）}\times 100\%$	销售部
3	市场占有率	季 / 年度	$\frac{当期企业某种产品的销售额（销售量）}{当期市场同类产品的销售总额（销售总量）}\times 100\%$	市场部
4	销售增长率	年度	$\frac{本年销售额-上年销售额}{上年销售额}\times 100\%$	财务部
5	新产品销售收入	季 / 年度	考核期内新产品销售收入总额	财务部
6	核心产品销售收入	月 / 季 / 年度	考核期内企业核心产品销售收入总额	财务部
7	销售回款率	月 / 季度	$\frac{实际收到的销售款}{销售总收入}\times 100\%$	财务部
8	销售费用节省率	季 / 年度	$\frac{销售费用预算-实际发生的销售费用}{销售费用预算}\times 100\%$	销售部
9	坏账率	年度	$\frac{年坏账额}{年赊销总额}\times 100\%$	财务部
10	销售净利率	季 / 年度	$\frac{销售净利润}{销售总收入}\times 100\%$	财务部
11	新增客户数量	季 / 年度	考核期内新增合作的客户数量	销售部

3.1.4 渠道部关键绩效考核指标设计

序号	KPI 指标	考核周期	指标定义 / 公式	资料来源
1	销售额（销售量）	月 / 季 / 年度	考核期内渠道销售收入（销售数量）总计	渠道部
2	渠道销售目标达成率	季 / 年度	$\frac{渠道实际销售量}{渠道目标销售量}\times 100\%$	渠道部 销售部

（续表）

序号	KPI 指标	考核周期	指标定义 / 公式	资料来源
3	渠道开发计划实现率	季 / 年度	$\frac{\text{实际达成的渠道开发数量}}{\text{计划开发的渠道数量}} \times 100\%$	渠道部
4	销售增长率	年度	$\frac{\text{本年销售额} - \text{上年销售额}}{\text{上年销售额}} \times 100\%$	财务部
5	销售回款率	月 / 季度	$\frac{\text{实际收到的销售款}}{\text{销售总收入}} \times 100\%$	财务部
6	销售费用节省率	季 / 年度	$\frac{\text{销售费用预算} - \text{实际发生的销售费用}}{\text{销售费用预算}} \times 100\%$	财务部
7	渠道库存量控制	季 / 年度	将渠道库存量控制在适当范围内，具体标准根据实际情况而定	渠道部
8	新增渠道成员数量	季 / 年度	考核期内新开发销售渠道成员的数量	渠道部
9	渠道满意度	季 / 年度	企业自行或通过第三方调查机构调查渠道满意度	渠道部
10	代理商培训计划完成率	年度	$\frac{\text{实际完成的培训项目（次数）}}{\text{计划培训的项目（次数）}} \times 100\%$	渠道部
11	渠道覆盖率	季 / 年度	当地经营某品牌的网点数占网点总数的比率	渠道部

3.1.5 直销部关键绩效考核指标设计

序号	KPI 指标	考核周期	指标定义 / 公式	资料来源
1	销售额（销售量）	月 / 季 / 年度	考核期内各项业务销售收入（销售数量）总计	财务部
2	销售计划达成率	季 / 年度	$\frac{\text{实际完成的销售额或销售量}}{\text{计划销售额或销售量}} \times 100\%$	直销部
3	销售增长率	年度	$\frac{\text{本年销售额} - \text{上年销售额}}{\text{上年销售额}} \times 100\%$	财务部
4	新产品销售收入	季 / 年度	考核期内新产品销售收入总额	财务部
5	销售费用节省率	季 / 年度	$\frac{\text{销售费用预算} - \text{实际发生的销售费用}}{\text{销售费用预算}} \times 100\%$	财务部
6	销售净利率	月 / 季 / 年度	$\frac{\text{销售净利润}}{\text{销售总收入}} \times 100\%$	财务部
7	新开发客户数	季 / 年度	考核期内新开发客户的数量	直销部

3.1.6 广告部关键绩效考核指标设计

序号	KPI 指标	考核周期	指标定义 / 公式	资料来源
1	广告宣传计划按时完成率	月 / 季 / 年度	$\frac{\text{按时完成的广告宣传项目数}}{\text{广告宣传项目总数}} \times 100\%$	广告部
2	广告策划方案成功率	季 / 年度	$\frac{\text{成功的方案数}}{\text{提交的方案数}} \times 100\%$	广告部 第三方机构
3	广告投放有效率	季 / 年度	$\frac{\text{销售收入增长率}}{\text{广告费用增长率}} \times 100\%$	财务部
4	千人成本	年度	$\frac{\text{广告发布费}}{\text{媒体受众总数}} \times 100\%$	广告部 财务部 第三方机构
5	软文发表数量	月 / 季 / 年度	在电视、微博、微信等媒体中发表软文的数量	广告部
6	媒体满意度评分	季 / 年度	合作媒体对广告部工作人员满意度评分的算术平均值	广告部
7	广告费用增销率	季 / 年度	$\frac{\text{销售量（额）增长率}}{\text{广告费用增长率}} \times 100\%$	广告部
8	广告到达率	视考核需要而定	$\frac{\text{接触到广告的人数}}{\text{传播范围内的总人数}} \times 100\%$	第三方机构

3.1.7 大客户部关键绩效考核指标设计

序号	KPI 指标	考核周期	指标定义 / 公式	资料来源
1	大客户销售额	月 / 季 / 年度	考核期内大客户销售的总收入	大客户部
2	大客户流失率	月 / 季 / 年度	$\frac{\text{期初大客户数} + \text{新增大客户数} - \text{期末大客户数}}{\text{期初大客户数}} \times 100\%$	大客户部
3	新开发的大客户数量	月 / 季 / 年度	考核期内开发的有效大客户数量	大客户部
4	大客户销售计划完成率	月 / 季 / 年度	$\frac{\text{大客户销售计划实际完成数}}{\text{大客户销售计划完成数}} \times 100\%$	大客户部
5	销售净利率	月 / 季 / 年度	$\frac{\text{销售净利润}}{\text{销售总收入}} \times 100\%$	大客户部
6	大客户销售增长率	月 / 季 / 年度	$\frac{\text{当年销售额} - \text{上一年度销售额}}{\text{上一年度销售额}} \times 100\%$	大客户部
7	大客户投诉解决率	月 / 季 / 年度	$\frac{\text{已解决的投诉次数}}{\text{投诉总数}} \times 100\%$	行政部
8	大客户维护费用节省率	月 / 季 / 年度	$\frac{\text{大客户维护费用预算} - \text{实际发生的费用}}{\text{大客户维护费用预算}} \times 100\%$	财务部

（续表）

序号	KPI 指标	考核周期	指标定义 / 公式	资料来源
9	大客户回访率	月 / 季 / 年度	$\frac{\text{实际回访的大客户数量}}{\text{大客户总数量}} \times 100\%$	大客户部

3.2　营销 / 销售业务关键绩效考核指标的目标值设计与调整

3.2.1　营销 / 销售业务关键绩效考核指标的目标值设计

序号	关键绩效指标	目标值
1	销售额（销售量）	达到____万元（____件）
2	拜访客户次数	达到____次
3	营销或销售计划达成率	达到 100%
4	销售增长率	达到____%
5	销售费用节省率	达到____%
6	市场占有率	达到____%
7	销售回款率	达到____%
8	坏账率	控制在____% 以下
9	销售净利率	达到____%
10	新开发客户数量	在____家以上
11	客户回访率	达到____%
12	客户维护费用节省率	达到____%
13	广告投放有效率	达到____%

3.2.2　营销 / 销售业务关键绩效考核指标的目标值调整

根据企业营销 / 销售的实际情况及内外部环境等因素，营销 / 销售业务关键绩效考核指标的目标值可以从年度目标值和阶段目标值两方面做出调整。

1. 年度目标值

营销 / 销售业务考核指标的年度目标值可参照上一年度企业总销售的实际情况，同时根据企业的战略目标和年度计划进行调整。

2. 阶段目标值

营销与销售相关部门可以根据各销售区域历史数据及各区域市场预测情况，将业务考核指标的年度目标值分解至各个阶段，旺季阶段可以适当调高目标值，淡季阶段可以适当调低目标值。

3.3 营销 / 销售人员考核标准设计

3.3.1 营销人员考核标准

1. 选取考核指标

营销人员的考核指标一般包括营销计划达成率、新品（重点推介商品）销售收入占比、市场占有率、销售回款率、销售额（销售量）及销售增长率等，企业可以根据考核目的的不同从中选取考核指标。

2. 设定考核指标的目标值

营销人员的考核指标应先根据上一年度营销人员的实际销售情况、企业总销售情况、企业的战略目标和年度计划及所在区域市场预测情况等设定年度目标值，然后根据销售的淡旺季设定阶段目标值。

3. 设定考核周期

营销人员的考核周期主要有月度考核、季度考核及年度考核。企业应根据考核指标的选取来确定考核周期，有的指标的考核周期可定为月度、季度、年度，如营销计划达成率；有的指标的考核周期可定为年度，如坏账率；有的指标的考核周期可定为季度和年度，如市场占有率；有的指标的考核周期可定为月度和季度，如销售回款率。

4. 设计考核指标权重

营销人员考核指标的权重通常是根据考核期、营销业务的重要性来设计的。工作内容越重要，占据的权重比例就越大。

3.3.2 销售人员考核标准

1. 选取考核指标

销售人员的考核指标一般包括销售计划达成率、销售费用节省率、核心产品的市场占有率、销售额（销售量）、销售回款率、销售净利率及大客户流失率等。企业可以根据不同的产品及不同的岗位要求选择考核指标。

2. 设定考核指标的目标值

销售人员的考核应根据上一年度销售人员的实际销售情况、企业总销售情况、企业的战略目标和年度计划及所在区域市场预测情况等设定年度目标值，然后根据销售的淡旺季设定阶段目标值。

3. 设定考核周期

销售人员的考核周期主要有月度考核、季度考核及年度考核。企业应根据考核指标的选取来确定考核周期，有的指标的考核周期可定为月度、季度、年度，如销售计划达成率；有的指标的考核周期可定为年度，如坏账率；有的指标的考核周期可定为季度和年度，如销售费用节省率；有的指标的考核周期可定为月度和季度，如销售回款率。

4. 设计考核指标权重

销售人员考核指标的权重通常是根据考核期、销售业务的重要性来设计的。工作内容越重要，占据的权重比例就越大。

3.4 营销 / 销售岗位关键绩效考核指标量表

3.4.1 营销部经理考核指标量表

被考核人姓名		职位	营销部经理	部门	营销部
考核人姓名		职位	总经理	部门	
序号	KPI 指标	权重	目标值		考核得分
1	销售额	20%	考核期内销售额达到____万元		
2	销售量	15%	考核期内销售量达到____件		
3	营销计划达成率	10%	考核期内营销计划达成率达到 100%		
4	销售增长率	10%	考核期内销售增长率达到____%		
5	销售费用的控制情况	5%	考核期内销售费用控制在预算范围之内		
6	销售回款率	5%	考核期内销售回款率达到____%		
7	坏账率	5%	考核期内坏账率控制在____%		
8	新客户实现率	5%	考核期内新客户实现率达到____%		
9	新品（重点推介商品）销售收入占比	5%	考核期内新品（重点推介商品）销售收入占比达到____%		
10	市场占有率	5%	考核期内产品的市场占有率达到____%		
11	营销广告投放有效率	5%	考核期内营销广告投放有效率达到____%		
12	部门管理费用的控制情况	5%	考核期内部门管理费用控制在预算范围之内		
13	员工管理	5%	考核期内员工绩效考核评分达到____分		
本次考核总得分					
考核指标说明	$新客户实现率=\frac{实际新增客户数}{计划增加客户数}\times 100\%$				
被考核人		考核人		复核人	
签字：　日期：		签字：　日期：		签字：　日期：	

3.4.2 销售部经理考核指标量表

被考核人姓名			职位	销售部经理	部门	销售部
考核人姓名			职位	总经理	部门	
序号	KPI 指标	权重	目标值			考核得分
1	销售计划达成率	25%	考核期内销售计划达成率达到 100%			
2	销售回款率	15%	考核期内销售回款率达到____%			
3	销售增长率	10%	考核期内销售额比去年同期（或上期）增长____%以上			
4	销售净利率	10%	考核期内销售净利率达到____%			
5	坏账率	10%	考核期内坏账率控制在____% 以下			
6	销售费用节省率	5%	考核期内销售费用节省率达到____%			
7	销售费用预算执行偏差率	5%	考核期内销售费用预算执行偏差率控制在____%以下			
8	新产品销售收入	5%	考核期内新产品销售收入达到____万元			
9	新增大客户数量	5%	考核期内新增大客户数量在____家以上			
10	核心产品的市场占有率	5%	考核期内核心产品的市场占有率达到____%			
11	核心员工流失率	5%	考核期内核心员工流失率控制在____% 以下			
本次考核总得分						
考核指标说明	$核心员工流失率=\frac{核心员工离职人数}{部门核心员工人数}\times 100\%$					
被考核人		考核人		复核人		
签字： 日期：		签字： 日期：		签字： 日期：		

3.4.3 线上销售经理考核指标量表

被考核人姓名			职位	线上销售经理	部门	销售部
考核人姓名			职位	总经理	部门	
序号	KPI 指标	权重	目标值			考核得分
1	线上销售计划达成率	15%	考核期内线上销售计划达成率达到 100%			
2	线上销售回款率	15%	考核期内线上销售回款率达到____%			
3	线上销售增长率	10%	考核期内线上销售增长率达到____%			
4	销售净利率	10%	考核期内线上销售净利率达到____%			
5	坏账率	10%	考核期内坏账率控制在____% 以下			

（续表）

序号	KPI 指标	权重	目标值	考核得分
6	线上销售费用节省率	10%	考核期内线上销售费用节省率达到____%	
7	新产品线上销售收入	10%	考核期内新产品线上销售收入达到____万元	
8	线上客户转化率	5%	考核期内线上客户转化率达到____%	
9	重复购买率	5%	考核期内线上销售重复购买率达到____%	
10	好评率	5%	考核期内线上销售好评率达到____%	
11	核心产品的线上市场占有率	5%	考核期内核心产品的线上市场占有率达到____%	
本次考核总得分				
考核指标说明	线上销售计划达成率 $=\frac{\text{实际完成的线上销售额（销售量）}}{\text{线上计划销售额（销售量）}}\times 100\%$			
被考核人		考核人		复核人
签字：　日期：		签字：　日期：		签字：　日期：

3.4.4　线下销售经理考核指标量表

被考核人姓名		职位	线下销售经理	部门	销售部
考核人姓名		职位	总经理	部门	
序号	KPI 指标	权重	目标值		考核得分
1	线下销售计划达成率	25%	考核期内线下销售计划达成率达到 100%		
2	线下销售回款率	15%	考核期内线下销售回款率达到____%		
3	线下销售增长率	10%	考核期内线下销售额比去年同期（或上期）增长____%		
4	销售净利率	10%	考核期内线下销售净利率达到____%		
5	坏账率	10%	考核期内坏账率控制在____% 以下		
6	线下销售费用节省率	10%	考核期内线下销售费用节省率达到____%		
7	新产品线下销售收入	5%	考核期内新产品线下销售收入达到____万元		
8	新增客户数量	5%	考核期内新增客户数量在____家以上		
9	核心产品的线下市场占有率	5%	考核期内核心产品的线下市场占有率达到____%		
10	部门员工技能提升率	5%	考核期内部门员工技能提升率达到____%		

（续表）

本次考核总得分						
考核指标说明	线下销售增长率 $= \frac{本年销售额 - 上年销售额}{上年销售额} \times 100\%$					
被考核人		考核人		复核人		
签字：	日期：	签字：	日期：	签字：	日期：	

3.4.5　区域销售经理考核指标量表

被考核人姓名		职位	区域销售经理	部门	区域销售部
考核人姓名		职位	总经理	部门	

序号	KPI 指标	权重	目标值	考核得分
1	销售额或销售量	20%	考核期内销售额或销售量达到____万元或____万件	
2	销售任务达成率	15%	考核期内 100% 实现销售计划	
3	销售增长率	10%	考核期内销售增长率达到____%	
4	销售回款率	10%	考核期内销售回款率达到____%	
5	销售净利率	10%	考核期内销售净利率达到____%	
6	区域销售占比	5%	考核期内区域销售占比达到____%	
7	销售费用节省率	5%	考核期内销售费用节省率达到____%	
8	坏账率	5%	考核期内坏账率控制在____% 以下	
9	区域市场占有率	5%	考核期内所辖区域本企业产品销售市场占有率达到____%	
10	新增客户（渠道成员）数量	5%	考核期内新增客户（渠道成员）数量在____家以上	
11	客户投诉处理平均时长	5%	客户投诉处理平均不超过____天	
12	部门员工技能提升率	5%	考核期内部门员工技能提升率达到____%	
本次考核总得分				
考核指标说明	客户投诉处理平均时长 $= \frac{年客户投诉处理总天数}{年处理的客户投诉总数} \times 100\%$			

被考核人		考核人		复核人	
签字：	日期：	签字：	日期：	签字：	日期：

3.4.6 渠道销售经理考核指标量表

被考核人姓名		职位	渠道销售经理	部门	渠道部
考核人姓名		职位	总经理	部门	

序号	KPI 指标	权重	目标值	考核得分
1	销售额或销售量	20%	考核期内销售额或销售量达到____万元或____万件	
2	渠道销售目标达成率	15%	考核期内渠道销售目标达成率达到____%	
3	渠道开发计划实现率	10%	考核期内 100% 实现渠道开发计划	
4	销售增长率	10%	考核期内销售增长率达到____%	
5	渠道库存量控制	10%	考核期内渠道库存量控制在设定的范围内	
6	渠道满意度	5%	考核期内渠道满意度在____% 以上	
7	销售回款率	5%	考核期内销售回款率达到____%	
8	销售费用节省率	5%	考核期内有效控制销售费用，节省率达到____%	
9	渠道覆盖率	5%	考核期内渠道覆盖率达到____%	
10	新增渠道成员数量	5%	考核期内新增渠道成员数量在____家以上	
11	代理商培训计划完成率	5%	考核期内代理商培训计划完成率达到 100%	
12	员工技能提升率	5%	考核期内下属员工技能提升率达到____%	
本次考核总得分				
考核指标说明	代理商培训计划完成率 $=\frac{\text{实际完成的培训项目（次数）}}{\text{计划培训的项目（次数）}}\times 100\%$			

被考核人		考核人		复核人	
签字：	日期：	签字：	日期：	签字：	日期：

3.4.7 直销经理考核指标量表

被考核人姓名		职位	直销经理	部门	直销部
考核人姓名		职位	总经理	部门	

序号	KPI 指标	权重	目标值	考核得分
1	销售额或销售量	30%	考核期内销售额或销售量达到____万元或____万件	
2	销售计划达成率	15%	考核期内 100% 实现销售计划	
3	销售增长率	10%	考核期内销售增长率达到____%	
4	销售费用节省率	10%	考核期内销售费用节省率达到____%	
5	新产品销售收入	10%	考核期内新产品销售收入达到____万元	

（续表）

序号	KPI 指标	权重	目标值	考核得分
6	销售净利率	10%	考核期内直销部销售净利率达到____%	
7	新开发客户数	5%	考核期内新开发客户数在____家以上	
8	对客户意见在标准时间内的反馈率	5%	考核期内及时反馈客户意见，在标准时间内的反馈率达到 100%	
9	部门员工技能提升率	5%	考核期内下属员工技能提升率达到____%	
本次考核总得分				
考核指标说明	（1）销售净利率 $=\frac{\text{销售净利润}}{\text{销售总收入}}\times 100\%$ （2）对客户意见在标准时间内的反馈率 $=\frac{\text{在标准时间内反馈的次数}}{\text{总共需要反馈的次数}}\times 100\%$			
被考核人		考核人		复核人
签字：　日期：		签字：　日期：		签字：　日期：

3.4.8 广告销售经理考核指标量表

被考核人姓名		职位	广告销售经理	部门	广告部
考核人姓名		职位	广告部经理	部门	广告部
序号	KPI 指标	权重	目标值		考核得分
1	广告销售额	20%	考核期内广告销售额达到____万元		
2	广告销售利润率	15%	考核期内广告销售利润率达到____%		
3	广告业务完成率	15%	考核期内广告业务完成率达到____%		
4	销售费用率	10%	考核期内销售费用率达到____%		
5	客户渗透率	10%	考核期内客户渗透率达到____%		
6	重大客户流失率	10%	考核期内重大客户流失率控制在____%以下		
7	客户平均访问次数	10%	考核期内客户平均访问次数不低于____次		
8	市场占有率	5%	考核期内市场占有率提高____%以上		
9	客户满意度	5%	考核期内客户满意度在____分以上		
本次考核总得分					
考核指标说明	（1）广告业务完成率 $=\frac{\text{广告业务实际完成量}}{\text{广告业务计划完成量}}\times 100\%$ （2）客户渗透率 $=\frac{\text{目标区域已开发客户}}{\text{目标区域潜在客户}}\times 100$				
被考核人		考核人		复核人	
签字：　日期：		签字：　日期：		签字：　日期：	

3.4.9 大客户销售经理考核指标量表

被考核人姓名		职位	大客户销售经理	部门	大客户部
考核人姓名		职位	总经理	部门	

序号	KPI 指标	权重	目标值	考核得分
1	大客户销售额增长率	15%	考核期内大客户销售额增长率达到____%	
2	销售净利率	15%	考核期内销售净利率达到____%	
3	大客户维护费用节省率	10%	考核期内大客户维护费用节省率达到____%	
4	部门总体费用控制	10%	考核期内部门总体费用控制在预算范围内	
5	大客户投诉解决率	10%	考核期内大客户投诉解决率达到____%	
6	大客户流失率	10%	考核期内大客户流失率控制在____%以下	
7	新大客户开发数量	5%	考核期内新大客户开发数量在____个以上	
8	提升现有普通客户为大客户的数量	5%	考核期内现有普通客户转为大客户的数量在____个以上	
9	大客户满意度	5%	考核期内大客户满意度评分在____分以上	
10	核心员工保有率	5%	考核期内核心员工保有率达到____%	
11	销售计划完成率	5%	考核期内销售计划完成率达到____%	
12	大客户回访率	5%	考核期内大客户回访率达到____%	
本次考核总得分				
考核指标说明	（1）大客户流失率 $=\frac{\text{期初大客户数}+\text{新增大客户数}-\text{期末大客户数}}{\text{期初大客户数}}\times 100\%$ （2）大客户销售净利率 $=\frac{\text{销售净利润}}{\text{销售总收入}}\times 100\%$			

被考核人	考核人	复核人
签字：　日期：	签字：　日期：	签字：　日期：

3.5 营销 / 销售业绩提成方案设计

3.5.1 营销人员业绩提成方案

营销人员业绩提成方案

一、设计目的

为提高营销人员的工作积极性，有效管理营销人员的薪酬，进一步提升企业的整体销售业绩，特制定本方案。

二、业绩提成设计

1. 月度销售业绩提成设计

根据部门的销售目标，对部门月度销售业绩提成的设计如下所示。

月度销售业绩提成设计

产品	月目标销售量（台）	月保底销售量（台）	提成方案
A 产品	30	21	实际销售量＜21 台，每台计提 30 元的提成；21 台≤实际销售量＜30 台，超出部分每台计提 35 元的提成；实际销售量≥30 台，超出部分每台计提 40 元的提成
B 产品	40	24	实际销售量＜24 台，每台计提 20 元的提成；24 台≤实际销售量＜40 台，超出部分每台计提 25 元的提成；实际销售量≥40 台，超出部分每台计提 30 元的提成
C 产品	50	30	实际销售量＜30 台，每台计提 18 元的提成；30 台≤实际销售量＜50 台，超出部分每台计提 22 元的提成；实际销售量≥50 台，超出部分每台计提 28 元的提成

2. 季度销售业绩提成设计

企业每季度统计各营销人员的销售情况，并发放季度销售业绩提成，对各产品的销售业绩要求为：A 产品必须完成平均每月目标销售量的 85%，B 产品必须完成平均每月目标销售量的 65%，C 产品必须完成平均每月目标销售量的 75%。

若上述三种产品中 A 产品未达到销售量，即使其他两种产品达到了要求，也不计发季度销售业绩提成；若 A 产品达到了销售量，而其他两种产品未达到，则每台计提 5 元的提成；当三种产品均达到销售量时，每台计提 8 元的提成。

三、业绩提成发放

1. 月度销售业绩提成的发放

月度销售业绩提成由营销部主管在每月最后一个工作日前进行统计和核算，报营销经理签字，经财务部审核通过后，随月度薪酬统一发放。

2. 季度销售业绩提成的发放

季度销售业绩提成由营销部经理在每季度最后一个月的 28 日前报总经理审核签字，经财务部审核通过后，随同下一季度第一个月的薪酬统一发放。

3.5.2 销售人员业绩提成方案

销售人员业绩提成方案

一、设计目的

为提高销售人员的工作积极性，有效管理销售人员的薪酬，进一步提升企业的销售业绩，特制定本方案。

二、业绩提成计提周期

销售人员的业绩提成每月进行一次核算和计提。

三、业绩提成比例设计

1. 按月度销售业绩设计

为快速占领市场，提高产品的市场占有率，企业按照月度销售业绩设计销售人员的提成比例，具体如下所示。

按月度销售业绩设计的提成比例

等级	月度销售额（Q）	提成比例
1	Q＜50万元	1%
2	50万≤Q＜60万元	2%
3	60万≤Q＜70万元	3%
4	70万元及以上	4%

2. 按销售任务量设计

（1）销售任务量为50万元，达到销售任务量，提成比例按销售额的2%计提。

（2）超过销售任务量，超额部分按4%计提。

（3）未达到销售任务量的50%，不予发放提成。

（4）达到销售任务量的50%，提成比例按1%计提；每增加5%，提成比例增加0.2%。

3. 按季度回款业绩设计

为减少企业呆坏账，保证及时收回销售货款，本企业按季度销售回款额设计提成比例，具体如下所示。

按季度销售回款额设计的提成比例

等级	季度销售回款额（Q）	提成比例
1	Q＜100万元	1%
2	100万≤Q＜200万元	1.5%
3	200万≤Q＜300万元	2%
4	300万元及以上	4%

4. 按毛利润设计

销售人员月度销售毛利润目标值为35万元，未达到目标值的，只发放底薪；超额完成的部分，按以下所示的提成比例计提业绩提成。

按销售毛利润设计的提成比例

月度销售毛利润（Q）	提成比例
35 万≤Q＜45 万元	2%
45 万≤Q＜55 万元	5%
55 万≤Q＜65 万元	10%
65 万元及以上	15%

四、业绩提成计算

1. 按月度销售业绩计算

业绩提成＝实际回款额 × 提成比例

2. 按销售任务量计算

（1）当实际销售额＞销售任务量时，业绩提成＝（实际销售额－销售任务量）× 对应的提成比例＋销售任务量 × 对应的提成比例。

（2）当销售任务量的 50%≤实际销售额＜销售任务量时，业绩提成＝实际销售额 × 对应的提成比例。

（3）当实际销售额＜销售任务量的 50% 时，不计提成。

3. 按季度回款业绩计算

（1）一次性回款

业绩提成＝回款总金额 × 对应的提成比例

（2）分次回款

业绩提成＝∑（分次回款金额 × 对应的提成比例）

4. 按毛利润计算

业绩提成＝（销售收入－销售成本）× 对应的提成比例＋业务支出

业务支出包括销售人员工作期间的差旅费、通信费、资料费等。业务支出的具体额度经财务部核算，超出部分由销售人员自行承担。

五、业绩提成发放

业绩提成每月核算一次，并在次月连同基本工资一起发放。

3.5.3 直销人员业绩提成方案

直销人员业绩提成方案

一、设计目的

为提高直销人员的工作积极性，有效管理直销人员的薪酬，进一步提升企业的直销业绩，特制定本方案。

二、业绩提成计提周期

直销人员的业绩提成每月进行一次核算和计提。

三、业绩提成比例设计

1. 个人业绩提成比例设计

直销人员个人业绩提成的依据一般是个人销售额，同时根据直销人员的级别确定提成比例，具体如下所示。

直销人员业绩提成比例设计

等级	销售额（元）	提成比例
一级	600 及以下	0
二级	601~2 200	15%
三级	2 201~10 000	20%
四级	10 001~30 000	23%

2. 团队提成比例设计

直销团队的提成比例主要涉及整个团队的销售业绩，企业依据团队销售额与直销人员的级别共同确定提成比例，具体如下所示。

直销团队业绩提成比例设计

等级	团队销售额（元）	提成比例
一级	6 000 及以下	0
二级	6 001~22 000	15%
三级	22 001~100 000	20%
四级	100 001~300 000	23%

四、业绩提成计算

1. 个人销售业绩提成计算

个人销售业绩提成 = 个人销售额 × 对应的提成比例

2. 团队销售业绩提成计算

团队销售业绩提成 = 团队销售额 × 对应的提成比例

五、业绩提成发放

业绩提成核算完后，于次月发放。

3.5.4 渠道人员业绩提成方案

渠道人员业绩提成方案

一、设计目的

为提高渠道人员的工作积极性，有效管理渠道人员的薪酬，进一步提升企业的渠道销售业绩，特制定本方案。

二、代理商业绩提成设计

1. 新代理商的业绩提成设计

为提高新代理商的积极性，企业设计了相应业绩提成方案，具体如下所示。

新代理商的业绩提成设计

提成形式	适用情况
赠送新代理商一定数量的代理产品或其他赠品	（1）从事代理销售的前____个月内的销售额达到____万元 （2）从事代理销售的前____个月内的销售量达到总销售任务的____%
给予代理销售额____%的业绩提成奖励	
提供一次性____万元的业绩奖励	

2. 日常业绩提成设计

代理商的日常业绩提成设计如下所示。

代理商的日常业绩提成设计

提成形式	依据及说明
享受____%销售额的特价产品，完成任务后执行	每季度/半年完成既定的销售量或销售额
给予代理销售额____%的业绩提成奖励	依据季度回款额或季度回款率计提提成，回款额或回款率越高，销售提成比例越高
一次性进货额或进货量达到____万元或件，以产品的零售价为基准，提取____%的利润提成	一次性进货额或进货量越高，利润提成比例越高

3. 年终业绩提成设计

代理商的年终业绩提成设计如下所示。

代理商的年终业绩提成设计

提成形式	依据及说明
每年年终结算返利一次	通过年度业绩考核的，可计提提成，一般适用于总代理商
现金奖励，或者折合为下一年度的购货款	每年进行评比，给予排名靠前的代理商现金奖励
给予销售额不同比例的返利	依据代理商一年的销售总额或销售总量给予返利，在达到低限额度的基础上，销售总额或销售量越高，返利比例就越高

三、经销商业绩提成设计

1. 销售额度的确定

（1）每年 1 月底前，各经销商将上一年度的有效销售单据的原件及复印件报送本企业销售部核准，确定销售额度。

（2）对于使用无效或假的销售单据骗取返利的行为，企业一经发现，立即取消其返利资格，骗利额度超过 10 万元的，取消其经销商资格，并追究相关法律责任。

2. 业绩提成比例设计

经销商的业绩提成比例根据年度销售额而定，具体如下所示。

经销商的业绩提成比例设计

分类	年度销售额（万元）	提成比例
一类经销商	1 000 以下	3.5%
	1 000~1 300	5%
	1 300 以上	6.5%
二类经销商	500 以下	2%
	500~1 000	3%
	1 000 以上	4.5%
三类经销商	200 以下	1%
	200~500	2%
	500 以上	3.5%

3. 业绩提成的计算

业绩提成 = 年度销售额 × 对应的返利比例

四、批发商业绩提成设计

批发商业绩提成设计如下所示。

批发商业绩提成设计

业绩提成依据		业绩提成设计	提成说明
首期回款	首期回款额	首期回款 4 万 ~6 万元，返 3% 的实物；首期回款 6 万（含）~8 万元，返 5% 的实物；首期回款 8 万（含）~10 万元，返 7% 的实物；首期回款 10 万元（含）以上，返 10% 的实物	提成形式包括实物、货款、现金等
	首期回款比例	首期回款比例在 60%~75%，返还 0.25 万元的货款；首期回款比例在 75%（含）以上，返还 0.4 万元的货款	
年度回款	年度回款额	年度回款额在 25 万 ~50 万元，返 1% 的奖励；年度回款额在 50 万（含）~80 万元，返 2% 的奖励；年度回款额在 80 万元（含）以上，返 3% 的奖励	
	年度回款比例	年度平均月回款比例在 65%~70%，返还 0.8 万元的现金；年度平均月回款比例在 70%（含）以上，返还 1.2 万元的现金	

（续表）

业绩提成依据	业绩提成设计	提成说明
年订货量	年订货量在9万~12万元，奖励现金0.3万元；年订货量在12万（含）~15万元，奖励现金0.8万元；年订货量在15万元（含）以上，奖励现金1.5万元	提成形式包括实物、货款、现金等

五、零售商业绩提成设计

1. 业绩提成比例设计

根据零售商销售的产品的类别不同，设计的业绩提成比例则不同，具体如下所示。

零售商业绩提成比例设计

产品类别	月度销售额（万元）	提成比例
产品A	5以下	未完成销售任务，无提成
	5（含）~30	1.5%
	30（含）~50	2%
	50（含）~80	2.5%
	80（含）~100	3%
	100（含）以上	3.5%
产品B	5以下	未完成销售任务，无提成
	5（含）~10	0.5%
	10（含）~30	1%
	30以上	1.5%

2. 业绩提成的计算

（1）产品成交单价在标准价格上（标准价格以企业统一的报价单位为准），每降100元，扣除0.2个提成点；不足100元的按比例计算，即0.2×（实际降低额 ÷100）。

（2）有退换货业务的，退货产品没有提成，换货业务按换货的产品价格计提业绩提成。

（3）当月销售既有产品A又有产品B的，业绩提成=∑月度产品实际销售额 × 对应的提成比例。

六、业绩提成发放

业绩提成核算完后，于次月发放。

3.5.5 线上销售人员业绩提成方案

线上销售人员业绩提成方案

一、设计目的

为提高线上销售人员的工作积极性，有效管理线上销售人员的薪酬，进一步提升企业的线上销售业绩，特制定本方案。

二、业绩提成比例设计

线上销售人员的业绩提成比例设计如下所示。

线上销售人员的业绩提成比例设计

产品名称	季度销售额（万元）	提成比例	产品类型
A 产品	75 以上	4.1%	老产品
	50~75（含）	3.6%	
	50（含）以下	3.4%	
B 产品	55 以上	3.9%	老产品
	40~55（含）	3.6%	
	40（含）以下	3.1%	
C 产品	20 以上	5.7%	新产品
	15~20（含）	5.1%	
	15（含）以下	4.3%	

三、业绩提成计算

1. 老产品

（1）当 A/B 产品实际平均销售单价大于或等于线上销售标价的 7.5 折时，业绩提成 =A/B 产品的销售总额 × 对应的提成比例。

（2）当 A/B 产品实际平均销售单价大于或等于线上销售标价的 6 折且小于线上销售标价的 7.5 折时，业绩提成 =A/B 产品的销售总额 × 对应的提成比例 ×80%。

（3）当 A/B 产品实际平均销售单价小于线上销售标价的 6 折时，不计提业绩提成。

2. 新产品

业绩提成 = C 产品的销售总额 × 对应的提成比例

四、业绩提成发放

业绩提成每季度计提一次，并于次月发放。

3.6 营销 / 销售部门考核实施细则

3.6.1 线下销售部绩效考核实施细则

细则名称	线下销售部绩效考核实施细则	编号	
		版本	

第 1 章　总则

第 1 条　为规范线下销售部的绩效考核工作，提高线下销售人员的工作积极性，使其更好地完成销售任务，特制定本细则。

第 2 条　本细则适用于企业线下销售部的绩效考核工作。

第 3 条　本企业对线下销售部的考核本着公开、公平、公正的原则。

第 2 章　考核周期与考核内容

第 4 条　线下销售部的考核周期主要为月度、季度和年度。月度考核的时间为每月____日—____日，季度考核的时间为下季度第一个月的____日—____日，年度考核的时间为次年 1 月的____日—____日。

第 5 条　线下销售部绩效考核的内容如下表所示。

线下销售部绩效考核的内容

序号	考核指标	权重	目标值	考核标准
1	线下销售总额	25%	____万元	考核期内，部门销售总额在目标值以上的，得满分；每少____万元，扣____分；____万元以下，该项不得分
2	线下销售增长率	20%	____%	考核期内，部门线下销售增长率在目标值以上的，得满分；每降低____%，扣____分；低于____%的，该项不得分
3	线下销售回款率	15%	____%	考核期内，线下销售回款率在目标值以上的，得满分；每降低____%，扣____分；低于____%的，该项不得分
4	销售净利率	15%	____%	考核期内，部门线下销售净利率在目标值以上的，得满分；每降低____%，扣____分；低于____%的，该项不得分
5	新增客户数	10%	____个	考核期内，线下销售部新开发客户数量达到目标值，得满分；每少____个客户，扣____分；少于____个客户，该项不得分
6	员工保有率	15%	____%	考核期内，部门员工保有率达到目标值的，得满分；每降低____%，扣____分；低于____%的，该项不得分

注：本企业会根据产品特点及线下销售人员的实际情况，适当调整各项考核指标的权重。

第 3 章　绩效考核实施步骤

第 6 条　人力资源部在线下销售部的配合下，拟定考核指标及指标评分标准，并以此为依据编制考核表。

第 7 条　人力资源部根据考核表的内容向相关部门收集资料与数据，并对各考核指标进行打分。

第 8 条　人力资源部汇总得分，计算线下销售部的绩效考核得分，并进行公布。

第 9 条　人力资源部根据最终绩效考核得分将考核结果分为五个等级，各等级对应的分数如下表所示。

（续）

线下销售部考核结果等级划分表

考核等级	优秀（S）	良好（A）	中等（B）	及格（C）	差（D）
分数	90~100 分	80~89 分	70~79 分	60~69 分	60 分以下

第 10 条　线下销售部若对考核结果有异议，可在考核结果公布后七个工作日内向人力资源部提出申诉；若超过申诉期，则视为线下销售部认同人力资源部的考核结果。

第 4 章　考核结果的应用

第 11 条　线下销售部绩效考核的结果可作为被考核人员当月（年）工资和绩效奖金的发放依据。

第 12 条　企业领导可根据考核结果安排相关人员进行岗位调动或岗位升迁。

第 13 条　部门可根据考核结果为被考核人员设定下一阶段的绩效目标。

第 14 条　人力资源部可根据考核结果有针对性地设计员工培训课程。

第 5 章　附则

第 15 条　本细则由人力资源部制定，解释权归人力资源部所有。

第 16 条　本细则自颁布之日起执行。

编制日期		审核日期		批准日期	
修改标记		修改处数		修改日期	

3.6.2　线上销售部绩效考核实施细则

细则名称	线上销售部绩效考核实施细则	编号	
		版本	

第 1 章　总则

第 1 条　为规范线上销售部的绩效考核工作，提高线上销售人员的工作积极性，完成企业的线上销售任务，特制定本细则。

第 2 条　本细则适用于企业对线上销售部的绩效考核工作。

第 3 条　本企业对线上销售部的考核本着公开、公平、公正的原则。

第 2 章　考核周期与考核内容

第 4 条　线上销售部的考核周期主要为月度、季度和年度。月度考核的时间为每月____日—____日，季度考核的时间为下季度第一个月的____日—____日，年度考核的时间为次年 1 月的____日—____日。

第 5 条　线上销售部绩效考核的内容为线上销售业绩考核，包括线上销售任务的完成情况、线上销售账款的回收情况及线上销售的增长情况等内容。

第 3 章　绩效考核实施

第 6 条　企业针对线上销售部不同的考核内容进行量化，制定量化指标，并结合线上销售的实际情况及企业内外部环境等因素，确定各个指标的权重。

第 7 条　线上销售部绩效考核采用百分制，具体绩效考核指标、权重和考核标准如下表所示。

线上销售部绩效考核表

序号	考核指标	权重	考核标准
1	线上销售任务完成率	20%	（1）线上销售任务完成率≥ 100%，得 20 分 （2）线上销售任务完成率＜ 100%，每降低____%，扣____分 （3）线上销售任务完成率低于____%，该项得分为 0

（续）

（续表）

序号	考核指标	权重	考核标准
2	线上销售账款回收率	15%	（1）线上销售账款回收率≥____%，得 15 分 （2）线上销售账款回收率<____%，每降低____%，扣____分 （3）线上销售账款回收率低于____%，该项得分为 0
3	线上销售额增长率	15%	（1）线上销售额增长率≥____%，得 15 分 （2）线上销售额增长率<____%，每降低____%，扣____分 （3）线上销售额增长率低于____%，该项得分为 0
4	坏账率	10%	（1）坏账率≤____%，得 10 分 （2）坏账率>____%，每增高____%，扣____分 （3）坏账率高于____%，该项得分为 0
5	销售净利率	10%	（1）销售净利率≥____%，得 10 分 （2）销售净利率<____%，每降低____%，扣____分 （3）销售净利率低于____%，该项得分为 0
6	线上客户转化率	10%	（1）线上客户转化率≥____%，得 10 分 （2）线上客户转化率<____%，每降低____%，扣____分 （3）线上客户转化率低于____%，该项得分为 0
7	好评率	5%	（1）好评率≥____%，得 5 分 （2）好评率<____%，每降低____%，扣____分 （3）好评率低于____%，该项得分为 0
8	重复购买率	5%	（1）重复购买率≥____%，得 5 分 （2）重复购买率<____%，每降低____%，扣____分 （3）重复购买率低于____%，该项得分为 0
9	核心产品的线上市场占有率	5%	（1）核心产品的线上市场占有率≥____%，得 5 分 （2）核心产品的线上市场占有率<____%，每降低____%，扣____分 （3）核心产品的线上市场占有率低于____%，该项得分为 0
10	部门员工技能提升率	5%	（1）部门员工技能提升率≥____%，得 5 分 （2）部门员工技能提升率<____%，每降低____%，扣____分 （3）部门员工技能提升率低于____%，该项得分为 0

注：本企业会根据产品特点及线上销售人员的实际情况，适当调整各项考核指标的权重。

第 8 条　线上销售部业绩的考核依据是本部门的统计数据和财务部的统计分析数据，人力资源部负责审核数据，并计算考核得分。

第 9 条　人力资源部按照最终考核得分将考核结果分为五个等级，各等级对应的分数见下表。

线上销售部考核结果等级划分表

考核等级	优秀（S）	良好（A）	中等（B）	及格（C）	差（D）
分数	90~100 分	80~89 分	70~79 分	60~69 分	60 分以下

第 4 章　考核结果的应用

第 10 条　线上销售人员根据考核结果找到实际存在的问题，及时改进销售工作。

（续）

第11条　人力资源部可将考核结果应用于部门奖金的发放、底薪的调整及培训的实施。 第12条　人力资源部建立线上销售部日常考核台账，记录考核内容和结果，以此作为考核打分及考核结果反馈、考核申诉处理的依据。 **第5章　附则** 第13条　本细则由人力资源部制定，解释权归人力资源部所有。 第14条　本细则自颁布之日起执行。					
编制日期		审核日期		批准日期	
修改标记		修改处数		修改日期	

3.6.3 区域销售部绩效考核实施细则

细则名称	区域销售部绩效考核实施细则	编号	
		版本	

第1章　总则

第1条　为规范区域销售部绩效考核工作，提高线下区域销售人员的工作积极性，完成企业的区域销售任务，特制定本细则

第2条　本细则适用于企业区域销售部的绩效考核工作。

第3条　企业对区域销售部的考核本着公开、公平、公正的原则。

第2章　考核周期与考核内容

第4条　区域销售部的绩效考核周期为月度、季度和年度。月度考核的时间为每月____日—____日，季度考核的时间为下季度第一个月的____日—____日，年度考核的时间为次年1月的____日—____日。

第5条　区域销售部绩效考核的内容主要为区域销售业绩考核，包括区域销售计划的完成情况、区域销售回款情况及区域销售重要客户的增长情况等内容。

第3章　绩效考核实施

第6条　企业对区域销售部的考核内容进行量化，制定量化指标，并结合区域销售部的实际情况及企业内外部环境等因素，确定各个指标的权重。

第7条　区域销售部绩效考核采用百分制，具体绩效考核指标、权重和考核标准如下表所示。

区域销售部绩效考核表

序号	考核指标	权重	考核标准
1	区域销售计划完成率	30%	（1）区域销售计划完成率≥100%，得30分 （2）区域销售计划完成率<100%，每降低____%，扣____分 （3）区域销售计划完成率低于____%，该项得分为0
2	销售净利率	20%	（1）销售净利率≥____%，得20分 （2）销售净利率<____%，每降低____%，扣____分 （3）销售净利率低于____%，该项得分为0
3	区域销售回款率	15%	（1）区域销售回款率≥____%，得15分 （2）区域销售回款率<____%，每降低____%，扣____分 （3）区域销售回款率低于____%，该项得分为0

（续）

（续表）

序号	考核指标	权重	考核标准
4	区域市场占有率	15%	（1）区域市场占有率≥____%，得 15 分 （2）区域市场占有率＜____%，每降低____%，扣____分 （3）区域市场占有率低于____%，该项得分为 0
5	区域销售重要客户增长率	10%	（1）区域销售重要客户增长率≥____%，得 10 分 （2）区域销售重要客户增长率＜____%，每降低____%，扣____分 （3）区域销售重要客户增长率低于____%，该项得分为 0
6	新开发区域市场的个数	10%	（1）新开发区域市场的个数≥____个，得 10 分 （2）新开发区域市场的个数＜____个，每少____个，扣____分 （3）新开发区域市场的个数低于____个，该项得分为 0

注：本企业会根据产品特点及区域销售人员的实际情况，适当调整各项考核指标的权重。

第 8 条　区域销售部业绩的考核依据是本部门的统计数据和财务部的统计分析数据，人力资源部负责审核数据，并计算考核得分。

第 9 条　人力资源部按照最终考核得分将区域销售部的考核结果分为五个等级，各等级对应的分数见下表。

区域销售部考核结果等级划分表

考核等级	优秀（S）	良好（A）	中等（B）	及格（C）	差（D）
分数	90~100 分	80~89 分	70~79 分	60~69 分	60 分以下

第 10 条　区域销售部若对考核结果有异议，可在考核结果公布后七个工作日内向人力资源部提出申诉；若超过申诉期，则视为区域销售部认同人力资源部的考核结果。

第 4 章　考核结果的应用

第 11 条　区域销售人员根据考核结果找到实际存在的问题，及时改进销售工作。

第 12 条　人力资源部可将考核结果应用于区域销售部员工季度奖、年终奖的发放与晋升及员工调职等事项。

第 5 章　附则

第 13 条　本细则由人力资源部制定，解释权归人力资源部所有。

第 14 条　本细则自颁布之日起执行。

编制日期		审核日期		批准日期	
修改标记		修改处数		修改日期	

3.6.4　大客户部绩效考核实施细则

细则名称	大客户部绩效考核实施细则	编号	
		版本	

第 1 章　总则

第 1 条　为促进大客户部绩效考核的有效实施，加强大客户部绩效考核的规范性，特制定本细则。

第 2 条　本细则适用于企业对大客户部的绩效考核工作。

（续）

第 2 章　考核周期与考核内容

第 3 条　大客户部的绩效考核周期为月度、季度和年度。月度考核的时间为每月____日—____日，季度考核的时间为下季度第一个月的____日—____日，年度考核的时间为次年 1 月的____日—____日。

第 4 条　大客户部绩效考核的内容主要为大客户销售业绩考核，包括销售计划完成情况、销售额完成情况及销售额增长情况等内容。

第 3 章　绩效考核实施

第 5 条　企业应针对大客户部不同的考核内容进行量化，制定量化指标，并结合大客户部销售实际情况及企业内外部环境等因素，确定各个指标的权重。

第 6 条　大客户部绩效考核采用百分制，具体的考核指标、权重和考核标准如下表所示。

大客户部绩效考核表

序号	考核指标	权重	考核标准
1	销售计划完成率	20%	（1）销售计划完成率≥ 100%，得 20 分 （2）销售计划完成率＜ 100%，每降低____%，扣____分 （3）销售计划完成率低于____%，该项得分为 0
2	大客户销售额	20%	（1）大客户销售额≥____万元，得 20 分 （2）大客户销售额＜____万元，每降低____元，扣____分 （3）大客户销售额低于____万元，该项得分为 0
3	大客户销售额增长率	20%	（1）大客户销售额增长率≥____%，得 20 分 （2）大客户销售额增长率＜____%，每降低____%，扣____分 （3）大客户销售额增长率低于____%，该项得分为 0
4	大客户流失率	10%	（1）大客户流失率≤____%，得 10 分 （2）大客户流失率＞____%，每增加____%，扣____分 （3）大客户流失率高于____%，该项得分为 0
5	销售净利率	10%	（1）销售净利率≥____%，得 10 分 （2）销售净利率＜____%，每降低____%，扣____分 （3）销售净利率低于____%，该项得分为 0
6	投诉问题解决率	10%	（1）投诉问题解决率≥____%，得 10 分 （2）投诉问题解决率＜____%，每降低____%，扣____分 （3）投诉问题解决率低于____%，该项得分为 0
7	费用节省率	5%	（1）费用节省率≥____%，得 5 分 （2）费用节省率＜____%，每降低____%，扣____分 （3）费用节省率低于____%，该项得分为 0
8	新开发的大客户数量	5%	（1）新开发的大客户数量≥____个，得 5 分 （2）新开发的大客户数量＜____个，每少____个，扣____分 （3）新开发的大客户数量少于____个，该项得分为 0

注：本企业会根据不同行业水平、产品特点及大客户部人员的实际情况，适当调整各项考核指标的权重。

第 7 条　人力资源部根据财务部的统计分析数据和大客户部提供的统计数据，计算考核得分。

第 8 条　人力资源部按照最终考核得分将大客户部的考核结果分为五个等级，各等级对应的分数见下表。

（续）

大客户部考核结果等级划分表

考核等级	优秀（S）	良好（A）	中等（B）	及格（C）	差（D）
分数	90~100分	80~89分	70~79分	60~69分	60分以下

第4章　考核结果的应用

第9条　大客户部工作人员应根据考核结果找到实际存在的问题，及时改进销售工作。

第10条　人力资源部可将考核结果应用于大客户部员工季度奖、年终奖的发放及员工晋升、调职等事项。

第5章　附则

第11条　本细则由人力资源部制定，解释权归人力资源部所有。

第12条　本细则自颁布之日起执行。

编制日期		审核日期		批准日期	
修改标记		修改处数		修改日期	

第 4 章

促销导购人员绩效考核

4.1 促销导购人员与部门考核指标设计

4.1.1 促销导购人员四大量化考核指标

指标 1：促销计划完成率

考核目的	为了检测企业促销计划的完成情况，及时制定或修改销售策略，确保销售目标的达成		
考核指标	促销计划完成率	计算公式 / 说明	$\frac{\text{已完成的促销计划数量}}{\text{促销计划总数量}} \times 100\%$
考核周期	月 / 年度	信息来源	促销部
失真提示	促销计划制定时未充分考虑产品特点、市场供需情况等因素，导致考核目标值设定过高，无法有效衡量促销部门、促销人员的工作绩效，造成考核结果应用性差		

指标 2：促销商品销售增长率

考核目的	用来评价促销活动效果的好坏		
考核指标	促销商品销售增长率	计算公式 / 说明	$\frac{\text{促销期促销商品的销售额} - \text{上期该商品的销售额}}{\text{上期该商品的销售额}} \times 100\%$
考核周期	季 / 年度	信息来源	促销部
失真提示	该指标的制定要避免出现因基线估计值设置不合理而导致考核效果减弱的情形。促销业绩提升必须与基线销售额进行比较，即与非营销活动时期的销售额进行比较。因此，在进行促销效果评估之前，企业应事先确定合理的基线估计值		

指标 3：促销单品呈现率

考核目的	用于考核促销人员为企业争取利益的程度		
考核指标	促销单品呈现率	计算公式 / 说明	$\frac{\text{促销宣传品中出现的产品数}}{\text{企业提供的促销产品总数}} \times 100\%$
考核周期	月度	信息来源	促销部
失真提示	（1）零售客户所做的促销宣传品统计不完整，导致考核所依据的数据不客观，造成考核结果失真 （2）其他影响促销单品呈现的因素未被有效剔除，导致考核结果失真		

指标 4：商品补货及时率

考核目的	用于督促企业相关工作人员及时补货，将商品按时放置或运送到正确的地点，以满足购买者的需求		
考核指标	商品补货及时率	计算公式 / 说明	$\frac{\text{及时补充的商品数量}}{\text{应补充的商品数量}} \times 100\%$
考核周期	月 / 年度	信息来源	导购部
失真提示	因企业内部统计人员或库存管理人员工作疏忽，导致理货员、导购主管、导购员所掌握的销售和库存信息不准确，无法控制商品补货频率，造成考核结果失真		

4.1.2 促销部关键绩效考核指标设计

序号	KPI 指标	考核周期	指标定义 / 公式	资料来源
1	促销计划完成率	月 / 季 / 年度	$\frac{\text{已完成的促销计划数量}}{\text{促销计划总数量}} \times 100\%$	促销部
2	销售额	月 / 季 / 年度	部门实际完成的销售数额	财务部
3	促销商品销售增长率	季 / 年度	$\frac{\text{促销期商品的销售额} - \text{上期该商品的销售额}}{\text{上期该商品的销售额}} \times 100\%$	促销部
4	促销投入产出比	月 / 季 / 年度	$\frac{\text{促销费用}}{\text{促销产出}} \times 100\%$	财务部
5	促销人员到位率	月 / 季 / 年度	$\frac{\text{现有促销人员数}}{\text{区域内需要的促销人员总数}} \times 100\%$	促销部
6	促销方案提交及时率	年度	$\frac{\text{促销方案按时提交数}}{\text{应提交的促销方案数}} \times 100\%$	促销部
7	促销费用预算控制情况	季 / 年度	促销费用应控制在预算范围内	财务部
8	月促销协同率	月度	$\frac{\text{零供双方月配合促销次数}}{\text{零售客户月促销总次数}} \times 100\%$	促销部
9	促销频率	月 / 季 / 年度	考核期内在既定区域内所做的促销次数	促销部

4.1.3 导购部关键绩效考核指标设计

序号	KPI 指标	考核周期	指标定义 / 公式	资料来源
1	销售额	季 / 年度	各门店、卖场考核期内的销售额总计	财务部
2	销售增长率	季 / 年度	$\frac{\text{当期销售额（量）} - \text{上期销售额（量）}}{\text{上期销售额（量）}} \times 100\%$	财务部
3	导购管理费用节省率	季 / 年度	考核期内导购管理费用有效控制，费用节省率达到____% 以上	财务部

（续表）

序号	KPI 指标	考核周期	指标定义 / 公式	资料来源
4	导购培训计划完成率	季 / 年度	考核期内导购培训计划完成率达到 100%	导购部
5	导购考核达标率	季 / 年度	考核期内，各门店、卖场导购考核达标率达到____%	导购部
6	顾客满意率	季 / 年度	通过顾客满意度调查，选择满意或比较满意的顾客占顾客总数的比例	导购部

4.2　促销导购业务关键绩效考核指标的目标值设计与调整

4.2.1　促销导购业务关键绩效考核指标的目标值设计

序号	KPI 指标	目标值
1	促销计划完成率	达到____%
2	销售额	达到____万元
3	年销售增长率	达到____%
4	促销频率	达到____次 / 月
5	顾客满意率	达到____%
6	违规发放赠品的次数	低于____次
7	促销单品呈现率	达到____%

4.2.2　促销导购业务关键绩效考核指标的目标值调整

1. 促销计划完成率

当发生市场变化、销售策略变化、产品结构变化等影响促销活动时，企业相关工作人员应及时修改绩效目标值，以确保促销计划完成率的考核结果公正。

2. 违规发放赠品的次数

因赠品数量估算不合理，在促销过程中可能会出现赠品多余或短缺的情况，这时就需要修改考核指标中违规发放赠品的次数，以免造成考核结果失真。

3. 促销单品呈现率

影响促销单品呈现率的因素主要包括品牌度、价格，以及促销活动所起到的作用等。因此，企业在设定目标值时，如果出现以上因素，就需要及时调整目标值，以免造成考核结果失真。

4.3 促销导购人员考核标准设计

4.3.1 促销人员考核标准

1. 选取考核指标

促销人员的考核指标通常有促销时期的销售额、促销计划完成率及促销商品销售增长率等。企业在选取绩效考核指标时，应根据促销商品的具体情况、促销人员的岗位职责等关键要素进行选择。

2. 设定考核指标目标值

企业在设定促销人员的考核指标目标值的过程中，应参照同行业促销人员的考核指标目标值的情况，同时依据本企业上一考核期促销部的实际考核情况及本考核期的促销目标进行设定。

3. 设定考核周期

促销人员的考核周期可以分为月度、季度和年度。每个考核指标都需要根据实际情况设置考核周期，如促销商品销售增长率，由于促销活动对消费的促进作用可持续一段时间，因此该指标的考核周期应设置得较长，可设置为按季度或年度考核。

4. 设计考核指标权重

促销人员的考核指标权重需要根据促销人员工作内容的占比、指标的重要性及与促销部门绩效指标之间的关联性等来设计。工作内容占比越大，指标权重相应越大；指标越重要，指标权重越大。

4.3.2 导购人员考核标准

1. 选取考核指标

导购人员的主要工作职责是进行商品的日常管理，为顾客提供优质的服务，同时要注意收集竞争对手的信息，为企业制定营销策略提供资料。企业可以从销售额、销售增长率及顾客满意率等方面对导购人员进行考核。

2. 设定考核指标目标值

在设定导购人员的考核指标目标值时，企业往往会僵化地沿用上一考核期的指标体系，而忽略了市场环境对导购人员实际绩效的影响。对此，企业一定要针对特定的商品，根据特定的市场环境、特殊事件等对导购人员考核指标的目标值进行客观、灵活的设置与更新，以保证对导购人员的个人业绩及企业的整体绩效起到正强化的作用。

3. 设定考核周期

导购人员考核周期的设定需要根据具体的考核指标来确定。销售额可以按月度、季度考核，也可以按年度考核。顾客满意率指标的考核周期则需要根据企业进行顾客满意率调查的周期来设定，一般为季度或年度。

4. 选择考核指标数量

导购人员的考核指标数量需要根据导购人员的工作内容、考核指标之间的包含关系等来确定。企业在对导购人员要求较严格、考核较为细致时，可添加指标；在对导购人员要求较宽松时，可减少指标。

4.4 促销导购岗位关键绩效考核指标量表

4.4.1 促销部经理考核指标量表

被考核人姓名			职位	促销部经理	部门	促销部
考核人姓名			职位	总经理	部门	
序号	KPI 指标	权重	目标值			考核得分
1	促销计划完成率	20%	考核期内促销计划完成率达到____%			
2	促销方案预期目标达成率	20%	考核期内促销方案预期目标达成率达到____%			
3	促销商品销售增长率	15%	考核期内因促销活动的开展使销售业绩增长率达到____%			
4	促销费用节省率	10%	考核期内促销费用节省率控制在____% 以上			
5	促销培训计划完成率	10%	考核期内促销培训计划完成率达到 100%			
6	宣传品制作完成率	10%	考核期内促销宣传品制作完成率达到____%			
7	产品市场占有率	10%	考核期内产品市场占有率达到____%			
8	部门员工技能提升率	5%	考核期内部门员工技能提升率达到____%			
本次考核总得分						
被考核人		考核人		复核人		
签字： 日期：		签字： 日期：		签字： 日期：		

4.4.2 导购部经理考核指标量表

被考核人姓名			职位	导购部经理	部门	导购部
考核人姓名			职位	总经理	部门	
序号	KPI 指标	权重	目标值			考核得分
1	导购任务完成率	20%	考核期内导购任务完成率达到____%			

（续表）

序号	KPI 指标	权重	目标值	考核得分
2	商品陈列合格率	10%	考核期内商品陈列合格率达到____%	
3	补货及时率	15%	考核期内补货及时率达到____%	
4	报表提交及时率	15%	考核期内报表提交及时率达到____%	
5	导购管理费用节省率	15%	考核期内导购管理费用节省率达到____%	
6	培训计划完成率	15%	考核期内培训计划完成率达到____%	
7	顾客满意率	10%	考核期内顾客满意率达到____%	
本次考核总得分				

被考核人	考核人	复核人
签字：　　日期：	签字：　　日期：	签字：　　日期：

4.4.3　线上促销部经理考核指标量表

被考核人姓名		职位	线上促销部经理	部门	线上促销部
考核人姓名		职位	总经理	部门	

序号	KPI 指标	权重	目标值	考核得分
1	线上促销方案一次性通过率	20%	考核期内线上促销方案一次性通过率达到____%	
2	线上促销计划完成率	20%	考核期内线上促销计划完成率达到____%	
3	线上市场占有率	10%	考核期内线上市场占有率达到____%	
4	促销商品销售增长率	15%	考核期内因促销活动开展使销售业绩的增长率达到____%	
5	线上回复及时率	10%	考核期内线上回复及时率达到____%	
6	客户好评率	10%	考核期内客户好评率达到____%	
7	线上成交转化率	10%	考核期内线上成交转化率达到____%	
8	部门员工技能提升率	5%	考核期内部门员工技能提升率达到____%	
本次考核总得分				

被考核人	考核人	复核人
签字：　　日期：	签字：　　日期：	签字：　　日期：

4.5　促销导购业务提成方案设计

4.5.1　促销人员业务提成方案

促销人员业务提成方案

一、目的

为规范促销人员的薪酬管理，激励促销人员达成销售目标，提升企业的整体销售额，使企业获取更多的销售利润，现结合企业实际情况，特制定本方案。

二、适用范围

本方案适用于____年____月____日—____年____月____日促销活动期间参与促销的人员的业务提成设计。

三、促销期间业务提成的设计

1. 确定销售定额

销售定额是指最基本的销售量。

2. 确定超额提成比例

促销人员的业务提成采取促销超额提成办法。当月促销人员的销售额超过销售定额时，按照超额的多少设定级差提成比例。具体的超额提成办法说明如下。

销售定额为____台 / 月。当销售达到____台时，一次性提成____元；当____台≤销售台数<____台时，每台提成____元；当____台≤销售台数<____台时，每台提成____元；当销售台数≥____台时，每台提成____元。

四、促销结束后一次性销售奖励设计

1. 一次性销售奖励措施

企业根据整个促销活动期间的销售总额，对促销人员进行一次性现金奖励。具体规定如下。

当销售总额<____万元时，促销活动结束后无现金奖励；当____万≤销售总额<____万元时，促销活动结束后奖励现金____元；当____万≤销售总额<____万元时，促销活动结束后奖励现金____元；当____万≤销售总额<____万元时，促销活动结束后奖励现金____元。

2. 扣发一次性奖励的规定

当促销人员存在以下行为时，扣发一次性奖励，并酌情给予罚款。

（1）促销期间收到____次以上客户投诉，经查证属实的。

（2）促销期间存在低于促销价销售行为的。

（3）促销期间存在以次充好欺诈消费者行为的。

五、业务提成的确定和发放

1. 业务提成的确定

促销期间的业务提成支付点以收到订单的销售额度计算确定。

2. 业务提成的发放

（1）促销期间的业务提成在每月____日前发放（遇节假日顺延至下一工作日）。

（2）促销结束后的业务提成奖励在促销结束后第 1 个月的____日前发放。

3. 不能纳入业务提成计算额度的销售额

销售额存在以下两种情况的，不纳入业务提成的计算额度：

（1）客户下达订单后又予以取消的；

（2）客户下达订单后延迟付款或不予付款的。

4.5.2 导购人员业务提成方案

导购人员业务提成方案

一、目的

为规范导购人员的薪酬管理，提高导购人员的工作积极性，留住优秀的导购人才，特制定本方案。

二、导购人员的薪酬构成

导购人员的薪酬＝基本工资＋业务提成。其中，基本工资不分等级，统一为每人每月____元。

三、月度业务提成的设计

1. 业务提成的计算

业务提成要根据导购人员每人每月完成的销售总额，依据计提比例计算。

2. 具体的提成比例

月度业务提成以导购人员每月最后一天完成的销售总额为计提标准。

（1）销售总额＜____元

淡季：业务提成比例为____%。旺季：业务提成比例为____%。

（2）____≤销售总额＜____元

淡季：业务提成比例为____%。旺季：业务提成比例为____%。

（3）____≤销售总额＜____元

淡季：业务提成比例为____%。旺季：业务提成比例为____%。

（4）销售总额≥____元

淡季：业务提成比例为____%。旺季：业务提成比例为____%。

四、季度业务提成的设计

1. 季度业务提成设计的要求

（1）需要考虑相关费用的支出情况。

（2）能够鼓励销售人员持续销售的积极性。

2. 计算公式

季度业务提成 =（季度销售总额 - 销售费用）× 提成比例

其中，提成比例统一为____%，销售费用的确定需由财务部提供相关报表。

五、年度业务提成的设计

1. 年度业务提成办法

导购人员的年度业务提成按照季度平均销售额提取一定比例计算。

2. 计算公式

年度业务提成 = 四个季度销售总额 ÷4× 提成比例。其中，提成比例为____%。

六、业务提成的统计和发放

1. 业务提成的统计

企业派专人每天根据销售单对每个导购人员的销售业绩进行统计，并依据提成比例按周期计算业务提成。

2. 业务提成的发放

（1）月度业务提成的发放

业务提成连同基本工资于每月的____日（逢双休日顺延至下一工作日）一起发放。

（2）季度业务提成的发放

季度业务提成随该季度后第 1 个月的基本工资、月度业务提成等一起发放。

（3）年度业务提成的发放

年度业务提成随次年 1 月的基本工资、月度业务提成等一起发放。

4.6　促销导购部门考核实施细则

4.6.1　促销部绩效考核实施细则

细则名称	促销部绩效考核实施细则	编号	
		版本	
第 1 条　适用范围 企业促销部的部门考核工作均参照本细则执行。 第 2 条　考核指标设计及评分标准 考核小组根据促销部的考核指标体系制定评分标准，并向相关部门进行说明。			

（续）

1. 定量指标设计及评分

定量指标的评分依据是与促销工作相关的数据统计，由财务部和促销部提供。具体评分方案如下。

（1）促销计划完成率（占比 15%）

促销计划完成率达到 100%，得 15 分；促销计划完成率＜ 100%，每低____%，减____分；促销计划完成率＜____%，该项得分为 0。

（2）销售额（占比 15%）

销售额≥____万元，得 15 分；每低____万元，减____分；销售额低于____万元，该项得分为 0。

（3）促销商品销售增长率（占比 10%）

增长率≥____%，得 10 分；每低____%，减____分；增长率低于____%，该项得分为 0。

（4）促销投入产出比（占比 10%）

促销投入产出比≥____%，得 10 分；每低____%，减____分；促销投入产出比低于____%，该项得分为 0。

（5）宣传品制作完成率（占比 10%）

完成率≥____%，得 10 分；每低____%，减____分；完成率低于____%，该项得分为 0。

（6）促销人员到位率　（占比 5%）

促销人员到位率≥____%，得 5 分；每低____%，减____分；促销人员到位率低于____%，该项得分为 0。

（7）产品市场占有率（占比 10%）

产品市场占有率≥____%，得 10 分；每低____%，减____分；占有率低于____%，该项得分为 0。

2. 定性指标设计及评分

（1）品牌推广度（占比 10%）

考核小组在促销前后对客户进行企业品牌、产品的识别、认知情况等调查，并据此对品牌推广度进行评分。调查方式包括现场问卷调查、电话访问、发送电子邮件等。问卷满分为 100 分，基准分数为 90 分，平均分达到____分，该项考核得____分；平均分低于基准分数，该项考核不得分。

（2）客户满意度（占比 10%）

促销部采用抽样问卷调查的方式对客户满意度进行调查。调查方式包括现场问卷调查、电话访问、发送电子邮件等。客户根据实际情况，按照客户满意度调查问卷的内容逐项进行打分。问卷满分为 100 分，基准分数为 90 分，平均分达到____分，该项考核得____分；平均分低于基准分数，该项考核不得分。

（3）协作部门满意度和领导满意度（占比 5%）

协作部门满意度和领导满意度由协作部门负责人和相关领导负责评分。按照百分制打分，基准分为 90 分，平均分达到____分，该项考核得____分；平均分低于基准分数，该项考核不得分。

（4）评分注意事项

考核期内发生重大投诉或重大违纪事件，根据企业经营办公会议讨论结果扣除分数，考核小组由此计算考核总得分。

第 3 条　考核结果的应用

（1）企业根据考核结果，结合考核制度、薪酬制度、奖惩制度等的规定，安排促销部工资、奖金的发放。

（2）促销部考核结果直接影响促销部相关负责人的业绩考核，影响其继任、晋升等人事决策。

编制日期		审核日期		批准日期	
修改标记		修改处数		修改日期	

4.6.2　导购部绩效考核实施细则

细则名称	导购部绩效考核实施细则	编号	
		版本	

第 1 条　目的

为加强商品导购管理工作，确保销售任务顺利完成，特制定本细则。

第 2 条　考核频率

对商品导购部门的考核，每季度进行一次。

第 3 条　考核指标设计

根据商品导购工作内容，考核指标设计如下。

1. 销售额（占比 25%）

考核期内销售额目标值为____万元。达到目标值，得满分；每减少 1 万元，减____分。

2. 导购任务完成率（占比 25%）

考核期内导购任务完成率目标值为____%。达到目标值，得满分；每减少 1%，减____分。

3. 销售增长率（占比 20%）

考核期内销售增长率目标值为____%。达到目标值，得满分；每减少 1%，减____分。

4. 滞销商品处理的及时性（占比 15%）

考核期内连续 30 天未实现销售的在架商品的数量为 0。每发现 1 件，扣____分；超过____件，该项得分为 0。

5. 销售分析报告提交的及时性和准确性（占比 15%）

超期提交销售分析报告，且内容不真实，不得分；超期提交销售分析报告，内容真实但不完整，得____分；按期提交销售分析报告，内容真实、完整，部分具有参考价值，得____分；按期提交销售分析报告，内容真实、完整，具有较高参考价值，得____分。

第 4 条　考核实施

（1）销售总监、销售部经理负责对导购部的工作业绩进行评分。

（2）人力资源部经理负责审核评分结果，并报总经理审批。

编制日期		审核日期		批准日期	
修改标记		修改处数		修改日期	

4.6.3　线上促销部绩效考核实施细则

细则名称	线上促销部绩效考核实施细则	编号	
		版本	

第 1 条　目的

为加强对线上促销工作的管理，明确线上促销人员的工作目标、工作责任，确保企业经营业绩的不断提高，特制定本细则。

第 2 条　考核周期

线上促销部的考核周期为半年度和年度。

第 3 条　考核内容

（1）部门工作计划的完成情况。

（2）部门人员管理。

（3）与其他部门合作的情况。

（续）

第4条　考核指标及标准设计

1. 线上销售额

考核期内，累计线上销售总金额达到____万元。每低____万元，减____分；低于____万元，此项不得分。

2. 线上促销计划完成率

目标值为100%。每低____%，减____分；低于____%，此项不得分。

3. 利润率

目标值为____%。每低____%，减____分；低于____%，此项不得分。

4. 线上成交转化率

目标值为____%。每低____%，减____分；低于____%，此项不得分。

5. 新增客户数量

考核期内，通过网络开发新增的客户数量达到____人。每少10人，减____分；少于____人，此项不得分。

6. 客户好评率

目标值为____%。每低____%，减____分；低于____%，此项不得分。

7. 客户投诉有效处理率

目标值为____%。每低____%，减____分；低于____%，此项不得分。

第5条　部门绩效考核结果的应用

部门绩效考核结果将作为部门年度奖金的分配依据，具体奖金基数依据人力资源部制定的部门奖金管理制度而定。部门不同职级的人员所分配的团队奖金比例则不同，一般为线上促销部经理占____%，线上促销主管占____%，线上促销专员占____%。

编制日期		审核日期		批准日期	
修改标记		修改处数		修改日期	

第 5 章

门店 / 电商人员绩效考核

5.1 门店 / 电商人员关键绩效考核指标设计

5.1.1 门店人员三大量化考核指标

指标 1：销售收入

考核目的	对销售业绩进行评估		
考核指标	销售收入	计算公式 / 说明	产品销售数量 × 产品单价
考核周期	月 / 季 / 年度	信息来源	财务部
失真提示	目标设置不合理，过高或过低，导致失去了该指标的考核意义		

指标 2：人均销售占比

考核目的	衡量团队中每一个人销售贡献的大小		
考核指标	人均销售占比	计算公式 / 说明	$\frac{\text{当期个人销售额}}{\text{当期部门总销售额}} \times 100\%$
考核周期	月 / 季 / 年度	信息来源	财务部
失真提示	因考核当期总销售额的统计结果有误，导致考核结果与实际不符		

指标 3：销售计划完成率

考核目的	督促销售任务的完成，减少企业库存，实现企业的整体效益		
考核指标	销售计划完成率	计算公式 / 说明	$\frac{\text{实际完成的销售额}}{\text{计划完成的销售额}} \times 100\%$
考核周期	月 / 季 / 年度	信息来源	财务部
失真提示	因销售统计数据填制的不准确，导致考核结果失实		

5.1.2 电商人员三大量化考核指标

指标 1：订单总数

考核目的	反映电商店铺销售情况		
考核指标	订单数	计算公式 / 说明	考核期内显示为成功交易的订单总数
考核周期	日 / 周 / 月	信息来源	财务部
失真提示	对销售订单的类别划分不清晰，增强了考评的主观性，从而降低了考评的客观性		

指标 2：咨询转化率

考核目的	有效提升电商的经营能力		
考核指标	咨询转化率	计算公式 / 说明	$\frac{\text{产生购买行为的顾客人数}}{\text{到达店铺的访客人数}} \times 100\%$
考核周期	日 / 周 / 月	信息来源	财务部
失真提示	计算该指标时，分子、分母统计周期不一致，导致考核结果失真		

指标 3：退货率

考核目的	衡量电商的服务质量		
考核指标	退货率	计算公式 / 说明	$\frac{\text{退单量}}{\text{咨询转换单量}} \times 100\%$
考核周期	月 / 季度	信息来源	客服部
失真提示	退货原因记录不完备，导致考核评估缺乏有效的信息依据		

5.1.3 门店关键绩效考核指标设计

序号	KPI 指标	考核周期	指标定义 / 公式	资料来源
1	销售收入	月 / 季 / 年度	销售收入 = 产品销售数量 × 产品单价	财务部
2	销售计划完成率	月 / 季 / 年度	$\frac{\text{实际完成的销售额}}{\text{计划完成的销售额}} \times 100\%$	财务部
3	毛利	月 / 季 / 年度	门店毛利 = 销售收入 − 销售成本	财务部
4	销售量	月 / 季 / 年度	一定时期内销售的产品数量	财务部
5	销售增长率	年度	$\frac{\text{本年销售增长额}}{\text{上年销售额}} \times 100\%$	财务部
6	市场增长率	季度 / 年度	$\frac{\text{比较期市场销售额} - \text{前期市场销售额}}{\text{前期市场销售额}} \times 100\%$	财务部

（续表）

序号	KPI 指标	考核周期	指标定义 / 公式	资料来源
7	销售净利率	月 / 季 / 年度	$\frac{净利润}{销售收入}\times 100\%$	财务部
8	销售成本费用净利率	月 / 季 / 年度	$\frac{净利润}{销售成本费用总额}\times 100\%$	财务部
9	核心员工流失率	年度	$\frac{流失的核心员工数}{核心员工总数}\times 100\%$	人力资源部
10	坏账率	年度	$\frac{年坏账额}{年赊销总额}\times 100\%$	财务部

5.1.4 电商关键绩效考核指标设计

序号	KPI 指标	考核周期	指标定义 / 公式	资料来源
1	成交总额	月 / 季 / 年度	成交总额以客户最终付款金额为统计标准	财务部
2	销售计划完成率	月 / 季 / 年度	$\frac{实际完成的销售额或销售量}{计划完成的销售额或销售量}\times 100\%$	销售部
3	活跃用户数	月 / 季 / 年度	考核期内活跃用户的数量	销售部
4	平均日访客	月 / 季 / 年度	考核期内访客的日平均数	销售部
5	咨询量	月 / 季 / 年度	考核期内咨询总数量	销售部
6	咨询转化率	日 / 周 / 月度	$\frac{产生购买行为的顾客人数}{到达店铺的访客人数}\times 100\%$	销售部
7	发货及时率	月 / 季 / 年度	$\frac{及时发货的次数}{应发货的次数}\times 100\%$	销售部
8	重复购买率	月 / 季 / 年度	$\frac{重复购买产品的次数}{交易总次数}\times 100\%$	销售部
9	客单量	月 / 季 / 年度	$\frac{货品销售数量}{成交笔数}$	销售部
10	客单价	月 / 季 / 年度	$\frac{销售额}{成交笔数}$	销售部
11	退货率	月 / 季度	$\frac{退单量}{咨询转换单量}\times 100\%$	销售部
12	好评率	月 / 季 / 年度	$\frac{买家好评数}{买家评价总数}\times 100\%$	销售部

（续表）

序号	KPI 指标	考核周期	指标定义 / 公式	资料来源
13	投诉率	月 / 季 / 年度	$\frac{\text{投诉次数}}{\text{总订单数}} \times 100\%$	客服部
14	核心员工流失率	月 / 季 / 年度	$\frac{\text{流失的核心员工数}}{\text{核心员工总数}} \times 100\%$	人力资源部
15	表单记录准确率	月 / 季 / 年度	$\frac{\text{考核期内表单记录准确的份数}}{\text{考核期内应记录的表单份数}} \times 100\%$	销售部

5.2 门店 / 电商业务关键绩效考核指标的目标值设计与调整

5.2.1 门店业务关键绩效考核指标的目标值设计

序号	KPI 指标	目标值
1	销售收入	达到____元
2	销售计划完成率	达到____%
3	销售增长率	达到____%
4	销售成本费用净利率	高于____%
5	销售净利率	高于____%
6	坏账率	低于____%

5.2.2 门店业务关键绩效考核指标的目标值调整

1. 销售淡旺季

门店业务主要以销售或提供服务为主，其中销售收入相关指标受市场及环境影响较大，因此销售收入及销售增长率这两个指标的目标值，需要根据销售的淡旺季及行业的发展情况来确定。在销售旺季，门店的销售收入及销售增长率的目标值可以适当调高；在销售淡季，目标值则相应降低。

2. 门店位置

租金成本是门店费用的一部分，即使在同一城市，受地理位置的影响，门店租金也会相差较大。因此，企业在设置与成本费用相关的目标值时，需要充分考虑门店位置等因素，根据门店实际成本情况对相关目标值做出调整。

5.2.3 电商业务关键绩效考核指标的目标值设计

序号	KPI 指标	目标值
1	成交总额	达到____元
2	销售计划完成率	达到____%
3	活跃用户数	达到____人
4	平均日访客	达到____人
5	咨询转化率	达到____%
6	退货率	低于____%
7	重复购买率	达到____%

5.2.4 电商业务关键绩效考核指标的目标值调整

1. 国家政策

随着电商的发展，国家在电商经营及消费者权益保护方面出台了一系列法律政策。

例如，"七天无理由退货"，这项政策的出台让消费者在购买商品时无后顾之忧，会扩大购买量，从而大大提升电商的成交额，但也会使电商业务的退货率增加。因此，企业应该根据国家政策的出台，有针对性地调整电商业务关键绩效考核指标的目标值。

2. 科技发展

电商的发展主要依靠互联网技术，互联网技术的不断进步会使电商的销售渠道增多，同时电商平台的数据收集统计工作会越来越细致，这使得活跃用户数和平均访客数等数据越来越精确。但销售渠道增多也会导致统计的端口不同，所以企业在进行电商系统的更新升级时，有必要进一步对绩效目标值进行审查，做出必要的调整。

3. 线上促销旺季

"双十一"等电商节已成为国内甚至全球的一大节日，在"双十一""双十二"期间，电商平台的成交量可能会超过全年其他时期的总和，因此企业在制定特殊时期的绩效目标值时，应该与平常时期的绩效目标值有所区别。

5.3 门店 / 电商人员考核标准设计

5.3.1 门店人员考核标准

1. 选取考核指标

企业可以根据门店年度经营目标和门店人员的岗位职责制定销售计划完成率、销售量、销售增长率、销售净利率及退货率等指标。在选择考核指标时，企业需要考虑门店销售产品的具体情况，当销售的产品单一时，可单独设计个人销售任务完成率或销售回款率来衡量门店人员的销售业绩；若门店产品较为丰富，则可添加单品销售占比等考核指标来增强考核的科学性。

2. 设定考核指标目标值

门店人员考核指标的目标值需要结合门店经营情况及季度、年度经营目标等设定。例如，针对销售量考核指标的目标值，企业应从门店指标层层分解到门店人员岗位指标，并在此基础上结合门店历年实际经营情况，以及门店人员往日销售量的达成情况等，设定门店人员销售量考核指标的目标值。

3. 确定考核指标数量

门店人员考核指标的数量需要根据门店人员的岗位情况而定。岗位工作职责较少且工作内容较为简单的，绩效考核指标的数量不宜过多；岗位工作职责多且岗位内容复杂的，可适当增加考核指标。

4. 设计考核指标权重

门店人员的考核指标权重应该根据岗位进行设计，如以销售为主的人员，销售类考核指标（如销售计划完成率、销售量）的权重占比应该更大。

5.3.2 电商人员考核标准

1. 选取考核指标

电商人员主要包括电商运营人员、美工人员、客服人员和售后服务人员等。为了使绩效考核结果明确清晰，企业应选用比较直观的绩效考核指标，同时尽可能予以量化，增强考核指标的明确性和具体性。例如，针对售后服务人员，企业可以增加考核指标“退换货及时率”来衡量其服务积极性；针对电商运营人员，可以通过考核指标“咨询转化率”来衡量其运营水平。

2. 设定考核指标目标值

目标值是员工未来工作成果需要达到的标准，它为电商人员的工作和行为指明了方向。在目标值设定的过程中，企业应与电商人员的上下级进行沟通并达成一致，这是十分重要，也是必不可少的环节。企业负责人应概述此阶段计划完成的目的和期望，鼓励员工参与并提出建议，从员工角度思考问题，了解电商人员的感受。

3. 设计考核指标权重

在设计电商人员考核指标权重时，企业应考虑各项指标对经济效益的影响，对经济效益影响大的指标（如成交总额及咨询转化率等）的权重占比应该更大；对经济效益影响小的指标（如表单记录准确率）的权重占比则较小。

5.4 门店 / 电商岗位关键绩效考核指标量表

5.4.1 门店店长考核指标量表

被考核人姓名		职位	门店店长	部门	门店
考核人姓名		职位	总经理	部门	

序号	KPI 指标	权重	目标值	考核得分
1	销售收入	20%	考核期内销售收入不得低于____元	
2	门店毛利	15%	考核期内门店毛利不得低于____元	
3	销售收益率	10%	考核期内销售收益率不得低于____%	
4	销售计划完成率	10%	考核期内销售计划完成率达到____%	
5	销售增长率	10%	考核期内销售增长率达到____%	
6	坏账率	10%	考核期内坏账率不得高于____%	
7	人力成本费用率	10%	考核期内人力成本费用率不得高于____%	
8	销售报表提交及时率	5%	考核期内销售报表提交及时率达到____%	
9	门店事故发生的次数	10%	考核期内门店事故发生的次数不得高于____次	
本次考核总得分				

被考核人		考核人		复核人	
签字：	日期：	签字：	日期：	签字：	日期：

5.4.2 门店领班考核指标量表

被考核人姓名		职位	门店领班	部门	门店
考核人姓名		职位	门店店长	部门	门店

序号	KPI 指标	权重	目标值	考核得分
1	团队销售任务完成率	20%	考核期内团队销售任务完成率达到____%	
2	个人销售任务完成率	15%	考核期内个人销售任务完成率达到____%	
3	商品补货及时率	10%	考核期内商品补货及时率达到____%	
4	个人销售收入	10%	考核期内个人销售收入达到____元	
5	团队销售费用率	10%	考核期内团队销售费用率不得高于____%	
6	当班事故发生次数	10%	考核期内当班事故发生的次数不得高于____次	
7	团队人员流失率	10%	考核期内团队人员流失率不得高于____%	

（续表）

序号	KPI 指标	权重	目标值			考核得分
8	销售报表提交及时率	10%	考核期内销售报表提交及时率达到____%			
9	员工满意度	5%	考核期内员工满意度评分不得低于____分			
本次考核总得分						
被考核人		考核人		复核人		
签字：	日期：	签字：	日期：	签字：	日期：	

5.4.3　门店销售员考核指标量表

被考核人姓名		职位	门店销售员	部门	门店
考核人姓名		职位	门店领班	部门	门店
序号	KPI 指标	权重	目标值		考核得分
1	销售额	20%	考核期内销售额达到____元		
2	个人销售任务完成率	15%	考核期内个人销售任务完成率达到____%		
3	新产品销售收入	10%	考核期内新产品销售收入达到____元		
4	客户重复购买率	10%	考核期内客户重复购买率达到____%		
5	团购销售目标达成率	10%	考核期内团购销售目标达成率达到____%		
6	退货率	10%	考核期内退货率不得高于____%		
7	门店现场问题解决率	10%	考核期内门店现场问题解决率达到____%		
8	商品补货及时率	10%	考核期内商品补货及时率达到____%		
9	销售回款率	5%	考核期内销售回款率达到____%		
本次考核总得分					
被考核人		考核人		复核人	
签字： 日期：		签字： 日期：		签字： 日期：	

5.4.4　电商运营部经理考核指标量表

被考核人姓名		职位	电商运营部经理	部门	电商运营部
考核人姓名		职位	总经理	部门	
序号	KPI 指标	权重	目标值		考核得分
1	业绩完成率	20%	考核期内业绩完成率达到____%		

（续表）

序号	KPI 指标	权重	目标值	考核得分
2	店铺流量达成率	15%	考核期内店铺流量达成率达到____%	
3	人均停留时长	15%	考核期内店铺人均停留时长不得低于____分钟	
4	网站推广率	10%	考核期内网站推广率达到____%	
5	退货率	10%	考核期内退货率不得高于____%	
6	人均浏览量	10%	考核期内人均浏览量达到____%	
7	点击率	10%	考核期内点击率达到____%	
8	核心员工流失率	10%	考核期内核心员工流失率不高于____%	
本次考核总得分				
被考核人		考核人	复核人	
签字： 日期：		签字： 日期：	签字： 日期：	

5.4.5 电商美工部经理考核指标量表

被考核人姓名		职位	电商美工部经理	部门	电商美工部
考核人姓名		职位	总经理	部门	
序号	KPI 指标	权重	目标值		考核得分
1	新产品上线及时率	20%	考核期内新产品上线及时率达到____%		
2	部门工作计划完成率	15%	考核期内部门工作计划完成率达到____%		
3	美工设计质量达标率	15%	考核期内美工设计质量达标率达到____%		
4	页面平均停留时间	20%	考核期内页面平均停留时间达到____秒		
5	部门培训计划达成率	10%	考核期内部门培训计划达成率达到____%		
6	商品信息更新及时率	10%	考核期内商品信息更新及时率达到____%		
7	网页出错次数	10%	考核期内网页出错次数不得高于____次		
本次考核总得分					
被考核人		考核人		复核人	
签字： 日期：		签字： 日期：		签字： 日期：	

5.4.6 电商客服部经理考核指标量表

被考核人姓名		职位	电商客服部经理	部门	电商客服部
考核人姓名		职位	总经理	部门	

序号	KPI 指标	权重	目标值	考核得分
1	客户保有率	20%	考核期内客户保有率达到____%	
2	客户增长率	15%	考核期内客户增长率达到____%	
3	客户获利率	15%	考核期内客户获利率达到____%	
4	客户投诉处理及时率	10%	考核期内客户投诉处理及时率达到____%	
5	客户投诉解决满意率	10%	考核期内客户投诉解决满意率达到____%	
6	客户回访率	10%	考核期内客户回访率达到____%	
7	客户资料完整率	10%	考核期内客户资料完整率达到____%	
8	客户服务成本率	10%	考核期内客户服务成本率不得高于____%	
本次考核总得分				

被考核人	考核人	复核人
签字：　　日期：	签字：　　日期：	签字：　　日期：

5.4.7 电商售后部经理考核指标量表

被考核人姓名		职位	电商售后部经理	部门	电商售后部
考核人姓名		职位	总经理	部门	

序号	KPI 指标	权重	目标值	考核得分
1	售后服务任务完成率	25%	考核期内售后服务任务完成率达到____%	
2	客户回访完成率	20%	考核期内客户回访完成率达到____%	
3	部门保修及时率	15%	考核期内部门保修及时率达到____%	
4	退换货及时率	10%	考核期内退换货及时率达到____%	
5	表单记录准确率	10%	考核期内表单记录准确率达到____%	
6	部门培训计划完成率	10%	考核期内部门培训计划完成率达到____%	
7	客户满意率	5%	考核期内客户满意率达到____%	
8	部门违反售后服务管理制度的次数	5%	考核期内部门违反售后服务管理制度的次数不得高于____次	
本次考核总得分				

被考核人	考核人	复核人
签字：　　日期：	签字：　　日期：	签字：　　日期：

5.5 门店 / 电商业绩提成方案设计

5.5.1 门店人员业绩提成方案

门店人员业绩提成方案

一、设计目的

为激励门店人员的工作积极性，完成销售目标，特制定本方案。

二、设计内容

门店人员的业绩提成分别按销售淡旺季及销售业绩进行设计。这两种提成方案均以当期销售额为计提依据。

三、按销售淡旺季设计

门店人员业绩提成比例的基准值为 1.5%。

（1）淡季：每年____月—____月为销售淡季，此时门店相应提成比例应提高 0.5%。

（2）旺季：每年____月—____月为销售旺季，此时门店相应提成比例应降低 0.5%。

四、按销售业绩设计

按销售业绩设计提成，表示门店人员当期销售的产品越多，领取的提成应越多。月度完成额在 1 万元以下的，无提成，只领取底薪。具体的提成比例如下：

（1）1 万（含）~2 万元，计提比例为____；

（2）2 万（含）~5 万元，计提比例为____；

（3）5 万（含）~8 万元，计提比例为____；

（4）8 万元及以上，计提比例为____。

五、提成发放

（1）门店人员的提成每月发放一次。

（2）人力资源部每月末核算门店人员的提成，经相关领导审批后，由财务部连同底薪一起发放。

5.5.2 电商人员业绩提成方案

电商人员业绩提成方案

一、设计目的

本方案适用于电商人员的销售提成计算、发放等相关工作。

二、提成周期

电商人员的提成每季度计提一次。

三、提成计提范围

电商人员提成的计提依据是个人销售产品总额，具体的计提标准如下。

（1）A 产品：____万元以上，计提个人销售总额的____%。

（2）A 产品：____万至____万元，计提个人销售总额的____%。

（3）A 产品：____万元以下，计提个人销售总额的____%。

（4）B 产品：____万元以上，计提个人销售总额的____%。

（5）B 产品：____万至____万元，计提个人销售总额的____%。

（6）B 产品：____万元以下，计提个人销售总额的____%。

四、适用说明

（1）当网店 A 产品的销售费用大于或等于网店 A 产品销售总额的 1% 时，遵照上述标准实施。

（2）当网店 A 产品的销售费用小于或等于网店 A 产品销售总额的 2%，但大于 1% 时，按上述标准相应比例的 70% 计提。

（3）当网店 A 产品的销售费用大于网店 A 产品销售总额的 2% 时，按上述标准相应比例的 50% 计提。

（4）网店 A 产品的销售费用是指通过网络达成 A 产品销售所花的费用。

（B 产品的计提方式同 A 产品）

五、计算方法

电商人员的提成根据电商人员考核期内的销售额和任务完成率计提，对照电商人员提成标准进行计算，计算公式如下：

电商人员的销售提成 =A 产品的销售总额 × 其对应的计提比例＋B 产品的销售总额 × 其对应的计提比例

5.6 门店 / 电商绩效考核实施细则

5.6.1 门店绩效考核实施细则

<table>
<tr><td rowspan="2">细则名称</td><td rowspan="2">门店绩效考核实施细则</td><td>编号</td><td></td></tr>
<tr><td>版本</td><td></td></tr>
<tr><td colspan="4">第 1 条　目的
为了对门店的工作成果（工作业绩）进行客观、全面、合理的衡量，特制定本考核实施细则。
第 2 条　考核周期
根据门店考核指标，分别按月度、季度及年度进行考核。</td></tr>
</table>

（续）

第 3 条 考核内容

（1）总体经营指标的完成情况。

（2）市场份额的占有情况。

（3）门店成本的控制情况。

（4）员工工作及培训的完成情况。

（5）客户满意度的达成情况。

第 4 条 目标与考核

1. 销售业绩类考核指标

（1）销售收入：绩效目标值为____万元，每少____万元，减____分；收入额低于____万元，此项得分为 0。

（2）销售计划完成率：绩效目标值为____%，每降低 1%，减____分；完成率低于____%，此项得分为 0。

（3）销售增长率：绩效目标值为____%，每降低 1%，减____分；增长率低于____%，此项得分为 0。

（4）市场增长率：绩效目标值为____%，每降低 1%，减____分；增长率低于____%，此项得分为 0。

（5）销售净利率：绩效目标值为____%，每降低 1%，减____分；小于____%，此项得分为 0。

（6）顾客满意度：绩效目标值为____分，每降低____分，减____分；低于____分，此项得分为 0。

（7）退货率：绩效目标值为____%，每提高 1%，减____分；高于____%，此项得分为 0。

2. 员工管理类考核指标

（1）核心员工流失率，考核期内核心员工流失率的目标值为 0，每增加____%，减____分；高于____%，此项得分为 0。

（2）员工行为管理，考核期内员工出现违反企业规定行为的，每发生 1 例，减____分。

（3）部门培训计划完成率，绩效目标值为____%，每降低 1%，减____分；完成率小于____%，此项得分为 0。

第 5 条 考核办法

上述十项考核指标总分为 100 分，各项指标满分均为 10 分。得分在 90~100 分为优秀，70~89 分为良好，60~69 分为一般，59 分及以下为不及格。

编制日期		审核日期		批准日期	
修改标记		修改处数		修改日期	

5.6.2 电商绩效考核实施细则

细则名称	电商绩效考核实施细则	编号	
		版本	

第 1 条 目的

为了对电商的绩效考核工作进行规范，同时对考核指标的运用加以说明，特制定本实施细则。

第 2 条 适用范围

企业电商部门。

第 3 条 考核内容

（1）总体销售任务的完成情况。

（2）单项产品销售任务的完成情况。

（3）活跃用户数量持有情况。

（续）

（4）客户产品评论及退换货控制情况。

（5）销售费用控制情况。

（6）员工管理情况。

第4条　目标与考核

1. 销售业绩类考核指标

（1）成交总额：绩效目标值为____万元，每少____万元，减____分；完成额低于____万元，此项得分为0。

（2）销售计划完成率：绩效目标值为____%，每降低1%，减____分；完成率低于____%，此项得分为0。

（3）咨询转化率：绩效目标值为____%，每降低1%，减____分；低于____%，此项得分为0。

（4）活跃用户数：绩效目标值为____个，每降低____个，减____分；低于____个，此项得分为0。

（5）退货率：绩效目标值为____%，每增加1%，减____分；高于____%，此项得分为0。

2. 员工管理类考核指标

（1）核心员工流失率：考核期内核心员工流失率的目标值为0，每增加____%，减____分；高于____%，此项得分为0。

（2）员工行为管理：考核期内员工出现违反企业规定行为的，每发生1例，减____分。

（3）表单记录准确率：考核期内表单记录准确率的目标值为100%，每降低____%，减____分；低于____%，此项得为分0。

3. 市场反应类考核指标

（1）好评率：绩效目标值为____%，每降低1%，减____分；低于____%，此项得分为0。

（2）投诉率：绩效目标值为____%，每增加1%，减____分；高于____%，此项得分为0。

第5条　考核办法

上述十项考核指标总分为100分，各项指标满分均为10分。得分在90~100分为优秀，70~89分为良好，60~69分为一般，59分及以下为不及格。

第6条　结果处理

企业根据考核结果对电商部门及相关人员实施奖惩。

编制日期		审核日期		批准日期	
修改标记		修改处数		修改日期	

第6章

配送 / 快递人员绩效考核

6.1 配送 / 快递人员考核指标设计

6.1.1 配送人员三大量化考核指标

指标1：签收单返还率

考核目的	用于考核物流详情单的签收返还情况，确定物流服务是否已经圆满完成		
考核指标	签收单返还率	计算公式 / 说明	$\frac{\text{签收返回的物流详情单数量}}{\text{物流详情单总数量}} \times 100\%$
考核周期	月 / 季 / 年度	信息来源	配送部
失真提示	如果将因货物质量问题或其他问题导致的客户拒签也算作未返回签收单，那么会造成考核结果失真。因此，对配送人员签收单返还率的考核，应排除非本部门原因造成的客户拒签的情况		

指标2：配送任务完成率

考核目的	用于从数量上考核配送工作任务的完成情况		
考核指标	配送任务完成率	计算公式 / 说明	$\frac{\text{实际完成的配送任务数}}{\text{应完成的配送任务数}} \times 100\%$
考核周期	月 / 季 / 年度	信息来源	配送部
失真提示	如果配送任务目标制定过高，脱离配送中心的实际配送能力，那么会造成考核结果失真。因此，考核小组应根据历史配送量及配送人员、车辆等情况，科学制定配送任务目标		

指标3：货物配送准确率

考核目的	用于衡量配送作业的准确程度，反映配送管理工作水平		
考核指标	货物配送准确率	计算公式 / 说明	$\frac{\text{准确配送货物的次数}}{\text{配送货物的总次数}} \times 100\%$
考核周期	月 / 季 / 年度	信息来源	配送部
失真提示	➢ 如果没有及时对货物配送结果进行复核与审查，那么将无法按考核周期统计货物配送准确的次数，这会造成考核结果失真 ➢ 有一部分货物配送不准确是由于分拣错误、收货地址填写错误所致，不应纳入配送业务人员个人的考核范围，否则会造成考核结果失真		

6.1.2 快递人员三大量化考核指标

指标 1：分拣准确率

考核目的	用于评估操作人员分拣货物的准确程度		
考核指标	分拣准确率	计算公式 / 说明	$\frac{\text{分拣正确的货物数}}{\text{分拣货物总数}} \times 100\%$
考核周期	月 / 季 / 年度	信息来源	配送部 / 分拣中心
失真提示	如果没有及时对分拣结果进行复核，或缺少有效渠道及时反馈分拣差错，那么将无法掌握分拣差错的数量，这就会造成考核结果不准确		

指标 2：准时配送率

考核目的	用于考核配送服务的效率		
考核指标	准时配送率	计算公式 / 说明	$\frac{\text{准时配送的次数}}{\text{配送总次数}} \times 100\%$
考核周期	月 / 季 / 年度	信息来源	配送部、客户
失真提示	如果企业没有对"准时配送"进行明确的说明，那么容易造成统计标准不统一，从而导致考核结果失真		

指标 3：货损率

考核目的	用于评估运输服务水平		
考核指标	货损率	计算公式 / 说明	$\frac{\text{损失、损坏的货物数}}{\text{应交付的货物数}} \times 100\%$
考核周期	月 / 季 / 年度	信息来源	快递服务点
失真提示	造成货损的原因有多种，在统计考核数据时需要明确区分。若将所有的情形都统计在内，可能会导致考核结果虚高，从而影响后期的绩效改进工作		

6.1.3 运输部关键绩效考核指标设计

序号	KPI 指标	考核周期	指标定义 / 公式	资料来源
1	运输任务完成率	月 / 季 / 年度	$\frac{\text{实际完成的运量吨数}}{\text{计划完成的运量吨数}} \times 100\%$	运输部
2	运输路线计划更改的次数	月 / 季 / 年度	运输过程中或重复运输路线时对运输路线计划更改的次数	运输部
3	完成运量及时率	月 / 季 / 年度	$\frac{\text{按运输要求时间完成的运量吨数}}{\text{完成的总运量吨数}} \times 100\%$	运输部
4	运输货损率	月 / 季 / 年度	$\frac{\text{货损数量}}{\text{送货总量}} \times 100\%$	运输部

（续表）

序号	KPI 指标	考核周期	指标定义 / 公式	资料来源
5	单位运输成本降低率	月 / 季 / 年度	$\frac{考核期内单位运输成本降低额}{基期单位运输成本} \times 100\%$	财务部
6	装卸标准合格率	月 / 季 / 年度	$\frac{抽样调查合格车次数}{抽样调查总车次数} \times 100\%$	运输部
7	车辆完好率	月 / 季 / 年度	$\frac{完好运输车辆数}{运输车辆总数} \times 100\%$	运输部

6.1.4 配送部关键绩效考核指标设计

序号	KPI 指标	考核周期	指标定义 / 公式	资料来源
1	配送任务完成率	月 / 季 / 年度	$\frac{实际完成的配送任务数}{应完成的配送任务数} \times 100\%$	配送部
2	配送及时率	月 / 季 / 年度	$\frac{配送及时的次数}{配送总次数} \times 100\%$	配送部
3	正点到达率	月 / 季 / 年度	$\frac{配送正点到达的次数}{配送总次数} \times 100\%$	配送部
4	货物配送准确率	月 / 季 / 年度	$\frac{准确配送货物的次数}{配送货物的总次数} \times 100\%$	配送部
5	单位配送成本降低率	月 / 季 / 年度	$\frac{考核期内单位配送成本降低额}{基期单位配送成本} \times 100\%$	配送部
6	收发货差错率	月 / 季 / 年度	$\frac{收发货出现差错的次数}{收发货总次数} \times 100\%$	配送部
7	分拣准确率	月 / 季 / 年度	$\frac{分拣正确的货物数}{分拣货物总数} \times 100\%$	配送部
8	客户满意度	月 / 季 / 年度	接受调研的客户对配送部工作满意度评分的算术平均值	配送部

6.1.5 快递部关键绩效考核指标设计

序号	KPI 指标	考核周期	指标定义 / 公式	资料来源
1	客户开发目标达成率	月 / 季 / 年度	$\frac{实际开发的客户数}{计划开发的客户数} \times 100\%$	客户服务部 快递部
2	收派件错误率	月 / 季 / 年度	$\frac{收派件差错笔数（件数、票数）}{收派件总笔数（件数、票数）} \times 100\%$	快递部
3	分拣准确率	月 / 季 / 年度	$\frac{分拣正确的货物数}{分拣货物总数} \times 100\%$	快递部

（续表）

序号	KPI 指标	考核周期	指标定义 / 公式	资料来源
4	准时配送率	月 / 季 / 年度	$\frac{\text{准时配送次数}}{\text{配送总次数}} \times 100\%$	快递部
5	货损率	月 / 季 / 年度	$\frac{\text{损失、损坏的货物数}}{\text{应交付的货物数}} \times 100\%$	快递部
6	快件安全事故发生起数	月 / 季 / 年度	考核期内发生快件安全事故的总起数	快递部
7	投诉解决率	月 / 季 / 年度	$\frac{\text{解决的投诉数}}{\text{投诉总数}} \times 100\%$	客户服务部 快递部

6.2 配送 / 快递业务关键绩效考核指标的目标值设计与调整

6.2.1 配送 / 快递业务关键绩效考核指标的目标值设计

序号	KPI 指标	目标值
1	配送任务完成率	达到____%
2	货物配送准确率	达到____%
3	正点到达率	达到____%
4	分拣准确率	达到____%
5	收发货差错率	低于____%
6	准时配送率	达到____%
7	货损率	低于____%
8	客户满意度	达到____分

6.2.2 配送 / 快递业务关键绩效考核指标的目标值调整

1. 天气原因

天气变化对现代物流交通运输的影响较大。若遇大雾、雨雪等天气，货物转运时间会延长，这会直接影响配送 / 快递业务的效率。因此，当遇到这种情况时，相关考核的目标值应做适当的调整。

2. 时间因素

在有些节假日，市场对物流服务的需求量比较大，物流业务量会大幅增加，而此时可能面临配送 / 快递人员人手不足的问题。在这种情况下，企业需要对之前制定的相关考核目标值做出相应的调整。

6.3　配送 / 快递人员考核标准设计

6.3.1　配送人员考核标准

1. 考核指标选择

对于配送人员的考核指标，企业可以从配送前（如分拣准确率）、配送中（如配送及时率）、配送后（如客户满意度）这三个阶段来设计，也可以依照工作流程中的关键环节来设计，但不管从哪个角度切入，都应围绕配送人员的关键业务来选择考核指标。

2. 指标权重设计

企业应保证配送物品在途的安全性与完好性，并要准时送达。因此，对于配送人员的考核，其权重设计应在这三个方面有所偏重，这样才能更好地发挥绩效考核的导向作用。

6.3.2　快递人员考核标准

1. 考核指标选取

快递人员是快递公司的重要主体，其主要职责是按照企业的要求安全、快速、准确地完成日常收派件工作。因此，企业可以围绕这一主线来设计快递人员的考核指标，如准时配送率、货损率等。

2. 评分标准设计

快递人员因工作需要，与客户有较多的接触，因此企业应将客户对其服务满意度的高低纳入考核范围。为保证考核的公平、公正，企业必须对“客户满意度”的评分标准进行明确的界定。

6.4　配送 / 快递岗位关键绩效考核指标量表

6.4.1　运输部经理考核指标量表

被考核人姓名		职位	运输部经理	部门	运输部
考核人姓名		职位	总经理	部门	
序号	KPI 指标	权重	目标值		考核得分
1	运输任务完成率	20%	考核期内运输任务完成率达到 100%		
2	运输管理费用总额	15%	考核期内运输管理费用总额控制在预算范围内		
3	运输路线计划更改的次数	10%	考核期内运输路线计划更改的次数在____次以内		

（续表）

序号	KPI 指标	权重	目标值	考核得分
4	运输资源开发计划完成率	10%	考核期内运输资源开发计划完成率在____% 以上	
5	完成运量及时率	10%	考核期内完成运量及时率达到____%	
6	运输货损率	10%	考核期内运输货损率在____% 以下	
7	单位运输成本降低率	10%	考核期内单位运输成本降低率达到____%	
8	车辆完好率	5%	考核期内车辆完好率达到____%	
9	运输安全事故发生的次数	5%	考核期内运输安全事故发生的次数在____次以下	
10	员工培训计划完成率	5%	考核期内员工培训计划完成率达到____%	
本次考核总得分				
被考核人		考核人	复核人	
签字： 日期：		签字： 日期：	签字： 日期：	

6.4.2 配送部经理考核指标量表

被考核人姓名		职位	配送部经理	部门	配送部
考核人姓名		职位	总经理	部门	
序号	KPI 指标	权重	目标值		考核得分
1	配送任务完成率	20%	考核期内配送任务完成率达到 100%		
2	发运总量（吨数）	15%	考核期内配送部发运的总量在____吨以上		
3	配送管理费用控制情况	15%	考核期内配送管理费用控制在预算范围内		
4	单位配送成本降低率	10%	考核期内单位配送成本降低率达到____%		
5	客户满意度	10%	考核期内客户满意度平均分在____分以上		
6	配送及时率	10%	考核期内配送及时率在____% 以上		
7	配送货损率	5%	考核期内配送货损率在____% 以下		
8	货物配送准确率	5%	考核期内货物配送准确率达到____%		
9	收发货差错率	5%	考核期内收发货差错率在____% 以下		
10	员工培训计划完成率	5%	考核期内员工培训计划完成率达到____%		
本次考核总得分					
被考核人		考核人	复核人		
签字： 日期：		签字： 日期：	签字： 日期：		

6.4.3　快递部经理考核指标量表

被考核人姓名			职位	快递部经理	部门	快递部
考核人姓名			职位	总经理	部门	
序号	KPI 指标	权重	目标值			考核得分
1	客户开发目标达成率	10%	考核期内客户开发目标达成率达到____%			
2	市场占有率	15%	考核期内市场占有率达到____%			
3	准时配送率	20%	考核期内准时配送率达到____%			
4	快递丢件率	20%	考核期内快递丢件率低于____%			
5	货损率	20%	考核期内货损率低于____%			
6	客户满意度	5%	考核期内客户满意度平均分达到____分			
7	核心员工保有率	5%	考核期内核心员工保有率达到____%			
8	培训计划完成率	5%	考核期内培训计划完成率达到____%			
本次考核总得分						
被考核人		考核人		复核人		
签字：　　日期：		签字：　　日期：		签字：　　日期：		

6.4.4　快递员考核指标量表

被考核人姓名			职位	快递员	部门	快递部
考核人姓名			职位		部门	
序号	KPI 指标	权重	目标值			考核得分
1	分拣准确率	10%	考核期内分拣准确率达到____%			
2	派件任务完成率	25%	考核期内派件任务完成率达到____%			
3	派件准确率	25%	考核期内派件准确率达到____%			
4	货损率	25%	考核期内货损率低于____%			
5	客户满意度	15%	考核期内客户满意度平均分达到____分			
本次考核总得分						
被考核人		考核人		复核人		
签字：　　日期：		签字：　　日期：		签字：　　日期：		

6.5 配送／快递业务提成方案设计

6.5.1 配送人员业务提成方案

配送人员业务提成方案

一、目的

为激发配送人员的工作热情，促进公司经营目标的达成，特制定本方案。

二、适用范围

本方案适用于公司所有配送人员的业务提成管理。

三、提成设计

1. 提成设计原则

（1）配送人员的业务提成应根据公司的实际经营情况及员工的工作业绩而定。

（2）配送人员的业务提成标准应具有激励性，要达到能充分激励配送人员积极完成工作任务的目的。

2. 提成比例

本公司配送人员的业绩提成按下表所示的比例进行计提。

配送人员业绩提成的比例

提成依据	实际数量	提成比例	提成计算公式
按送货量计提	当月实际送货量在____件以下	____%	实际数量 × 提成比例
	当月实际送货量在____件～____件	____%	
	当月实际送货量在____件以上	____%	

四、提成发放

（1）每月____日发放上月工资与业务提成。

（2）配送人员离职的，须按照公司规定办理离职手续，经公司领导批准，并且在完成业务交接手续且无欠账或违规处罚行为的情况下，由财务部按规定发放未结提成。

6.5.2 快递人员业务提成方案

快递人员业务提成方案

一、目的

为激发快递人员工作的积极性，特制定本提成方案。

二、提成范围

（1）收送快件。

（2）快件处理。

三、收送业务提成设计

1. 收快件

提成标准：每收____元及以下快件，提取____元；每收____元以上快件，提取____元；接收特殊贵重快件的，经企业负责人确认后给予一次性奖励。

2. 送快件

提成标准：每送____千克及以下快件，提取____元；每增加____千克，增加____元。

四、提成发放

每月____日发放上月工资及业务提成。

6.6　配送 / 快递部门绩效考核实施细则

6.6.1　配送部绩效考核实施细则

细则名称	配送部绩效考核实施细则	编号	
		版本	

第 1 条　考核目的

为规范企业对配送部的考核管理，充分调动配送部门员工的工作积极性，提高配送部的整体竞争力和企业盈利能力，特制定本细则。

第 2 条　适用范围

本细则适用于本企业对配送部的考核管理工作。

第 3 条　考核内容

1. 业务考核

对配送部应完成的工作任务进行考核。

2. 费用控制考核

对配送部的费用使用及控制情况进行考核。

3. 态度考核

对配送部员工的日常工作表现和行为及其与其他部门的工作配合程度等进行考核。

第 4 条　考核指标

根据配送部的考核内容，考核指标及各自占比如下所示。

1. 业务考核（占比 60%）

配送部的业务考核指标包括配送任务完成率、配送及时率、正点到达率、货物配送准确率及分拣准确率等。

2. 费用控制考核（占比 15%）

配送部费用控制的主要考核指标为单位配送成本降低率。

3. 态度考核（占比 25%）

态度考核的主要考核指标为客户满意度。

第 5 条　考核方法

（1）配送部的月度、季度考核由企业人力资源部组织实施，月度、季度考核的得分将作为绩效工资的发放依据。

（2）年度考核是将配送部当年各季度考核得分进行汇总，并计算出年平均考核得分，结合企业领导的意见，将其作为年终奖的发放依据。

（续）

<table>
<tr><td colspan="6">第 6 条　考核结果的应用
根据配送部考核分值，公司将考核得分分为五个等级，每一等级对应的奖励则不相同。
（1）绩效考核得分在 95 分以上的，考核标准为杰出，评分等级为 A，部门月度奖____元，季度奖____元，年终奖____元。
（2）绩效考核得分为 86~95 分，考核标准为优秀，评分等级为 B，部门月度奖____元，季度奖____元，年终奖____元。
（3）绩效评估得分为 76~85 分，考核标准为良好，评分等级为 C，部门月度奖____元，季度奖____元，年终奖____元。
（4）绩效评估得分为 60~75 分，考核标准为普通，评分等级为 D，部门月度奖____元，季度奖____元，年终奖____元。</td></tr>
<tr><td>编制日期</td><td></td><td>审核日期</td><td></td><td>批准日期</td><td></td></tr>
<tr><td>修改标记</td><td></td><td>修改处数</td><td></td><td>修改日期</td><td></td></tr>
</table>

6.6.2　快递部绩效考核实施细则

<table>
<tr><td rowspan="2">细则名称</td><td rowspan="2" colspan="3">快递部绩效考核实施细则</td><td>编号</td><td></td></tr>
<tr><td>版本</td><td></td></tr>
<tr><td colspan="6">第 1 条　目的
为规范对快递部的考核管理，确保快递部的各项工作任务能顺利完成，特制定本细则。
第 2 条　适用范围
本细则适用于对公司快递部全体人员的考核管控工作。
第 3 条　考核的内容
快递部的绩效考核指标及考核标准如下所示。

绩效考核指标及考核标准

（见下表）</td></tr>
</table>

序号	考核指标	权重	考核标准	得分
1	客户开发目标达成率	____%	目标值为____%，每低于____%，减____分	
2	收派件错误率	____%	目标值为 0，每增加____%，减____分	
3	分拣准确率	____%	目标值为 100%，每低____%，减____分	
4	准时配送率	____%	目标值为 100%，每低____%，减____分	
5	货损率	____%	目标值为 0，每增加____%，减____分	
6	快件安全事故发生起数	____%	目标值为 0，每多____起，减____分	
7	投诉解决率	____%	目标值____%，每低____%，减____分	
综合得分				

<table>
<tr><td colspan="6">第 4 条　考核结果应用
部门绩效考核结果将作为部门奖金的分配依据，具体的奖金基数及比例根据企业人力资源部制定的部门奖金管理办法而定。</td></tr>
<tr><td>编制日期</td><td></td><td>审核日期</td><td></td><td>批准日期</td><td></td></tr>
<tr><td>修改标记</td><td></td><td>修改处数</td><td></td><td>修改日期</td><td></td></tr>
</table>

第 7 章

采购供应人员绩效考核

7.1 采购供应人员绩效考核指标设计

7.1.1 采购供应人员六大量化考核指标

指标 1：采购计划完成率

考核目的	对采购部的工作完成情况进行评估		
考核指标	采购计划完成率	计算公式 / 说明	$\frac{\text{完成的采购项目数}}{\text{计划采购项目数}} \times 100\%$
考核周期	月 / 季 / 年度	信息来源	采购部
失真提示	市场环境的变化会导致采购需求增加或减少，因此在考核时，若企业未及时对计划采购项目数进行调整，就会导致考核结果不准确		

指标 2：采购质量合格率

考核目的	对采购部所采购物资的质量状况进行评估		
考核指标	采购质量合格率	计算公式 / 说明	$\frac{\text{质量合格的采购批次}}{\text{采购总批次}} \times 100\%$
考核周期	月 / 季 / 年度	信息来源	采购部、质管部
失真提示	企业必须明确物资质量合格的标准，若评价标准模糊，则容易导致考核结果失真		

指标 3：采购成本降低率

考核目的	用于考核采购部对采购成本的控制能力		
考核指标	采购成本降低率	计算公式 / 说明	$\frac{\text{上期采购成本}-\text{本期采购成本}}{\text{上期采购成本}} \times 100\%$
考核周期	月 / 季 / 年度	信息来源	采购部、财务部
失真提示	在统计与这一指标有关的数据时，前后的核算范围应当一致，否则考核数据会不准确		

指标 4：供应商开发计划完成率

考核目的	用于考核供应商开发工作的完成情况		
考核指标	供应商开发计划完成率	计算公式 / 说明	$\frac{\text{新开发的供应商数量}}{\text{计划开发的供应商数量}} \times 100\%$
考核周期	月 / 季 / 年度	信息来源	采购部
失真提示	若企业制定的目标值不合理，就会导致供应商开发计划完成率过高或过低，从而失去考核的意义		

指标 5：物资供应及时率

考核目的	确保采购物资能得到及时的供应，以满足企业运营的需求		
考核指标	物资供应及时率	计算公式 / 说明	$\frac{\text{物资供应及时的次数}}{\text{需要物资供应的次数}} \times 100\%$
考核周期	月 / 季 / 年度	信息来源	供应部及物资需求部门
失真提示	对“及时”的标准界定不清，会导致考核结果的可信度降低		

指标 6：物资发放的准确性

考核目的	加强对物资发放过程的管理		
考核指标	物资发放的准确性	计算公式 / 说明	考核期内的物资发放是否准确
考核周期	月 / 季 / 年度	信息来源	供应部、物资需求部门
失真提示	物资供应记录的信息必须齐备，否则会使考核失去依据，进而导致考核结果不准确		

7.1.2 采购部关键绩效考核指标设计

序号	KPI 指标	考核周期	指标定义 / 公式	资料来源
1	采购计划完成率	月 / 季 / 年度	$\frac{\text{完成的采购项目数}}{\text{计划采购项目数}} \times 100\%$	采购部
2	采购质量合格率	月 / 季 / 年度	$\frac{\text{质量合格的采购批次}}{\text{采购总批次}} \times 100\%$	采购部
3	采购价格	季 / 年度	依照企业比价规定，货比三家，确定合适的价格	采购部 财务部
4	采购成本降低率	季 / 年度	$\frac{\text{上期采购成本} - \text{本期采购成本}}{\text{上期采购成本}} \times 100\%$	采购部 财务部
5	供应商开发计划完成率	月 / 季 / 年度	$\frac{\text{新开发的供应商数量}}{\text{计划开发的供应商数量}} \times 100\%$	采购部
6	供应商履约率	月 / 季 / 年度	$\frac{\text{已履行的合同数}}{\text{签订的合同总数}} \times 100\%$	采购部

7.1.3 供应部关键绩效考核指标设计

序号	KPI 指标	考核周期	指标定义 / 公式	资料来源
1	采购计划完成率	季 / 年度	$\frac{\text{采购计划完成量}}{\text{同期采购计划总量}} \times 100\%$	供应部
2	到货及时率	季 / 年度	$\frac{\text{规定时间内到货的批次}}{\text{采购总批次}} \times 100\%$	供应部
3	采购质量合格率	季 / 年度	$\frac{\text{质量合格的采购批次}}{\text{采购总批次}} \times 100\%$	供应部
4	供应商开发计划完成率	季 / 年度	$\frac{\text{实际开发数量}}{\text{计划开发数量}} \times 100\%$	供应部
5	采购成本降低目标达成率	季 / 年度	$\frac{\text{成本实际降低率}}{\text{成本目标降低率}} \times 100\%$	供应部
6	物资供应及时率	季 / 年度	$\frac{\text{物资供应及时的次数}}{\text{需要物资供应的次数}} \times 100\%$	供应部
7	物资发放的准确性	季 / 年度	考核期内的物资发放是否准确	供应部
8	物资保管损坏量	季 / 年度	将物资保管损坏量折合成金额计算占比	供应部
9	运输安全事故次数	季 / 年度	物资供应运输过程中发生安全事故的次数	供应部

7.2 采购供应业务关键绩效考核指标的目标值设计与调整

7.2.1 采购供应业务关键绩效考核指标的目标值设计

序号	KPI 指标	目标值
1	采购计划完成率	达到____%
2	采购质量合格率	达到____%
3	采购成本降低率	较上期降低____%
4	供应商开发计划完成率	达到____%
5	供应商履约率	达到____%
6	物资供应及时率	达到____%
7	物资发放的准确性	物资发放准确，未出现发放错误的情形
8	物资保管损坏量	控制在____元以内

7.2.2 采购供应业务关键绩效考核指标的目标值调整

1. 关于“采购成本降低率”目标值的调整

控制采购成本是采购人员的工作职责之一。控制采购成本意味着采购供应人员要在保证产品质量的同时将采购价格降到最低，这直接体现了采购供应人员的采购水平及企业经营者的管理水平。

“采购成本降低率”目标值的设定需要根据市场环境适时调整，当采购物资市场供应充足时，可适当提高要求；反之，当市场供应不足时，则应降低要求。

2. 关于“物资供应及时率”目标值的调整

减少物资供应缺口、保障物资供应是供应人员的主要工作任务。供应人员要优化工作流程，持续改进工作，以确保企业生产运营物资的及时供应。一般情况下，“物资供应及时率”这一指标的目标值可以设定为100%；若有特殊情况，可适当降低。

3. 关于“物资保管损坏量”目标值的调整

物资放入指定的地方存储后，需要定期或不定期地对其进行维护，以确保物资完好无损。由于采购物资的保管情况受多方面因素的影响（如储存环境、天气状况等），因此对“物资保管损坏量”这一考核指标，企业应根据当期的实际环境状况对其目标值进行调整。

7.3 采购供应人员考核标准设计

7.3.1 采购人员考核标准

采购绩效考核的关键环节之一是要设计一套能够充分体现采购人员绩效，且对被考核者有导向作用的指标体系，同时要制定合理的考核标准。

1. 考核指标的选取

采购人员必须达成“适时、适量、适质、适价”的工作要求。因此，对采购人员的绩效考核也应围绕这四方面来进行。

（1）时间绩效指标：用于评估采购人员处理订单的效率及对供应商交货时间的管控情况。

（2）采购效率指标：用于评估采购人员工作的效果，如供应商开发计划完成率等指标。

（3）质量绩效指标：用于评估已采购产品的质量状况。

（4）价格绩效指标：用于评估采购人员的议价能力。

2. 考核标准的设定

采购人员的考核标准不能随意变动，要有持续性。但遇到内外环境发生变化时，可适时调整。例如，某种物资在一段时间内因市场稀缺致使其采购价格上涨，这种情况下，原来设定的目标值就需要适当做出调整。

7.3.2　供应人员考核标准

1. 考核指标的选择

按时、按质、按量地供应生产经营所需的各种物资，为企业生产经营提供有力的物资保障，是物资供应部门及人员的重要职责。企业应围绕这一点来设计供应人员的考核指标，如物资供应及时率、物资发放的准确性等。

2. 考核信息的来源渠道

考核信息的来源渠道有很多，如员工的直接主管、同事、客户及公众等。企业应针对考核对象及考核指标选择信息来源渠道。

7.4　采购供应岗位关键绩效考核指标量表

7.4.1　采购部经理考核指标量表

<table>
<tr><td colspan="2">被考核人姓名</td><td colspan="2"></td><td>职位</td><td>采购部经理</td><td>部门</td><td>采购部</td></tr>
<tr><td colspan="2">考核人姓名</td><td colspan="2"></td><td>职位</td><td>总经理</td><td>部门</td><td></td></tr>
<tr><td>序号</td><td colspan="2">KPI 指标</td><td>权重</td><td colspan="3">目标值</td><td>考核得分</td></tr>
<tr><td>1</td><td colspan="2">采购计划完成率</td><td>20%</td><td colspan="3">考核期内采购计划完成率达到 100%</td><td></td></tr>
<tr><td>2</td><td colspan="2">采购成本降低目标达成率</td><td>15%</td><td colspan="3">考核期内采购成本降低目标达成率达到____%</td><td></td></tr>
<tr><td>3</td><td colspan="2">部门管理费用控制情况</td><td>10%</td><td colspan="3">考核期内部门管理费用控制在预算范围内</td><td></td></tr>
<tr><td>4</td><td colspan="2">采购及时率</td><td>10%</td><td colspan="3">考核期内采购及时率达到____%</td><td></td></tr>
<tr><td>5</td><td colspan="2">采购质量合格率</td><td>10%</td><td colspan="3">考核期内采购质量合格率达到 100%</td><td></td></tr>
<tr><td>6</td><td colspan="2">采购计划编制及时率</td><td>10%</td><td colspan="3">考核期内采购计划编制及时率达到____%</td><td></td></tr>
<tr><td>7</td><td colspan="2">供应商开发计划完成率</td><td>10%</td><td colspan="3">考核期内供应商开发计划完成率在____%以上</td><td></td></tr>
<tr><td>8</td><td colspan="2">供应商履约率</td><td>5%</td><td colspan="3">考核期内供应商履约率达到____%</td><td></td></tr>
<tr><td>9</td><td colspan="2">供应商满意度</td><td>5%</td><td colspan="3">考核期内供应商满意度平均分在____分以上</td><td></td></tr>
<tr><td>10</td><td colspan="2">部门员工绩效考核平均分</td><td>5%</td><td colspan="3">考核期内部门员工绩效考核平均分在____分以上</td><td></td></tr>
<tr><td colspan="8">本次考核总得分</td></tr>
<tr><td>考核指标说明</td><td colspan="7">（1）采购及时率 $=\frac{\text{规定时间内完成的采购订单数}}{\text{应完成的采购订单总数}}\times100\%$
（2）采购计划编制及时率 $=\frac{\text{规定时间内完成的采购计划编制的次数}}{\text{应完成采购计划编制的总数}}\times100\%$</td></tr>
<tr><td colspan="3">被考核人</td><td colspan="3">考核人</td><td colspan="2">复核人</td></tr>
<tr><td colspan="3">签字：　　日期：</td><td colspan="3">签字：　　日期：</td><td colspan="2">签字：　　日期：</td></tr>
</table>

7.4.2 供应部经理考核指标量表

被考核人姓名		职位	供应部经理	部门	供应部
考核人姓名		职位	总经理	部门	

序号	KPI 指标	权重	目标值	考核得分
1	采购计划完成率	20%	考核期内采购计划完成率达到 100%	
2	供应商开发计划完成率	15%	考核期内供应商开发计划完成率达到____%	
3	采购质量合格率	10%	考核期内采购质量合格率达到 100%	
4	部门管理费用控制情况	10%	考核期内部门管理费用控制在预算范围内	
5	采购成本降低目标达成率	10%	考核期内采购成本降低目标达成率在____% 以上	
6	供应计划编制及时率	5%	考核期内供应计划编制及时率在____% 以上	
7	物资供应及时率	5%	考核期内物资供应及时率达到 100%	
8	物资发放的准确性	5%	考核期内物资发放准确，未出现发放错误的情形	
9	供应商交货及时率	5%	考核期内供应商交货及时率达到____%	
10	物资保管损坏量	5%	考核期内物资保管损坏金额控制在____元以内	
11	运输安全事故次数	5%	考核期内发生的运输安全事故次数为 0	
12	部门员工绩效考核平均分	5%	考核期内部门员工绩效考核平均分在____分以上	
本次考核总得分				

被考核人	考核人	复核人
签字： 日期：	签字： 日期：	签字： 日期：

7.4.3 采购主管考核指标量表

被考核人姓名		职位	采购主管	部门	采购部
考核人姓名		职位	采购部经理	部门	采购部

序号	KPI 指标	权重	目标值	考核得分
1	采购计划完成率	20%	考核期内采购计划完成率达到 100%	
2	采购成本降低率	15%	考核期内采购成本降低率达到____%	
3	采购及时率	15%	考核期内采购及时率达到____%	
4	采购质量合格率	15%	考核期内采购质量合格率达到 100%	
5	供应商评估报告按时完成率	10%	考核期内供应商评估报告按时完成率达到____%	
6	原料退货次数	5%	考核期内原料退货次数在____次以下	
7	供应商开发计划完成率	5%	考核期内供应商开发计划完成率在____% 以上	

（续表）

<table>
<tr><th>序号</th><th>KPI 指标</th><th>权重</th><th colspan="3">目标值</th><th>考核得分</th></tr>
<tr><td>8</td><td>供应商履约率</td><td>5%</td><td colspan="3">考核期内供应商履约率达到____%</td><td></td></tr>
<tr><td>9</td><td>供应商档案完备率</td><td>5%</td><td colspan="3">考核期内供应商档案完备率达到____%</td><td></td></tr>
<tr><td>10</td><td>供应商满意度</td><td>5%</td><td colspan="3">考核期内供应商满意度平均分在____分以上</td><td></td></tr>
<tr><td colspan="6">本次考核总得分</td><td></td></tr>
<tr><td>考核指标说明</td><td colspan="6">（1）供应商评估报告按时完成率 $= \frac{\text{规定时间内完成的评估报告数}}{\text{应完成的评估报告总数}} \times 100\%$
（2）供应商档案完备率 $= \frac{\text{已具备的供应商资料项数}}{\text{应具备的供应商资料项数}} \times 100\%$</td></tr>
<tr><td colspan="2">被考核人</td><td colspan="2">考核人</td><td colspan="3">复核人</td></tr>
<tr><td colspan="2">签字：　　日期：</td><td colspan="2">签字：　　日期：</td><td colspan="3">签字：　　日期：</td></tr>
</table>

7.4.4　采购专员考核指标量表

<table>
<tr><td colspan="2">被考核人姓名</td><td></td><td>职位</td><td>采购专员</td><td>部门</td><td>采购部</td></tr>
<tr><td colspan="2">考核人姓名</td><td></td><td>职位</td><td>采购部经理</td><td>部门</td><td>采购部</td></tr>
<tr><th>序号</th><th>KPI 指标</th><th>权重</th><th colspan="3">目标值</th><th>考核得分</th></tr>
<tr><td>1</td><td>采购任务完成率</td><td>20%</td><td colspan="3">考核期内采购任务完成率达到 100%</td><td></td></tr>
<tr><td>2</td><td>采购成本降低率</td><td>15%</td><td colspan="3">考核期内采购成本降低率达到____%</td><td></td></tr>
<tr><td>3</td><td>采购订单按时完成率</td><td>10%</td><td colspan="3">考核期内采购订单按时完成率达到____%</td><td></td></tr>
<tr><td>4</td><td>订单差错次数</td><td>10%</td><td colspan="3">考核期内订单差错的次数为 0</td><td></td></tr>
<tr><td>5</td><td>采购质量合格率</td><td>10%</td><td colspan="3">考核期内采购质量合格率达到____%</td><td></td></tr>
<tr><td>6</td><td>采购到货及时率</td><td>10%</td><td colspan="3">考核期内采购到货及时率达到____%</td><td></td></tr>
<tr><td>7</td><td>采购退货次数</td><td>10%</td><td colspan="3">考核期内采购退货次数在____次以下</td><td></td></tr>
<tr><td>8</td><td>供应商满意度</td><td>5%</td><td colspan="3">考核期内供应商满意度平均分在____分以上</td><td></td></tr>
<tr><td>9</td><td>供应商档案完备率</td><td>5%</td><td colspan="3">考核期内供应商档案完备率达到____%</td><td></td></tr>
<tr><td>10</td><td>供应商信息提供及时率</td><td>5%</td><td colspan="3">考核期内供应商信息提供及时率达到____%</td><td></td></tr>
<tr><td colspan="6">本次考核总得分</td><td></td></tr>
<tr><td>考核指标说明</td><td colspan="6">（1）采购到货及时率 $= \frac{\text{规定时限内完成采购任务的采购申请单数}}{\text{同期总采购申请单数}} \times 100\%$
（2）供应商信息提供及时率 $= \frac{\text{及时提供信息的次数}}{\text{信息提供总次数}} \times 100\%$</td></tr>
<tr><td colspan="2">被考核人</td><td colspan="2">考核人</td><td colspan="3">复核人</td></tr>
<tr><td colspan="2">签字：　　日期：</td><td colspan="2">签字：　　日期：</td><td colspan="3">签字：　　日期：</td></tr>
</table>

7.4.5 供应主管考核指标量表

被考核人姓名		职位	供应主管	部门	供应部
考核人姓名		职位	供应部经理	部门	供应部

序号	KPI 指标	权重	目标值	考核得分
1	供应任务完成率	20%	考核期内供应任务完成率达到 100%	
2	供应商开发计划完成率	10%	考核期内供应商开发计划完成率达到____%	
3	采购质量合格率	10%	考核期内采购质量合格率达到 100%	
4	采购成本降低率	10%	考核期内采购成本降低率达到____%	
5	供应商履约率	10%	考核期内供应商履约率达到____%	
6	物资供应及时率	10%	考核期内物资供应及时率达到 100%	
7	物资发放的准确性	5%	考核期内物资发放准确无误	
8	供应商评估报告按时完成率	5%	考核期内供应商评估报告按时完成率达到____%	
9	原料退货次数	5%	考核期内原料退货次数在____次以下	
10	供应商档案完备率	5%	考核期内供应商档案完备率达到____%	
11	供应商满意度	5%	考核期内供应商满意度平均分在____分以上	
12	物资保管损坏量	5%	考核期内物资保管损坏金额控制在____元以内	
本次考核总得分				

被考核人		考核人		复核人	
签字：	日期：	签字：	日期：	签字：	日期：

7.4.6 供应专员考核指标量表

被考核人姓名		职位	供应专员	部门	供应部
考核人姓名		职位	供应部经理	部门	供应部

序号	KPI 指标	权重	目标值	考核得分
1	供应任务按时完成率	20%	考核期内供应任务按时完成率达到 100%	
2	采购成本降低率	15%	考核期内采购成本降低率达到____%	
3	采购质量合格率	15%	考核期内采购质量合格率达到 100%	
4	采购到货及时率	10%	考核期内采购到货及时率达到 100%	
5	物资供应及时率	10%	考核期内物资供应及时率达到 100%	
6	物资发放的准确性	10%	考核期内物资发放准确无误	

（续表）

序号	KPI 指标	权重	目标值	考核得分
7	订单差错次数	5%	考核期内订单差错次数为 0	
8	采购供应商开发数量	5%	符合标准的供应商开发数量达到年度计划要求	
9	供应商档案完备率	5%	年度达到____%	
10	物资需求部门满意度	5%	考核期内物资需求部门满意度平均分在____分以上	
本次考核总得分				
考核指标说明	$供应任务完成率=\frac{供应任务实际完成量}{供应任务计划完成量}\times100\%$			
被考核人		考核人		复核人
签字：　日期：		签字：　日期：		签字：　日期：

7.5　采购供应成本控制考核方案设计

7.5.1　采购成本控制考核方案

采购成本控制考核方案

一、目的

为加强成本管理，实现在采购过程中降低采购成本、增加公司经营利润的目的，特制定本考核方案。

二、考核原则

1. 适用性原则

采购成本控制考核要适合企业的特点，考核指标和目标值要适合采购部的具体情况，要与采购工作职能相适应。

2. 平等原则

采购成本控制是采购部全体员工的共同任务，在成本考核过程中，部门各级领导要重视并全力支持成本考核工作，平等地参与考核。

3. 例外管理原则

在考核过程中，如出现不可预见的特殊情况，相关负责人应根据具体情况分析出成本项目中的特殊因素，实行“例外管理”，以使采购成本控制考核工作更符合实际。

三、采购成本考核程序

1. 确定考核指标

考核指标的选取应以科学、可行、可比为原则。采购成本控制考核指标如下。

（1）平均库存成本，要求不超过____万元。

（2）存货管理成本，要求控制在预算的 ±____% 以内。

（3）仓储成本，要求控制在预算的 ±____% 以内。

（4）装卸成本，要求控制在____万元以内。

（5）差旅费用，要求控制在____万元以内。

（6）缺货成本，要求控制在____万元以内。

（7）缺货次数，要求不超过____次。

（8）进货检验成本，要求控制在____万元以内。

（9）失销成本，要求控制在____万元以内。

2. 确定考核周期

采购成本控制考核周期分为月度考核、季度考核及年度考核。

3. 考核方法

（1）目标管理法，通过采购部各指标是否达到目标值来衡量采购成本控制工作的完成情况。

（2）要素评定法，将定性考核和定量考核结合起来对采购成本控制工作进行考核。

（3）相对比较法，将某一考核指标在本考核周期的数值与上一考核周期的数值进行对比，以判断各考核周期采购成本控制的成效。

4. 考核实施

（1）月度考核。每月____日，由采购部经理对当月所发生的采购成本费用报表进行分析，与部门内部员工讨论，总结本月采购成本控制情况，并找出不足，制定出有效的解决措施；每月底向直属上级上报“月度采购成本控制考核报告”。直属上级应在次月 3 日前进行批示，给出相关意见。

（2）季度考核。每个季度末，采购部经理将本季度各月的采购成本控制情况进行汇总，并编制“采购成本控制季度报告”，上报总经理审批。

（3）年度考核。年末，采购部经理负责统计本年度采购成本的控制情况，以报表的形式上报直属上级。总经理、直属上级、财务部经理对本考核周期的成本控制情况进行评分，采购部经理对本年度部门成本控制工作进行自我评分，最终汇总计算得出年度采购成本控制工作的平均分。

5. 考核结果的应用

（1）绩效反馈。针对考核结果，公司总经理、采购部直属上级与财务部相关负责人对采购部在采购成本控制过程中存在的问题进行负面及中性反馈，对正确的成本控制行为进行正面反馈。

（2）绩效改进。采购部经理组织本部门员工对上级的反馈意见进行讨论与分析，针对不足制定有效的解决措施，并编写绩效改进计划，明确计划的执行时间与内容。

（3）绩效奖励。根据采购部在月度、季度、年度三个考核阶段的综合评定，在采购部完成采购成本控制计划的基础上，公司以发放年终奖的形式对采购部在成本控制方面的工作成果给予肯定。奖金根据采购成本降低额，按不同的比例进行发放。采购成本控制年终奖的发放比例如下：

①考核得分在____分以上，年终奖依照____%的比例发放；

②考核得分在____分～____分，年终奖依照____%的比例发放。

四、其他说明

根据市场情况，公司采购部可在年终对采购成本控制标准进行调整，但必须在调整前以报告的形式向上级申请，批准后将调整结果告知财务部。

7.5.2 供应商开发成本控制方案

供应商开发成本控制方案

一、目的

为加强供应商开发成本控制力度，合理降低开发成本，特制定本方案。

二、实施要点

1. 建立并完善供应商档案

（1）建立供应商档案，档案的内容包括供应商编号、详细联系方式、付款条件、交货期限、品质评级及银行账号等。供应商档案必须经过严格的审核后方能归档。

（2）采购部经理指定专人管理供应商档案，并定期或不定期地进行更新，以保证档案的时效性。

（3）采购作业必须在已归档的供应商档案中选择供应商。

2. 建立供应商准入制度

（1）制定严格的供应商考核制度和指标，按考核流程对其进行评估，合格者方能归档。

（2）对于重要物资的采购，经过质量管理部、生产部、技术部等部门的联合考核后，合格的供应商方能进入供应商档案。如条件允许，相关人员可到供应商生产地实地考察。

三、考核时间

每季度考核一次，于下季度第一个月的____日前完成对上季度成本管控效果的考核。

四、考核内容

（1）费用预算目标的达成情况。

（2）供应商开发工作的完成情况。

五、激励措施

根据公司年度工作计划和供应商开发进度情况，在规定时间内保质保量完成工作任务的，依照以下比例计发奖金。

（1）考核得分在____分以上，依照____%的比例发放奖金。

（2）考核得分在____分~____分，依照____%的比例发放奖金。

7.6 采购供应部门绩效考核实施细则

7.6.1 采购部绩效考核实施细则

<table>
<tr><td rowspan="2">细则名称</td><td rowspan="2">采购部绩效考核实施细则</td><td>编号</td><td></td></tr>
<tr><td>版本</td><td></td></tr>
<tr><td colspan="4">
第1章　总则
第1条　目的
为全面评价采购部的整体工作绩效，确保采购绩效的达成，特制定本细则。
第2条　考核原则
1. 明确化、公开化
考核标准、考核程序和考核责任都要有明确的规定，同时要向全体员工公开。
2. 明确考核等级
考核等级之间应当明确差别界限，以便体现考核的激励性。
第2章　绩效考核的组织与实施
第3条　考核周期
本公司采取季度考核的方式对采购部的绩效进行考核评估，于下季度第一个月的____日前完成对采购部上季度工作的考核。
第4条　职责权限
（1）人力资源部负责考核的组织与实施工作。
（2）各主管人员和相关工作人员应积极配合考核工作的进行，提供考核资料并进行考核评估。
第3章　绩效考核内容
第5条　绩效考核内容说明
采购部的绩效考核采用量化指标与日常工作表现相结合的方式进行，量化指标占考核权重的70%，日常工作表现占考核权重的30%。
第6条　绩效考核指标
公司从时间、质量、数量、价格和效率这五方面对采购部的工作进行考核，以量化指标作为考核的尺度。考核项目包括采购时间、采购品质、采购数量、采购价格及采购效率，具体如下所示。
</td></tr>
</table>

（续）

采购部绩效考核项目与指标

考核项目	权重	考核指标	绩效目标	得分
采购时间	15%	停工断料，影响工时	无停工断料，不影响正常生产经营	
		紧急采购的费用差额	紧急采购的费用差额不高于____元	
采购品质	20%	采购质量合格率	采购质量合格率达到____%	
		物料使用不良率	物料使用不良率不高于____%	
采购数量	20%	呆物料损失金额	呆物料损失金额控制在____元以内	
		库存金额	库存金额不高于____元	
		库存周转天数	库存周转天数平均达到____天	
采购价格	30%	实际价格与标准价格之间的差额	实际价格与标准价格之间的差额不高于____元	
		采购成本降低率	下降____%	
采购效率	15%	采购计划完成率	采购计划完成率达到 100%	
		新供应商开发数量	当月新开发供应商数量达到____个	
		错误采购的次数	错误采购的次数为 0	

第 7 条 日常工作表现

采购部工作人员的日常工作表现主要从三方面进行考核：公司规章制度的遵守情况、部门协作满意度评价和供应商管理情况。

第 4 章 考核结果的应用

第 8 条 考核等级划分

采购部的考核结果分为五个等级，具体划分标准如下所示。

绩效考核结果等级划分标准

S	A	B	C	D
90~100 分	80~89 分	70~79 分	60~69 分	59 分及以下

第 9 条 奖励标准

根据季度考核结果等级，确定当季奖励标准，具体如下所示。

季度奖励标准

考核等级	奖励标准	
	部门绩效奖金	个人绩效工资
S	____元	发放绩效工资的____%
A	____元	发放绩效工资的____%
B	____元	发放绩效工资的____%
C	____元	发放绩效工资的____%
D	无	无

（续）

第10条　作为决策依据 此绩效考核结果可作为采购部相关人员薪资调整、职位晋升、岗位培训等的决策依据。					
编制日期		审核日期		批准日期	
修改标记		修改处数		修改日期	

7.6.2　供应部绩效考核实施细则

细则名称	供应部绩效考核实施细则	编号	
		版本	

第1条　目的

为加强和提升供应部的工作绩效，促进企业经营目标的实现，特制定本细则。

第2条　考核原则

（1）定量原则：尽量采用可量化的指标进行考核，减少模糊的主观评价。

（2）公开原则：考核标准的制定是通过协商和讨论完成的。

（3）时效性原则：绩效考核是对考核期内工作成果的综合评价，不应将本考核期前的情况强加入本次的考核结果中，也不能取近期的业绩或较为突出的一两个成果来代替整个考核期的业绩。

第3条　考核内容和标准

企业对供应部的考核主要从两方面进行：一是部门管理考核，二是工作业绩考核。两者的比重为7∶3。

1. 部门管理考核

部门管理考核的项目、指标及标准如下所示。

部门管理考核的项目、指标及标准

考核项目	考核指标	权重	考核标准	得分
制度建设	部门制度的规范性	20%	每发现1处不规范，减____分	
	部门制度的完善性	20%	每发现1处漏洞，减____分	
人员管理	培训计划完成率	20%	每低于目标值____%，减____分	
	培训考核通过率	20%	每低于目标值____%，减____分	
	部门内部工作配合度	10%	每有1次投诉，减____分	
成本控制	部门费用	10%	每高于预算值____%，减____分	
部门管理考核得分				

2. 工作业绩考核

工作业绩考核的指标及标准如下所示。

工作业绩考核的指标及标准

考核指标	权重	考核标准	得分
因供应计划不合理导致企业停产的次数	20%	只要出现停产的情况，此项得0分	
发货及时率	15%	目标值为100%，每出现一次不及时的情况，减____分	
发货准确率	15%	目标值为100%，每低____%，减____分；低于____%，得0分	

（续）

（续表）

考核指标	权重	考核标准	得分
供货及时率	10%	每出现一次不及时的情况，减____分	
因供货不及时影响生产的次数	20%	影响一次减____分，超过一次得0分	
领导满意度	10%	领导满意度评分不低于____分，得____分；每低____分，减____分；低于____分，得0分	
相关协作部门满意度	10%	相关协作部门满意度评分不低于____分，得____分；每低____分，减____分；低于____分，得0分	
工作业绩考核得分			

第4条　沟通与反馈

考核小组在向被考核者反馈考核结果的同时，还应向其提出今后工作的改进方向，并认真听取被考核者的意见和建议，共同制定下一阶段的工作计划。

第5条　考核结果的应用

考核结果将作为供应部绩效奖金的发放及工作流程优化的依据。

编制日期		审核日期		批准日期	
修改标记		修改处数		修改日期	

第 8 章

车间班组人员绩效考核

8.1 车间班组人员与部门考核指标设计

8.1.1 车间班组人员五大量化考核指标

指标 1：工时定额完成率

考核目的	及时掌握企业工时定额完成的真实情况，分析差异产生的原因		
考核指标	工时定额完成率	计算公式 / 说明	$\frac{\text{工艺工时定额}}{\text{工艺实际耗用工时}} \times 100\%$
考核周期	月 / 季 / 年度	配套指标	不合格品率
失真提示	企业在测定工时定额时，会选用最优秀的作业人员，也会选用非合格作业人员和试用期人员，这就会导致工时定额不能代表大多数员工的工时水平，造成工时定额过长或过短，使考核结果失真		

指标 2：有效工时利用率

考核目的	用来衡量企业的生产效率及生产组织的有效性与合理性		
考核指标	有效工时利用率	计算公式 / 说明	$\frac{\text{有效工时}}{\text{制度工时}} \times 100\%$
考核周期	月 / 季 / 年度	信息来源	生产作业记录表（生产部）
应用说明	有效工时 = 制度工时 − 停工工时 − 非工作工时 − 休息与生理需要工时		

指标 3：生产计划按时完成率

考核目的	用于衡量生产任务的完成情况，考核工作实绩，从而达到提升生产工作绩效，实现生产经营目标的目的		
考核指标	生产计划按时完成率	计算公式 / 说明	$\frac{\text{实际完成的生产任务}}{\text{计划完成的生产任务}} \times 100\%$
考核周期	月 / 季 / 年度	信息来源	生产任务记录表（生产管理部）
失真提示	在市场环境等因素引起生产计划变更的情况下，如果考核时未及时修订考核指标的目标值，仍用原定的计划数据进行对比、评估，就会导致考核结果失真		

指标 4：产量定额完成率

考核目的	用来衡量企业在单位时间内的产出与劳动产量定额的比率，从产量角度反映企业的生产效率		
考核指标	产量定额完成率	计算公式 / 说明	$\frac{实际完成的产品数}{定量定额} \times 100\%$
考核周期	月 / 季 / 年度	信息来源	生产记录表、产量定额表等
失真提示	企业的产量定额制定得过高或过低，会导致指标考核数据出现偏差，从而造成考核结果失真		

指标 5：产品返工率

考核目的	从产品返工的角度考核评估企业生产各环节的工作情况，防止不合格品非预期使用或入库，减少质量损失，从而提高企业的质量管理水平		
考核指标	产品返工率	计算公式 / 说明	$\frac{退回返工修理的不合格品（包括在制品、成品等）数量}{送检品数量} \times 100\%$
考核周期	月 / 季 / 年度	信息来源	生产现场、质量部、仓储部等
失真提示	企业各工序及成品的质量标准不清晰，就会产生合格品、不合格品、返工品判定标准不统一的情况，造成考核结果失真		

8.1.2 生产车间关键绩效考核指标设计

序号	KPI 指标	考核周期	指标定义 / 公式	资料来源
1	生产计划按时完成率	月 / 季 / 年度	$\frac{当期实际生产量}{当期计划生产量} \times 100\%$	生产车间
2	劳动生产率	季 / 年度	$\frac{产出数量 \times 标准工时}{日工作小时 \times 直接人工数量 \times 损失工时} \times 100\%$	生产车间
3	交期达成率	季 / 年度	$\frac{交货期无误的次数}{交货总次数} \times 100\%$	销售部
4	补货订单按时完成率	月度	$\frac{补货订单按时按量完成的次数}{补货订单总次数} \times 100\%$	销售部
5	产品抽检合格率	季 / 年度	$\frac{实际合格数}{抽样产品总数} \times 100\%$	质量管理部
6	在制品周转率	季 / 年度	$\frac{入库成品原材料总成本}{\frac{在制品期初库存额 + 在制品期末库存额}{2}} \times 100\%$	财务部
7	标准产能实现率	月 / 季 / 年度	$\frac{实际产能}{生产标准产能} \times 100\%$	生产管理部
8	原材料申购准确率	月 / 季 / 年度	$\frac{原材料申购无误的次数}{申购总次数} \times 100\%$	采购部

（续表）

序号	KPI 指标	考核周期	指标定义 / 公式	资料来源
9	生产成本下降率	月 / 季 / 年度	$\frac{\text{上期生产成本}-\text{当期生产成本}}{\text{上期生产成本}}\times 100\%$	财务部
10	生产安全事故发生的次数	月 / 季 / 年度	考核期内生产安全事故发生的次数	生产管理部

8.2 车间班组业务关键绩效考核指标的目标值设计与调整

8.2.1 车间班组业务关键绩效考核指标的目标值设计

序号	KPI 指标	目标值
1	每工时生产数量	每工时生产数量达到____（数额）
2	生产计划按时完成率	生产计划按时完成率达到____%
3	不良率	不良率低于____%
4	不合格率	不合格率低于____%
5	废弃率	废弃率低于____%
6	生产安全事故发生的次数	一般性的生产安全事故不超过____起， 重大生产安全事故发生的次数为 0

8.2.2 车间班组业务关键绩效考核指标的目标值调整

1. 市场需求

车间生产的产品需要根据市场的需求进行相应调整。车间班组需要根据产品生产任务的变化，科学、有效地调配生产资源，保证生产任务的顺利完成。在调配生产资源，重新分配生产任务后，生产的数量和生产计划的达成率可能都会发生变化，这时就需要及时对这些指标的目标值进行调整。

2. 客户需求

有时不同的客户对产品的质量要求也是不同的，同样一批产品，当客户对质量的要求较高时，不良率、不合格率和废弃率也会较高；若客户对质量要求不高，那么不良率、不合格率和废弃率会大大降低。因此，根据客户要求的不同，企业应对这些指标的目标值进行必要的调整。

8.3 车间班组人员考核标准设计

8.3.1 车间主任考核标准

1. 选取考核指标

对车间主任的考核项目包括车间生产计划的制定和实施、生产过程的监督与指导、车间安全生产管理、生产成本控制、车间日常管理及员工管理等。为了对车间主任的工作进行客观、有效的评价，企业需要选择并确定车间主任的绩效考核指标。车间主任的绩效考核指标有生产计划按时完成率、劳动生产效率、交期达成率、产品抽检合格率、生产计划排程准确率、工时标准达成率等，企业可根据考核需要进行选择。

2. 设定考核指标目标值

对于车间主任考核指标目标值的设定，企业可将以往绩效目标值及同类型企业的相关数据作为基础，同时考虑车间生产任务要求和生产技术等因素，由生产管理部经理与车间主任进行充分的沟通后确定。

3. 设计考核指标权重

车间主任的工作以保证生产为基本要求。企业在设计车间主任考核指标的权重时，与车间主任工作的重点相挂钩的指标应占有更多权重，如生产计划按时完成率、交期达成率等。

8.3.2 班组长考核标准

1. 选取考核指标

企业对班组长的绩效考核应主要通过生产计划按时完成率、劳动生产效率、产品一次性合格率及产品返工率等指标进行。在这些指标中，企业应根据车间的具体情况和本企业对班组长岗位职责的要求进行选择，避免出现因套用绩效指标而无从考核的问题。

2. 绩效考核方法的选择

车间班组长的绩效考核可以采用自我评议、民主测评和车间领导班子及主管领导评议相结合的方式进行。绩效考核方法的选择是绩效考评主体确定的重要依据。

8.4 车间班组岗位关键绩效考核指标量表

8.4.1 车间主任考核指标量表

被考核人姓名		职位	车间主任	部门	生产车间
考核人姓名		职位	生产管理部经理	部门	生产管理部

序号	KPI 指标	权重	目标值	考核得分
1	生产计划按时完成率	15%	考核期内确保产量、产值计划 100% 完成	
2	劳动生产率	10%	确保本考核期内的劳动生产率比上一期的劳动生产率提高____%	
3	交期达成率	10%	考核期内确保交期达成率在____% 以上	
4	产品抽检合格率	10%	考核期内产品抽检合格率不得低于____%	

（续表）

序号	KPI 指标	权重	目标值	考核得分
5	生产计划排程准确率	10%	考核期内生产计划排程准确率不得低于____%	
6	工时标准达成率	10%	考核期内工时标准达成率≥1	
7	物耗标准达成率	10%	考核期内物耗标准达成率应在____%以上	
8	生产现场 5S 质量	5%	考核期内 5S 要求的不合格项数不得超过____项	
9	生产安全事故发生的次数	10%	考核期内一般性的生产安全事故不超过____起，重大生产安全事故为 0	
10	员工技能提升率	5%	考核期内员工技能提升率应达到____%	
11	有效的流程和制度得到实施的比率	5%	考核期内确保有效的流程和制度得到 100% 的贯彻实施	
本次考核总得分				
被考核人		考核人	复核人	
签字：　日期：		签字：　日期：	签字：　日期：	

8.4.2 车间班组长考核指标量表

被考核人姓名		职位	车间班组长	部门	生产车间
考核人姓名		职位	车间主任	部门	生产车间
序号	KPI 指标	权重	目标值		考核得分
1	生产计划按时完成率	20%	考核期内确保产量、产值计划 100% 完成		
2	劳动生产率	20%	确保本考核期内的劳动生产率要比上一期的劳动生产率提高____%		
3	产品一次性合格率	20%	考核期内产品一次性合格率达到____%		
4	产品返工率	10%	考核期内产品返工率应控制在____%以内		
5	工时标准达成率	15%	考核期内工时标准达成率≥1		
6	生产安全事故发生的次数	15%	考核期内一般性的生产安全事故不超过____起，重大生产安全事故为 0		
本次考核总得分					
被考核人		考核人		复核人	
签字：　日期：		签字：　日期：		签字：　日期：	

8.4.3 生产计划主管考核指标量表

被考核人姓名		职位	生产计划主管	部门	生产管理部
考核人姓名		职位	生产管理部经理	部门	生产管理部
序号	KPI 指标	权重	目标值		考核得分
1	生产计划排程的准确率	20%	考核期内生产计划排程的准确率不得低于____%		

（续表）

序号	KPI 指标	权重	目标值	考核得分
2	生产计划按时完成率	15%	考核期内确保各类生产计划 100% 完成	
3	产能负荷分析的准确率	15%	考核期内产能负荷分析的准确率不得低于____%	
4	在制品周转率	10%	考核期内在制品周转率在____% 以上	
5	标准产能实现率	10%	考核期内标准产能实现率在____% 以上	
6	劳动生产率	15%	考核期内劳动生产率达到____%	
7	补货订单按时完成率	10%	考核期内确保补货订单 100% 完成	
8	生产计划相关资料完整率	5%	考核期内生产计划相关资料完整率达到 100%	
本次考核总得分				
被考核人		考核人		复核人
签字：　　日期：		签字：　　日期：		签字：　　日期：

8.4.4 生产调度主管指标量表

被考核人姓名		职位	生产调度主管	部门	生产管理部
考核人姓名		职位	生产管理部经理	部门	生产管理部

序号	KPI 指标	权重	目标值	考核得分
1	生产计划按时完成率	15%	考核期内确保生产计划 100% 完成	
2	生产计划排程达成率	15%	考核期内确保生产进度 100% 符合生产计划排程	
3	生产任务单的准确率	15%	考核期内确保根据生产计划排程编制的生产任务单 100% 准确，以便准时开展生产活动	
4	生产调度会议召开及时率	15%	考核期内生产调度会议召开及时率达到 100%	
5	交期达成率	15%	考核期内确保交期达成率在____% 以上	
6	原材料申购准确率	10%	考核期内确保原材料申购准确率达到____%	
7	生产设备利用率	5%	考核期内确保生产设备利用率达到____%	
8	补货订单按时完成率	5%	考核期内确保补货订单 100% 完成	
9	生产调度会议纪要下发及时率	5%	考核期内生产调度会议纪要下发及时率达到 100%	
本次考核总得分				
被考核人		考核人		复核人
签字：　　日期：		签字：　　日期：		签字：　　日期：

8.4.5　安全员考核指标量表

被考核人姓名			职位	安全员	部门	生产管理部
考核人姓名			职位	生产管理部经理	部门	生产管理部
序号	KPI 指标	权重	目标值			考核得分
1	安全工作计划按时完成率	20%	考核期内确保安全工作计划 100% 完成			
2	安全培训计划按时完成率	20%	考核期内确保安全培训计划 100% 完成			
3	安全培训覆盖率	20%	考核期内安全培训覆盖率达到____%			
4	生产安全事故发生的次数	10%	考核期内发生的一般性生产安全事故不超过____起，重大生产安全事故为 0			
5	安全生产报告按时编制完成率	15%	考核期内确保安全生产报告编制工作 100% 完成			
6	安全事故处理及时率	15%	考核期内安全事故处理及时率达到____%			
本次考核总得分						
被考核人		考核人		复核人		
签字：　　日期：		签字：　　日期：		签字：　　日期：		

8.4.6　统计员考核指标量表

被考核人姓名			职位	统计员	部门	生产车间
考核人姓名			职位	车间主任	部门	生产车间
序号	KPI 指标	权重	目标值			考核得分
1	生产统计差错率	15%	考核期内确保生产统计差错率不超过____%			
2	生产统计工作及时完成率	15%	考核期内确保生产统计工作 100% 完成			
3	员工工时统计准确率	15%	考核期内确保员工工时统计准确率达到____%			
4	计件员工工资核算准确率	15%	考核期内确保计件员工工资核算准确率达到____%			
5	生产用物料统计准确率	15%	考核期内确保生产用物料统计准确率达到____%			
6	生产成本核算准确率	10%	考核期内确保生产成本核算准确率达到____%			
7	在制品库存盘点准确率	15%	考核期内确保在制品库存盘点准确率达到____%			
本次考核总得分						
被考核人		考核人		复核人		
签字：　　日期：		签字：　　日期：		签字：　　日期：		

8.5 车间班组业务提成方案设计

8.5.1 车间主任业务提成方案

车间主任业务提成方案

一、设计目的

为了形成科学的薪酬管理体系，充分体现按劳分配的原则，真正做到奖惩分明，从而有效提升企业的经济效益，特制定本方案。

二、薪酬结构设计说明

根据车间主任的职位特点，本企业将车间主任的薪酬定为“基本工资＋绩效工资＋奖金＋其他福利补贴”。

三、绩效工资设计方案

绩效工资根据企业定期对车间主任实施考核的结果而定。车间主任的绩效考核分为月度考核、季度考核及年终考核。

1. 绩效考核的内容

车间主任绩效考核的内容如下所示。

车间主任绩效考核的内容

考核项目	绩效工作	权重	考核周期	资料来源	绩效目标值
生产计划	组织编制生产车间的作业计划	15%	月 / 季度	生产车间	（1）每月____日前，将月度、季度生产计划报生产经理审批 （2）生产计划按时完成率达到____%
产品产量	产品的产出情况	40%	月 / 季 / 年度	生产车间	产量在____以上，产品抽检合格率在____%以上，优良率在____%以上
生产设备管理	对生产设备进行日常的保养与维护	15%	月 / 季 / 年度	生产车间	（1）设备完好率在____%以上 （2）设备利用率在____%以上
生产安全管理	车间安全生产计划的执行情况	20%	年度	生产车间	年度员工工伤事故发生率为0
员工管理	指导、监督员工工作，提高员工的工作业绩	10%	年度	人力资源部	（1）下属考核平均分在____分以上 （2）年度下属无重大处分记录

2. 绩效工资

车间主任绩效考核等级及工资标准如下所示。

车间主任绩效考核等级及工资标准

分值	90~100 分	80~89 分	70~79 分	60~69 分	60 分以下
等级	A（优秀）	B（良好）	C（一般）	D（合格）	E（不合格）
工资	____元	____元	____元	____元	____元

3. 绩效工资的分配

生产车间的绩效工资分配按照绩效考核的等级，逐级分配。在车间，先分配车间主任的绩效工资，然后分解到班组，最后分配到一线人员。生产车间绩效工资总额的计算公式为“绩效工资总额 = 车间当月员工薪酬总额 - 特殊津贴总额 - 基本工资总额”。车间主任的绩效工资总额（A）= 车间绩效工资总额 × 车间主任和副主任绩效薪点总额 ÷ 企业绩效薪点总额。

8.5.2 班组长业务提成方案

班组长业务提成方案

一、设计目的

为了进一步完善企业的薪酬分配制度，充分调动班组长对生产和管理的积极性，现结合企业生产经营的实际情况，特制定本方案。

二、薪酬结构

根据班组长职务的特点，本企业将班组长的薪酬结构定为：班组长薪酬 = 计件工资 + 全勤奖 + 工龄补贴 + 职务津贴 + 绩效奖金。

三、计件工资的核算方法

班组长计件工资的产量按入库成品数量统计，班组长应得计件工资的总数 = 本班平均工资 × ____%（根据其工作的实际情况确定）。

（1）A 产品：____万元以上，提成金额为销售总金额的____%。

（2）A 产品：____万至____万元，提成金额为销售总金额的____%。

（3）A 产品：____万元以下，提成金额为销售总金额的____%。

（4）B 产品：____万元以上，提成金额为销售总金额的____%。

（5）B 产品：____万至____万元，提成金额为销售总金额的____%。

（6）B 产品：____万元以下，提成金额为销售总金额的____%。

四、绩效资金的核算方法

1. 核算依据

班组是企业组织生产经营活动的基本单位，车间班组长是企业与生产工人的主要沟通桥梁，是基层生产线的领头人。因此，他们的绩效奖金应该与班组工作完成的数量与质量挂钩。

2. 考核周期

班组长的绩效考核工作在绩效考核小组的直接领导下进行，月度考核的时间定为次月____日前进行；季度考核于次季度第一个月的____—____日进行；年度考核于次年____月____日—____日进行。

（1）月度考核。车间各班组长月度考核指标包括生产计划按时完成率、劳动生产率、产品一次性合格率及产品返工率等。

（2）季度考核。季度考核主要为汇总前季度的考核结果，检验相应工作任务的完成情况。

3. 等级划分

人力资源部按照最终考核得分进行排序，将考核结果分为优秀（90~100 分）、良好（80~89 分）、中等（70~79 分）、及格（60~69 分）、差（60 分以下）五个等级。绩效考核结果在车间内公布，人力资源部根据相应的标准核算班组长应得的绩效奖金。

8.6 车间班组绩效考核实施细则

8.6.1 车间绩效考核实施细则

细则名称	车间绩效考核实施细则	编号	
		版本	

第 1 条　目的

为加强生产车间的班组建设，强化员工的责任意识，激励员工围绕月度和年度经营业绩积极努力地开展工作，同时为员工的工作改进和工作重点指明方向，特制定本细则。

第 2 条　考核原则

（1）公开、公正、透明。

（2）定量考核与定性考核相结合。

（3）科学合理。

（4）全面考核。

第 3 条　考核周期

车间绩效考核分为定期考核和不定期考核。定期考核包括月度考核和年度考核。月度考核时间为次月的____日至____日，年度考核周期与会计核算周期一致，考核时间为下一年度 1 月的____日前。不定期考核为不定期抽查，每月至少一次，得分按照____% 的比例并入月度考核。

第 4 条　考核程序

（1）人力资源部负责考核的组织工作，由考核小组进行考核评价。考核小组成员由生产管理部经理、车间主任、车间副主任及质检员组成。

（2）生产管理部经理负责审核考核结果。

（3）人力资源部负责汇总整理考核结果，将考核结果反馈至各车间，并进行公示。

（续）

第5条 考核内容及权重

车间绩效考核的内容包括生产任务考核（30%）、生产质量考核（20%）、生产现场5S考核（20%）、安全生产考核（15%）、组织纪律考核（15%）。

第6条 生产任务考核

1. 考核内容

（1）根据生产部门下达的生产计划，编制车间作业计划。

（2）做好生产进度统计管理工作，保证按时完成生产任务。

2. 考核指标

考核指标主要包括生产计划按时完成率、交期达成率、产品抽检合格率等。

第7条 绩效考核等级设置

生产车间绩效考核结果按照得分情况划分为五个等级，具体划分标准如下所示。

生产车间绩效考核结果等级划分

考核等级	优秀	良好	中等	合格	不合格
得分	90（含）以上	80（含）~90	70（含）~80	60（含）~70	60分以下

第8条 考核结果的应用

生产车间绩效考核结果的应用范围如下：

（1）车间季度奖金和年度奖金的核发；

（2）优秀车间的评选。

编制日期		审核日期		批准日期	
修改标记		修改处数		修改日期	

8.6.2 班组绩效考核实施细则

细则名称	班组绩效考核实施细则	编号	
		版本	

第1条 目的

为加强班组管理，提高班组工作积极性，提升工作绩效，现结合班组工作的相关考核制度，特制定本细则。

第2条 适用范围

本细则适用于企业班组内所有员工的绩效考核工作。

第3条 考核原则

（1）生产安全第一。

（2）公平、公正、公开。

（3）以提高工作绩效为导向。

第4条 班组考核指标设计的依据

（1）班组核心价值。

（2）作业流程特点。

（3）外部标杆参与。

（4）常规绩效目标和改进绩效目标。

（续）

<table>
<tr><td colspan="6">
第 5 条　班组考核指标体系
（1）每工时生产数量：权重为 30%，目标值为____件，每少____件，扣____分；每多____件，加____分。
（2）生产计划按时完成率：权重为 20%，目标值为____%，每低____%，扣____分；每高____%，加____分。
（3）不良率：权重为 20%，目标值为____%，每高____%，扣____分；每低____%，加____分。
（4）不合格率：权重为 10%，目标值为____%，每高____%，扣____分；每低____%，加____分。
（5）废弃率：权重为 10%，目标值为____%，每高____%，扣____分；每低____%，加____分。
（6）生产安全事故发生的次数：权重为 10%，一般性的生产安全事故不超过____起，重大生产安全事故的目标值为 0。
第 6 条　计算考核得分
班组的考核流程统计员负责统计各阶段（月度、季度、年度）各班组的考核指标，人力资源部考核人员根据各指标结果计算考核最终得分。
第 7 条　班组考核结果的应用
（1）人力资源部根据班组考核结果计算班组奖金。
（2）班组考核结果影响班组长的绩效考核结果。
（3）班组考核结果可作为相关人事决策的依据。
</td></tr>
<tr><td>编制日期</td><td></td><td>审核日期</td><td></td><td>批准日期</td><td></td></tr>
<tr><td>修改标记</td><td></td><td>修改处数</td><td></td><td>修改日期</td><td></td></tr>
</table>

第 9 章

工艺质量人员绩效考核

9.1 工艺质量人员与部门考核指标设计

9.1.1 工艺人员五大量化考核指标

指标 1：工艺试验及时完成率

考核目的	根据工艺试验的完成情况，评估工艺部工作的完成情况		
考核指标	工艺试验及时完成率	计算公式 / 说明	$\frac{\text{及时完成的工艺试验数}}{\text{计划完成的工艺试验总数}} \times 100\%$
考核周期	月 / 季 / 年度	信息来源	工艺部
失真提示	企业在设定绩效目标值时，未考虑工艺试验的大小与难度，未对项目数和完成时间进行统一的设定，导致考核结果失真		

指标 2：工艺工装文件出错损失

考核目的	考核工艺部因工艺工装文件编制失误而造成的损失的大小		
考核指标	工艺工装文件出错损失	计算公式 / 说明	该指标主要指考核期内，因为工艺工装文件编制失误而造成的损失，包括材料损失、设备折旧损失、人工和能源损失等
考核周期	季 / 年度	信息来源	质量部
失真提示	企业在计算工艺工装文件出错损失的过程中，只计算了直接的原料损失、品质不良造成的浪费损失等，没有将人工损失、设备折旧损失等间接损失计算在内，导致考核结果失真		

指标 3：标准工时降低率

考核目的	从标准工时降低的角度来衡量技术改进对节约工时的贡献		
考核指标	标准工时降低率	计算公式 / 说明	$\frac{\text{工艺改进前的标准工时} - \text{工艺改进后的标准工时}}{\text{工艺改进前的标准工时}} \times 100\%$
考核周期	根据实际情况而定	信息来源	工艺部
失真提示	在计算标准工时降低率时，改进前后标准工时中的宽放率应当一致，否则会造成考核结果失真		

指标 4：工艺参数正确率

考核目的	根据工艺参数设置情况，衡量工艺参数制定人员的工作绩效		
考核指标	工艺参数正确率	计算公式 / 说明	$\frac{\text{正确的工艺参数数量}}{\text{工艺参数总数量}} \times 100\%$
考核周期	月 / 季 / 年度	信息来源	工艺部
失真提示	没有对工艺参数的正确性进行实践验证，未准确掌握工艺参数正确的数量，造成考核结果失真		

指标 5：工艺工装文件差错率

考核目的	从工艺工装文件的差错入手，对工艺部工作人员的工艺工装水平、工作责任心及认真程度等进行评价		
考核指标	工艺工装文件差错率	计算公式 / 说明	$\frac{\text{出错的工艺工装文件份数}}{\text{工艺工装文件总份数}} \times 100\%$
考核周期	月 / 季 / 年度	信息来源	质量部
失真提示	企业没有对工艺工装文件进行评审，未能准确掌握工艺工装文件出错的情况，导致考核结果失真		

9.1.2 质量人员八大量化考核指标

指标 1：质检工作及时完成率

考核目的	考核质检工作是否按企业规定及时完成，促进质检人员工作效率的提高		
考核指标	质检工作及时完成率	计算公式 / 说明	$\frac{\text{及时完成检验的次数}}{\text{应完成的检验总次数}} \times 100\%$
考核周期	月 / 季 / 年度	信息来源	质量部
失真提示	➢ 企业未对质量管理控制各个节点的验收工作设定验收时间，导致考核标准不一致，评价不公平，造成考核结果失真 ➢ 考核数据源出现错记、漏记、多记等现象，或因数据统计人员疏忽，导致数据统计结果出现偏差，造成考核结果失真		

指标 2：产品质量合格率

考核目的	考核企业各环节的工作质量情况，预防因不合格品流入下道工序、仓库或进入市场而造成的不必要的浪费与损失，确保产品质量稳定		
考核指标	产品质量合格率	计算公式 / 说明	$\frac{\text{合格品的数量}}{\text{检验的总数}} \times 100\%$
考核周期	月 / 季 / 年度	信息来源	工艺部
失真提示	➢ 产品质量合格与否的判定标准模糊不清，导致考核评价标准不一致，造成考核结果失真 ➢ 质检人员采取的抽样方法不科学，样品质量不能代表总体质量，导致考核结果失真		

指标 3：产品质量原因导致的退货率

考核目的	考核企业产品的质量水平，降低产品退货率，提高产品质量的稳定性，维护企业形象		
考核指标	产品质量原因导致的退货率	计算公式 / 说明	$\frac{\text{质量原因导致的产品退货数量}}{\text{考核期内出货总数量}} \times 100\%$
考核周期	月 / 季 / 年度	信息来源	质量部
失真提示	➢ 企业未明确产品因质量原因退货的界定标准，导致退货作业标准不一致，造成考核结果失真 ➢ 将非产品质量问题导致的退货也计算在内，导致考核结果出现偏差，与实际绩效不符		

指标 4：批次产品质量投诉率

考核目的	考核并提升企业产品质量水平，为质量改进工作提供依据		
考核指标	批次产品质量投诉率	计算公式 / 说明	$\frac{\text{客户投诉次数}}{\text{产品出货总批次}} \times 100\%$
考核周期	季 / 年度	信息来源	售后服务部
失真提示	➢ 考核数据源出现错记、漏记、多记等现象，或因数据统计人员疏忽，导致数据统计结果出现偏差，造成考核结果失真 ➢ 将不属于产品质量原因造成的投诉也计入投诉总数，造成考核结果失真		

指标 5：质量事故及时处理率

考核目的	评估质量事故及时处理的情况，以减少企业损失，确保企业生产经营利益，维护企业形象		
考核指标	质量事故及时处理率	计算公式 / 说明	$\frac{\text{及时处理的质量事故起数}}{\text{质量事故总起数}} \times 100\%$
考核周期	月 / 季 / 年度	信息来源	质量部
失真提示	企业未制定各类别质量事故的处理标准及时限要求，导致考核评估标准模糊、不一致，造成考核结果失真		

指标 6：质量事故发生的次数

考核目的	通过对本指标的考核，避免或减少质量事故的发生，提高产品质量的稳定性，降低损失，保障企业生产经营利润		
考核指标	质量事故发生的次数	计算公式 / 说明	在考核期内发生质量事故的次数，包括一般质量事故、较大（严重）质量事故、重大质量事故、特大质量事故等
考核周期	月 / 季 / 年度	信息来源	质量部
失真提示	考核数据源出现错记、漏记、多记等现象，或因数据统计人员疏忽，导致数据统计结果出现偏差，造成考核结果失真		

指标 7：在用质检仪器受检率

考核目的	确保在用质检仪器的精度，确保质检工作科学、正确，为质量管理相关决策提供科学依据		
考核指标	在用质检仪器受检率	计算公式 / 说明	$\frac{在用质检仪器实际受检台次数}{在用质检仪器规定受检总台次数} \times 100\%$
考核周期	月 / 季 / 年度	信息来源	质量部
失真提示	➢ 企业未明确在用质检仪器的受检时间及频次，导致考核评价标准模糊，造成考核结果失真 ➢ 部分工作人员为了追求本指标绩效的达成，在检验质检仪器时不认真，仪器偏差未被纠正，仪器故障和隐患也未排除，导致该指标不能有效反映仪器是否完好		

指标 8：质量成本占销售额的比率

考核目的	从财务角度评价企业的质量管理水平		
考核指标	质量成本占销售额的比率	计算公式 / 说明	$\frac{考核期内发生的质量成本总额}{考核期内的销售额} \times 100\%$
考核周期	月 / 季 / 年度	信息来源	质量部
失真提示	考核数据源出现错记、漏记、多记等现象，或因数据统计人员疏忽，导致数据统计结果出现偏差，造成考核结果失真		

9.1.3 工艺部关键绩效考核指标设计

序号	KPI 指标	考核周期	指标定义 / 公式	资料来源
1	新产品工艺工装设计任务准时完成率	季 / 年度	$\frac{实际设计周期}{计划设计周期} \times 100\%$	工艺部
2	工艺试验及时完成率	月 / 季 / 年度	$\frac{及时完成的工艺试验数}{计划完成的工艺试验总数} \times 100\%$	工艺部
3	工艺工装文件差错率	月 / 季 / 年度	$\frac{出错的工艺工装文件份数}{工艺工装文件总份数} \times 100\%$	质量部
4	工艺工装文件出错损失	季 / 年度	因本部门提供的工艺工装文件错误造成的经济损失	质量部
5	标准工时降低率	根据实际情况而定	$\frac{工艺改进前的标准工时-工艺改进后的标准工时}{工艺改进前的标准工时} \times 100\%$	工艺部
6	工艺改进成本降低率	根据实际情况而定	$\frac{工艺改进前的生产成本-工艺改进后的生产成本}{工艺改进前的生产成本} \times 100\%$	生产部 财务部
7	工艺参数正确率	月 / 季 / 年度	$\frac{正确的工艺参数数量}{工艺参数总数量} \times 100\%$	工艺部

9.1.4　质量部关键绩效考核指标设计

序号	KPI 指标	考核周期	指标定义 / 公式	资料来源
1	质检工作及时完成率	月 / 季 / 年度	$\frac{\text{及时完成检验的次数}}{\text{应完成的检验总次数}} \times 100\%$	质量部
2	原辅材料现场使用合格率	月 / 季 / 年度	$(1-\frac{\text{发现的不合格原辅材料数量}}{\text{现场使用的原辅材料总数量}}) \times 100\%$	质量部
3	产品质量合格率	月 / 季 / 年度	$\frac{\text{合格品的数量}}{\text{检验的总数}} \times 100\%$	质量部
4	产品质量原因导致的退货率	月 / 季 / 年度	$\frac{\text{质量原因导致的产品退货数量}}{\text{考核期内出货总数量}} \times 100\%$	质量部
5	质量会签率	月 / 季 / 年度	$\frac{\text{实际会签文件数量}}{\text{应会签文件数量}} \times 100\%$	财务部
6	批次产品质量投诉率	季 / 年度	$\frac{\text{客户投诉次数}}{\text{产品出货总批次}} \times 100\%$	售后服务部
7	客户投诉改善率	季 / 年度	$\frac{\text{客户投诉按时改善的件数}}{\text{客户投诉总件数}} \times 100\%$	售后服务部
8	质量体系认证一次性通过情况	年度	质量体系认证一次性通过	质量部
9	产品免检认证通过率	年度	$\frac{\text{通过免检认证的产品品种}}{\text{产品免检认证申请总次数}} \times 100\%$	质量部

9.2　工艺质量业务关键绩效考核指标的目标值设计与调整

9.2.1　工艺质量业务关键绩效考核指标的目标值设计

序号	关键绩效指标	目标值
1	新产品工艺、工装设计任务完成率	新产品工艺、工装设计任务完成率达到 100%
2	工艺工装文件差错率	工艺工装文件差错率不得超过____%
3	工艺试验及时完成率	工艺试验及时完成率达到____%
4	标准工时降低率	标准工时降低率达到____%
5	工艺参数正确率	工艺参数正确率达到____%
6	模具设计准确率	模具设计准确率不得低于____%
7	质检工作及时完成率	质检工作及时完成率达到____%
8	产品质量原因导致的退货率	产品质量原因导致的退货率低于____%

（续表）

序号	关键绩效指标	目标值
9	产品质量合格率	质量合格率达到____%
10	批次产品质量投诉率	批次产品质量投诉率不高于____%
11	质量事故发生的次数	质量事故发生的次数控制在____次以内
12	在用质检仪器受检率	在用质检仪器受检率达到____%
13	质量成本占销售额的比率	质量成本占销售额的比率不高于____%

9.2.2 工艺质量业务关键绩效考核指标的目标值调整

1. 关于“工艺试验及时完成率”指标目标值的调整

关于“工艺试验及时完成率”的目标值，企业应根据自身的实际情况、工艺技术水平以及工艺试验的大小和难易程度，并参照同行的一般状况和平均水平来设定与调整。

2. 关于“质检工作及时完成率”指标目标值的调整

关于“质检工作及时完成率”的目标值，企业应根据各个节点验收工作难度的大小进行适度调整。若验收工作难度较小，可适当提高要求；若验收工作难度较大，可适当降低要求。

9.3 工艺质量人员考核标准设计

9.3.1 工艺人员考核标准

1. 选取考核指标

工艺人员的考核指标主要有工艺试验及时完成率、工艺工装文件出错损失、标准工时降低率、工艺参数正确率及工艺工装文件差错率等。企业可以根据当前工艺部的状况、企业的需求及不同的岗位要求选择考核指标。

2. 设定考核指标目标值

工艺人员考核指标的目标值应根据企业自身的实际情况、工艺技术水平，以及工艺试验的大小和难易程度，同时参照同行的一般状况和平均水平来设定。

3. 设定考核周期

工艺人员的考核周期主要有月度考核、季度考核及年度考核。企业应根据考核指标的选取来确定考核周期，有些指标的考核周期是月度、季度、年度，如工艺试验及时完成率；有些指标的考核周期是季度和年度，如工艺工装文件出错损失。

4. 设计考核指标权重

工艺人员考核指标的权重通常是根据考核期、工艺业务工作的重要程度来确定的。工作内容越重要，占据的权重就越大。

5. 设计加减分项

加减分项是零权重，该指标在考核周期内不一定发生，但只要发生，就按照事先规定的标准进行加减操作。

工艺人员的加分项是工艺创新，包括业务创新、技术创新及管理创新，具体得分根据创新带来的收益及影响而定；减分项是发生安全事故，具体分值根据造成人员伤亡或者经济损失的情况而定。

9.3.2 质量人员考核标准

1. 选取考核指标

质量人员的考核指标主要有质检工作及时完成率、产品质量合格率、产品质量原因导致的退货率、批次产品质量投诉率等。企业应根据考核目的的不同从中选取考核指标，指标数量需适量，不宜过多或过少，以确保考核的全面性与准确性，提高考核效率，有效控制考核成本。

2. 设定考核周期

质量人员的考核周期主要有月度考核、季度考核及年度考核。企业应根据考核指标的选取来确定考核周期，有些指标的考核周期是月度、季度、年度，如质检工作及时完成率；有些指标的考核周期是季度和年度，如批次产品质量投诉率；有些指标的考核周期是年度，如质量体系认证一次性通过情况。

3. 设计考核指标权重

质量人员考核指标的权重通常根据考核期、质量业务考核涉及的工作的重要程度来确定。工作内容越重要，占据的权重就越大。

4. 划分考核结果等级

质量人员考核结果等级的划分如表 9-1 所示。

表 9-1 质量人员考核结果等级的划分

考核等级	优秀（S）	良好（A）	中等（B）	及格（C）	差（D）
分数	90~100 分	80~89 分	70~79 分	60~69 分	60 分以下

9.4 工艺质量岗位关键绩效考核指标量表

9.4.1 工艺部经理考核指标量表

被考核人姓名		职位	工艺部经理	部门	工艺部
考核人姓名		职位	总经理	部门	
序号	KPI 指标	权重	目标值		考核得分
1	工艺设计任务完成率	15%	考核期内确保工艺设计任务完成率达到____%		
2	工艺改进成本降低率	15%	考核期内确保工艺改进成本降低率≥ 0		
3	标准工时降低率	10%	考核期内确保标准工时降低率≥ 0		
4	工艺改进项数	10%	考核期内工艺改进项数达到____项		
5	工艺试验及时完成率	10%	考核期内确保工艺试验及时完成率达到 100%		
6	工艺试验报告按时完成率	10%	考核期内确保工艺试验报告按时完成率达到 100%		
7	工艺事故发生的次数	10%	考核期内工艺事故发生的次数为 0		
8	新工艺开发费用控制情况	10%	考核期内新工艺开发费用控制在预算范围内		
9	部门培训计划完成率	5%	考核期内确保工艺培训计划完成率达到____%		
10	部门管理费用预算控制情况	5%	考核期内部门管理费用控制在预算范围内		
本次考核总得分					
被考核人		考核人		复核人	
签字： 日期：		签字： 日期：		签字： 日期：	

9.4.2 质量部经理考核指标量表

被考核人姓名		职位	质量部经理	部门	质量部
考核人姓名		职位	总经理	部门	
序号	KPI 指标	权重	目标值		考核得分
1	质检工作及时完成率	10%	考核期内确保质检工作 100% 完成		
2	原辅材料现场使用合格率	10%	考核期内确保投入生产的原辅材料现场使用合格率达到 100%		

（续表）

序号	KPI 指标	权重	目标值	考核得分
3	产品质量合格率	10%	考核期内确保产品质量合格率达到____%	
4	产品质量原因导致的退货率	10%	考核期内产品质量原因导致的退货率低于____%	
5	质量会签率	10%	考核期内质量会签率达到____%	
6	批次产品质量投诉率	10%	考核期内批次产品质量投诉率不得超过____%	
7	客户投诉改善率	10%	考核期内客户投诉改善率不得低于____%	
8	部门管理费用控制情况	5%	考核期内部门管理费用控制在预算范围内	
9	质量认证一次性通过情况	5%	考核期内确保质量认证一次性通过	
10	产品免检认证通过率	5%	考核期内确保产品免检认证通过率达到____%	
11	质量整改项目按时完成率	5%	考核期内确保质量整改项目按时完成率达到 100%	
12	质量培训工作计划达成率	5%	考核期内确保质量培训工作计划达成率达到 100%	
13	质量成本占销售额的比率	5%	考核期内质量成本占销售额的比率不得超过____%	
本次考核总得分				
考核指标说明	（1）“质量成本占销售额的比率”中“质量成本”的计算方法 质量成本 = 内部故障（损失）成本 + 外部故障（损失）成本 内部故障（损失）成本 = 报废损失费 + 返工（返修）损失费 外部故障（损失）成本 = 顾客退货损失费 + 产品责任损失费 + 投诉损失费 （2）质量整改项目按时完成率 $质量整改项目按时完成率 = \frac{按时完成的质量整改项目数}{质量整改项目计划项数} \times 100\%$			
被考核人		考核人		复核人
签字：　日期：		签字：　日期：		签字：　日期：

9.4.3　工艺设计主管考核指标量表

被考核人姓名		职位	工艺设计主管	部门	工艺部
考核人姓名		职位	工艺部经理	部门	工艺部
序号	KPI 指标	权重	目标值		考核得分
1	新产品工艺设计任务完成率	15%	考核期内确保新产品工艺设计任务完成率达到 100%		

（续表）

序号	KPI 指标	权重	目标值			考核得分
2	工艺试验及时完成率	15%	考核期内确保工艺试验及时完成率达到 100%			
3	工艺试验报告按时完成率	5%	考核期内确保工艺试验报告按时完成率达到 100%			
4	工艺工装文件差错率	15%	考核期内的工艺工装文件差错率不得超过____%			
5	工艺工装文件出错损失	10%	考核期内因本部门提供的工艺文件错误造成的经济损失不得超过____万元			
6	标准工时降低率	10%	考核期内确保标准工时降低率≥ 0			
7	工艺改进成本降低率	15%	考核期内确保工艺改进成本降低率≥ 0			
8	新工艺开发费用控制情况	10%	考核期内新工艺开发费用控制在预算范围内			
9	工艺技术问题及时解决率	5%	考核期内工艺技术问题____% 以上都能在规定时间内给予解决			
本次考核总得分						
被考核人		考核人		复核人		
签字： 日期：		签字： 日期：		签字： 日期：		

9.4.4 工装设计主管考核指标量表

被考核人姓名		职位	工装设计主管	部门	工艺部
考核人姓名		职位	工艺部经理	部门	工艺部

序号	KPI 指标	权重	目标值	考核得分
1	工装设计任务按时完成率	20%	考核期内确保工装设计任务按时完成率达到 100%	
2	新模具开发成功率	15%	考核期内新模具开发成功率不得低于____%	
3	模具设计准确率	15%	考核期内模具设计准确率不得低于____%	
4	工装图样、工装文件差错率	10%	考核期内工装图样、工装文件差错率不得超过____%	
5	工装改进贡献率	10%	考核期内工装改进贡献率应达到____%	
6	模具设计周期	10%	模具的平均设计周期不得超过____天	
7	工装夹具结构的规格化比率	10%	考核期内工装夹具结构的规格化比率应高于____%	
8	新工装设计及工装改进费用控制	10%	考核期内新工装设计及工装改进费用控制在预算范围内	

（续表）

<table>
<tr><td colspan="3">本次考核总得分</td><td></td></tr>
<tr><td>考核指标说明</td><td colspan="3">（1）新模具开发成功率 $=\frac{\text{当期成功开发的模具数}}{\text{当期计划开发的模具数}}\times 100\%$
（2）模具设计准确率 $=\frac{\text{设计的模具总数}-\text{设计出错的模具数量}}{\text{设计的模具总数}}\times 100\%$
（3）工装夹具结构的规格化比率 $=\frac{\text{规格化的工装夹具数量}}{\text{产品工装夹具总数量}}\times 100\%$
（4）工装改进贡献率，即工装、模具、夹具经过改进所带来的生产成本降低率或劳动生产效率提高率</td></tr>
<tr><td colspan="2">被考核人</td><td>考核人</td><td>复核人</td></tr>
<tr><td colspan="2">签字：　　　日期：</td><td>签字：　　　日期：</td><td>签字：　　　日期：</td></tr>
</table>

9.4.5 质量控制主管考核指标量表

被考核人姓名		职位	质量控制主管	部门	质量部
考核人姓名		职位	质量部经理	部门	质量部

序号	KPI 指标	权重	目标值	考核得分
1	质量控制计划按时完成率	20%	考核期内确保质量控制计划按时完成率达到 100%	
2	质量控制方案编制及时率	15%	考核期内质量控制方案编制及时率达到 100%	
3	产品质量合格率	15%	考核期内确保产品质量合格率达到____%	
4	质量事故发生的次数	10%	考核期内质量事故发生的次数控制在____次以内	
5	质量事故处理及时率	10%	考核期内确保质量事故处理及时率达到 100%	
6	有效质量投诉发生的次数	10%	考核期内有效质量投诉发生的次数控制在____次以内	
7	质量标准制定及时率	5%	考核期内质量标准制定及时率达到 100%	
8	质量整改项目按时完成率	5%	考核期内确保质量整改项目按时完成率达到 100%	
9	质量控制报表的准确率	5%	考核期内确保质量控制报表的准确率达到____%	
10	质量成本占销售额的比率	5%	考核期内质量成本占销售额的比率不得超过____%	

（续表）

本次考核总得分				
考核指标说明	（1）质量控制计划按时完成率 = $\frac{\text{实际完成的质量控制工作项数}}{\text{计划完成的质量控制工作项数}} \times 100\%$ （2）质量事故处理及时率 = $\frac{\text{处理及时的质量事故起数}}{\text{质量事故总起数}} \times 100\%$ （3）质量控制报表的准确率 = $\frac{\text{质量控制报表无误的份数}}{\text{质量控制报表总份数}} \times 100\%$			
被考核人		考核人		复核人
签字：　日期：		签字：　日期：		签字：　日期：

9.4.6　质量检验专员考核指标量表

被考核人姓名		职位	质量检验专员	部门	质量部
考核人姓名		职位	质量部经理	部门	
序号	KPI 指标	权重	目标值		考核得分
1	质检工作按时完成率	20%	考核期内质检工作按时完成率达到 100%		
2	原辅材料现场使用合格率	15%	考核期内确保投入生产的原辅材料的合格率达到 100%		
3	产品质量原因导致的退货率	15%	考核期内确保产品质量原因导致的退货率低于____%		
4	质检工作效率提高率	10%	考核期内确保质检工作效率提高率达到____%		
5	未及时检验被投诉的次数	10%	考核期内确保未及时检验被投诉的次数不超过____次		
6	质量检验报告提交及时率	10%	考核期内确保质量检验报告提交及时率达到 100%		
7	在用质检仪器受检率	10%	考核期内确保在用质检仪器受检率达到____%		
8	质量检验表格完整率	10%	考核期内质量检验表格完整率达到____%		
本次考核总得分					
考核指标说明	（1）质检工作效率提高率 = $\frac{\text{同类质检工作上期耗时量} - \text{同类质检工作当期耗时量}}{\text{同类质检工作上期耗时量}} \times 100\%$ （2）未及时检验被投诉的次数 = 未及时检验被车间投诉的次数 + 未及时检验被售后服务部投诉的次数				
被考核人		考核人		复核人	
签字：　日期：		签字：　日期：		签字：　日期：	

9.5 工艺质量成本控制方案

9.5.1 工艺成本控制方案

工艺成本控制方案

一、方案目的

为合理、有效地控制工艺成本，减少工艺费用支出，提高企业经济效益，特制定本方案。

二、适用范围

本方案适用于企业工艺成本控制工作。

三、新工艺开发费用控制

1. 专款专用

新工艺开发费用实行专款专用，按新技术开发计划拨付到具体开发项目，严格管理，不得挪作他用。

2. 新工艺开发费用的拨付

新工艺开发费用的拨付按企业资金拨付规定执行，新工艺开发人员要按照规定规范合理地使用拨付的资金。

3. 新工艺开发合同的签订

新工艺开发项目需要与外单位合作或委托外单位进行的，必须签订项目对外委托技术合作研究合同，该合同须经企业领导审批，财务部在对合同审查无误后方能拨款。

4. 费用使用审批

工艺部在明确新工艺开发费用的开支范围和标准后，方可向财务部申请新工艺开发费用。新工艺开发费用的申请与审批必须严格按程序执行，财务部要设立台账归总并核算开发费用。

5. 开发费用报销

新工艺开发费用的报销须经新工艺开发项目相关负责人审核，相关负责人在报销票据上签字后方可到财务部核销。

6. 核对费用使用

工艺部应及时将已发生的新工艺开发费用填入月报，财务部每两个月核对一次费用支出明细。

7. 固定资产管理

因新工艺开发工作需要，工艺部购置的超过____元的设备、仪器，均应列入企业的固定资产，并经资产管理部门签收后方可到财务部核销。

8. 费用使用审查

（1）企业将适时审查新工艺开发费用的使用情况，如发现费用使用不当，将追究相关人员的责任，或视具体情况暂停拨付或取消已计划安排的款项。

（2）如发现违法乱纪行为，企业将追究当事人的法律责任。

四、工装模具费用控制

1. 有选择地进行招标采购

工艺部应在保证工装模具质量的前提下，降低采购价格。

（1）与工装模具供应商建立长期、稳定的合作关系，不断提高模具的质量。

（2）实行货比三家的招标采购方式，以便控制工装模具的采购价格，从而进一步降低采购成本。

（3）对供应商的资质、质量、价格、服务、交货期、信用情况等进行综合评定，确定合适的模具供应商。

2. 建立健全工装模具的科学管理制度

（1）建立健全工装模具过程管理制度。工装模具的验收、试模、入库、保管、发放、使用、修理、报废、补充是工装模具管理的全过程，本企业实行分厂、车间两级管理，每一级及每一环节都由专人负责。

（2）建立工装模具档案，修订并完善工装模具验收与试模管理办法，全面记录每一套工装模具的原始数据，以此为依据评价工装模具的状况，以不断提高工装模具的水平。

（3）根据生产需求，合理存放工装模具，在保证生产的前提下，尽可能地减少采购数量。

（4）对工装模具实行分类存放和库存动态管理，综合考虑其使用状况和供应周期。

（5）建立健全工装模具报废补充制度，明确工装模具的报废标准。工装模具的报废补充应坚持动态管理、少量多次、合理库存的原则。

3. 优化工装模具使用条件，延长其使用寿命

（1）严格按照工艺要求，合理使用工装模具。

（2）严格规定模具加热条件，根据模具类型、尺寸合理地确定加热温度和时间。

（3）减少模具的冷热刺激，避免将冷水直接浇到模具上。

4. 加强工装模具的维修管理

（1）建立工装模具使用随行卡制度，详细记录上机情况，为修模提供可靠依据。

（2）对修模工进行技术培训，提高其修模水平。

（3）对工装模具维修中存在的共性问题，要及时总结规律，展开重点攻关。

9.5.2　质量成本控制方案

质量成本控制方案

一、方案目的

为控制质量成本，减少不必要的浪费，提高企业的经济效益，特制定本方案。

二、适用范围

本方案适用于企业质量成本控制工作。

三、质量成本的构成

质量成本是指企业为保证和提高产品质量而支出的一切费用，以及因未达到产品质量标准，不能满足用户和消费者需求而产生的一切损失。质量成本一般包括预防成本、鉴定成本、内部故障成本及外部故障成本。

四、质量成本控制方案的实施

1. 开展质量成本管理的宣传、教育和普及工作

开展质量成本管理的宣传、教育和普及工作，对从事质量成本管理的人员进行专门的培训。培训的内容包括以下三方面：

（1）质量成本项目的构成；

（2）质量成本数据的收集及其注意事项；

（3）质量成本的统计、核算、分析和控制方法。

2. 建立质量成本管理的评审制度和标准

制定开展质量成本管理的程序，规定质量成本原始记录表格的内容与格式，建立质量成本管理的评审制度和标准。

3. 收集质量成本数据

（1）质量部于每年____月编制“年度质量成本计划”。

（2）每月____日，各部门按照“质量成本核算流程图”规定的职责范围填报“质量成本部门统计表”，并上报质量部。

（3）每月____日，质量部会同财务部填报“质量月报表”。

（4）各部门按照“质量成本费用汇总归集表”中的责任范围填报质量成本各科目，每月____日报企业财务部。

（5）每月____日，质量部编制上月“质量成本月报表”及附表。

（6）质量成本计划应与企业业务计划相协调，并成为业务计划的一部分。

4. 核算、分析质量成本

（1）每月____日，质量部对各部门的质量成本数据进行统计、核算，填写二级科目统计明细表，编制“质量成本月报表”。

（2）质量部与财务部共同对质量成本进行分析，编制“质量成本分析报告”，经财务部经理和质量部经理签字后上报总经理审批。

“质量成本分析报告”的内容主要包括质量成本二级科目饼图和趋势图，每个月内外部故障成本的趋势，成本发生的主要原因和发生时间，影响产品质量的主要缺陷及质量管理体系的薄弱环节等内容。

5. 质量成本改进

（1）质量部根据“质量成本分析报告”，按照纠正和预防措施控制程序，要求相关责任部门采取措施予以改进。

（2）质量部对纠正和预防措施进行跟踪，确保其有效性。

（3）明确质量成本改进目标。质量成本改进目标主要包括预防成本占质量成本总额的____%~____%、鉴定成本占质量成本总额的____%~____%、内部故障成本占质量成本总额的____%~____%、外部故障成本占质量成本总额的____%~____%、质量成本总额一般不超过销售总额的____%。

9.6 工艺质量部门绩效考核实施细则

9.6.1 工艺部绩效考核实施细则

细则名称	工艺部绩效考核实施细则	编号	
		版本	

第1章 总则

第1条 为促进工艺部绩效考核的有效实施，提高工艺部绩效考核实施的效率和规范性，特制定本细则。

第2条 本细则适用于企业工艺部绩效考核工作。

第3条 企业对工艺部的绩效考核本着公开、公平、公正的原则。

第2章 考核周期与考核内容

第4条 工艺部绩效考核周期分为月度考核、季度考核和年度考核。月度考核于次月____日前进行，季度考核于每季度结束后的____日内进行，年度考核于次年的1月____日前进行。

第5条 工艺部绩效考核的内容主要为大客户销售业绩考核，包括销售计划的完成情况、销售额及销售额的增长情况等。

第3章 绩效考核实施

第6条 企业根据工艺部的考核内容制定量化指标，并结合工艺部工作的实际情况及企业内外部环境等因素，确定各个指标的权重。

第7条 工艺部绩效考核采用百分制，具体的绩效考核指标、权重及考核标准如下所示。

（续）

工艺部的绩效考核指标、权重及考核标准

序号	考核指标	权重	考核标准
1	新产品工艺设计任务准时完成率	30%	（1）新产品工艺设计任务准时完成率≥ 100%，得30分 （2）新产品工艺设计任务准时完成率＜ 100%，每降低____%，扣____分 （3）新产品工艺设计任务准时完成率低于____%，该项得分为0
2	工艺试验及时完成率	10%	（1）工艺试验及时完成率≥____%，得10分 （2）工艺试验及时完成率＜____%，每降低____%，扣____分 （3）工艺试验及时完成率低于____%，该项得分为0
3	工艺工装文件差错率	10%	（1）工艺工装文件差错率≤____%，得10分 （2）工艺工装文件差错率不高于____%，每增加____%，扣____分 （3）工艺工装文件差错率高于____%，该项得分为0
4	标准工时降低率	20%	（1）标准工时降低率≥____%，得20分 （2）标准工时降低率＜____%，每降低____%，扣____分 （3）标准工时降低率低于____%，该项得分为0
5	工艺改进成本降低率	15%	（1）工艺改进成本降低率≥____%，得15分 （2）工艺改进成本降低率＜____%，每降低____%，扣____分 （3）工艺改进成本降低率低于____%，该项得分为0
6	工艺参数正确率	15%	（1）工艺参数正确率≥____%，得15分 （2）工艺参数正确率＜____%，每降低____%，扣____分 （3）工艺参数正确率低于____%，该项得分为0

第8条　人力资源部根据上述的考核标准计算得分。

第9条　人力资源部按照最终考核得分将工艺部的考核结果分为五个等级，各等级对应的分数如下。

工艺部考核结果等级划分表

考核等级	优秀（S）	良好（A）	中等（B）	及格（C）	差（D）
分数	90~100分	80~89分	70~79分	60~69分	60分以下

第4章　绩效考核申诉与考核结果运用

第10条　工艺部若对考核结果有异议，可在考核结果公布后七个工作日内向人力资源部提出申诉；超过申诉期的，视为认同人力资源部的考核结果。

第11条　人力资源部会将考核结果运用到工艺部的部门奖、员工季度奖、年终奖的发放，以及员工晋升、调职等事项上。

第5章　附则

第12条　本细则由人力资源部制定，解释权归人力资源部所有。

第13条　本细则自颁布之日起执行。

编制日期		审核日期		批准日期	
修改标记		修改处数		修改日期	

9.6.2 质量部绩效考核实施细则

细则名称	质量部绩效考核实施细则	编号	
		版本	

第1章 总则

第1条 为规范企业质量部绩效考核管理工作，改善并提高质量部员工的工作绩效，建立符合企业发展战略的人才队伍，特制定本细则

第2条 本细则适用于企业质量部员工的绩效考核管理工作。

第3条 企业对质量部的考核本着公开、公平、公正的原则。

第2章 考核周期与考核内容

第4条 质量部绩效考核周期分为月度考核、季度考核和年度考核。月度考核的时间为次月____日前进行，季度考核于每季度结束后的____日内进行，年度考核于次年的1月____日前进行。

第5条 质量部绩效考核的内容包括员工的工作能力、工作态度及工作业绩三部分，具体如下所示。

质量部绩效考核的内容

考核内容	权重	具体说明	备注
工作能力	25%	包括专业知识、专业技能、计划能力、判断决策能力及发展潜力等	
工作态度	10%	包括考勤、责任感、工作主动性及工作协调性等	
工作业绩	65%	包括来料质量检验合格率、质量控制、质量检查、产品质量问题处理及质量改进等	

第3章 绩效考核实施

第6条 人力资源部根据工作计划发布考核通知，说明考核目的、考核对象、考核内容及考核进度安排。

第7条 人力资源部根据质量部考核内容制定绩效考核指标，结合质量部的实际情况及企业内外部环境等因素，确定各个指标的权重。

第8条 质量部绩效考核采用百分制，具体的绩效考核指标、权重及考核标准如下所示。

质量部的绩效考核指标、权重及考核标准

考核内容	考核指标	权重	考核标准
工作能力（25%）	专业知识与技能	15%	（1）能够熟练运用所掌握的知识与技能，得15分 （2）基本能够运用所掌握的知识与技能，得____分 （3）难以运用所掌握的知识与技能，该项得分为0
	质量管理计划通过率	10%	（1）质量管理计划通过率≥____%，得10分 （2）质量管理计划通过率必须达到____%，每降低____%，扣____分 （3）质量管理计划通过率低于____%，该项得分为0
工作态度（10%）	违反工作纪律的次数	5%	（1）违反工作纪律的次数为0，得5分 （2）每违反一次工作纪律扣____分 （3）违反工作纪律的次数高于____次，该项得分为0
	迟到、早退的次数	5%	（1）迟到、早退的次数为0，得5分 （2）每迟到、早退____次，扣____分 （3）迟到、早退超过____次，该项得分为0

（续）

（续表）

考核内容	考核指标	权重	考核标准
工作业绩（65%）	质检工作及时完成率	20%	（1）质检工作及时完成率达到100%，得20分 （2）质检工作及时完成率每降低____%，扣____分 （3）质检工作及时完成率低于____%，该项得分为0
	原辅材料现场使用合格率	15%	（1）原辅材料现场使用合格率≥____%，得15分 （2）原辅材料现场使用合格率必须达到____%，每降低____%，扣____分 （3）原辅材料现场使用合格率低于____%，该项得分为0
	批次产品质量投诉率	10%	（1）批次产品质量投诉率为0，得10分 （2）批次产品质量投诉率每增加____%，扣____分 （3）批次产品质量投诉率高于____%，该项得分为0
	产品质量合格率	10%	（1）产品质量合格率达到100%，得10分 （2）产品质量合格率每降低____%，扣____分 （3）产品质量合格率低于____%，该项得分为0
	产品免检认证通过率	10%	（1）产品免检认证通过率≥____%，得10分 （2）产品免检认证通过率必须达到____%，每降低____%，扣____分 （3）产品免检认证通过率低于____%，该项得分为0

第9条　人力资源部根据企业的相关规定组织相关人员对质量部进行考核，并确定最终考核结果。

第10条　人力资源部按照最终考核得分将质量部的考核结果分为五个等级，各等级对应的分数如下。

质量部考核结果等级划分

考核等级	优秀（S）	良好（A）	中等（B）	及格（C）	差（D）
分数	90~100分	80~89分	70~79分	60~69分	60分以下

第11条　考核人员根据考核结果，与被考核人员进行绩效面谈。面谈内容包括但不限于员工绩效考核结果、员工工作情况概述、员工工作中存在的问题、工作指导意见等。

第4章　绩效考核申诉与考核结果运用

第12条　质量部员工若对考核结果有异议，可在考核结果公布后七个工作日内向人力资源部提出申诉；超过申诉期的，视为认同人力资源部的考核结果。

第13条　人力资源部会将考核结果运用到质量部的部门奖、员工季度奖、年终奖的发放，以及员工晋升、调职等事项上。

第5章　附则

第14条　本细则由人力资源部制定，解释权归人力资源部所有。

第15条　本细则自颁布之日起执行。

编制日期		审核日期		批准日期	
修改标记		修改处数		修改日期	

第 10 章

设备管理人员绩效考核

10.1 设备管理人员与部门考核指标设计

10.1.1 设备管理人员三大量化考核指标

指标 1：主设备完好率

考核目的	了解、评估主设备的技术状况，提高设备管理水平，督促设备管理人员做好主设备的日常维护与保养工作，延长主设备的使用寿命，确保产品质量		
考核指标	主设备完好率	计算公式 / 说明	$\frac{\text{主设备完好的台数}}{\text{主设备总台数}} \times 100\%$
考核周期	季 / 年度	信息来源	设备维修记录
失真提示	(1) 主设备完好的评价标准不科学或模糊不清或不符合企业实际和设备特点，造成考核结果失真 (2) 企业未能明确应纳入本考核指标的对象，将一些不应纳入当期考核的设备作为考核对象，导致考核数据统计出现偏差，造成考核结果失真		

指标 2：万元产值维修费用率

考核目的	衡量企业维修费用是否合理，推算设备是否还有使用价值，评估维修费用的控制状况		
考核指标	万元产值维修费用率	计算公式 / 说明	$\frac{\text{维修费用总额}}{\text{总产值（以万元计）}} \times 100\%$
考核周期	年度	信息来源	财务部
失真提示	(1) 企业盲目追求降低费用，认为维修费用率越低越好，导致指标目标值设定不合理，评价标准不科学、不客观 (2) 维修费用的核算范围界定不清，出现费用错记、漏记、多记等现象，导致考核数据出现偏差，造成考核结果失真		

指标 3：设备负荷率

考核目的	衡量设备的利用程度，以充分发挥设备的效能，同时确保均衡生产，降低生产经营成本，提高企业经济效益		
考核指标	设备负荷率	计算公式 / 说明	$\frac{\text{设备实际产量}}{\text{设备标准生产能力（产量）}} \times 100\%$

（续表）

考核周期	月 / 季 / 年度	信息来源	设备部
失真提示	考核数据源记录存在错记、漏记、多记等现象，导致统计分析结果出现偏差，造成考核结果失真		

10.1.2 设备动力部关键绩效考核指标设计

序号	KPI 指标	考核周期	指标定义 / 公式	资料来源
1	主设备完好率	季 / 年度	$\frac{\text{主设备完好的台数}}{\text{主设备总台数}} \times 100\%$	设备动力部
2	万元产值维修费用率	年度	$\frac{\text{维修费用总额}}{\text{总产值（以万元计）}} \times 100\%$	财务部
3	动力设备系统故障停机率	季 / 年度	$\frac{\text{动力设备系统故障停机台时}}{\text{实际开动台时} + \text{停机台时}} \times 100\%$	设备动力部
4	动力设备检修作业计划完成率	季 / 年度	$\frac{\text{动力设备检修作业完成量}}{\text{检修作业计划量}} \times 100\%$	设备动力部
5	动力系统维护及时率	季 / 年度	$\frac{\text{动力系统维护及时的次数}}{\text{动力系统应维护的总次数}} \times 100\%$	设备动力部
6	设备保养计划按时完成率	季 / 年度	$\frac{\text{规定时间内完成的保养数}}{\text{设备保养计划完成数}} \times 100\%$	设备动力部
7	设备购置计划编制及时率	季 / 年度	$\frac{\text{设备购置计划编制及时的次数}}{\text{设备购置计划编制的总次数}} \times 100\%$	设备动力部
8	设备档案归档率	季 / 年度	$\frac{\text{设备档案归档数}}{\text{设备档案总数}} \times 100\%$	设备动力部
9	设备负荷率	月 / 季 / 年度	$\frac{\text{设备实际产量}}{\text{设备标准生产能力（产量）}} \times 100\%$	设备动力部

10.1.3 设备能源部关键绩效考核指标设计

序号	KPI 指标	考核周期	指标定义 / 公式	资料来源
1	设备故障停机率	季 / 年度	$\frac{\text{设备故障停机台时}}{\text{实际开动台时} + \text{停机台时}} \times 100\%$	设备能源部
2	万元产值维修费用率	年度	$\frac{\text{维修费用总额}}{\text{总产值（以万元计）}} \times 100\%$	财务部
3	设备检修作业计划完成率	季 / 年度	$\frac{\text{设备检修作业完成量}}{\text{设备检修作业计划量}} \times 100\%$	设备能源部
4	能源供应计划按时完成率	季 / 年度	$\frac{\text{能源供应按时完成量}}{\text{能源供应计划完成量}} \times 100\%$	设备能源部

（续表）

序号	KPI 指标	考核周期	指标定义 / 公式	资料来源
5	能源消耗定额标准编制准确率	季 / 年度	$\frac{\text{标准编制准确的次数}}{\text{标准编制的总次数}}\times 100\%$	设备能源部
6	设备保养计划按时完成率	季 / 年度	$\frac{\text{规定时间内完成保养数}}{\text{设备保养计划完成数}}\times 100\%$	设备能源部
7	设备购置计划编制及时率	季 / 年度	$\frac{\text{设备购置计划编制及时的次数}}{\text{设备购置计划编制的总次数}}\times 100\%$	设备能源部
8	设备档案归档率	季 / 年度	$\frac{\text{设备档案归档数}}{\text{设备档案总数}}\times 100\%$	设备能源部

10.1.4　设备采购部关键绩效考核指标设计

序号	KPI 指标	考核周期	指标定义 / 公式	资料来源
1	采购计划完成率	季 / 年度	$\frac{\text{采购计划完成量}}{\text{采购计划任务量}}\times 100\%$	设备采购部
2	采购资金节约率	季 / 年度	$\frac{\text{采购资金节约金额}}{\text{采购预算总额}}\times 100\%$	财务部
3	大宗设备采购成本节约率	季 / 年度	$\frac{\text{采购大宗设备节约金额}}{\text{大宗设备采购总额}}\times 100\%$	财务部
4	采购招标计划完成率	季 / 年度	$\frac{\text{规定时间内完成的设备采购招标数}}{\text{设备采购计划招标数}}\times 100\%$	设备采购部
5	设备质量检验合格率	季 / 年度	$\frac{\text{设备检验合格的数量}}{\text{设备检验总数量}}\times 100\%$	设备采购部
6	设备采购及时率	季 / 年度	$\frac{\text{规定时限内完成的设备采购数}}{\text{设备采购总数}}\times 100\%$	设备采购部
7	供应商评价合格率	季 / 年度	$\frac{\text{供应商评价合格数}}{\text{供应商评价总数}}\times 100\%$	设备采购部
8	供应商履约率	季 / 年度	$\frac{\text{履约的合同数}}{\text{订立的合同总数}}\times 100\%$	设备采购部
9	供应商档案归档率	季 / 年度	$\frac{\text{供应商档案归档数}}{\text{供应商档案总数}}\times 100\%$	设备采购部

10.1.5　设备维修部关键绩效考核指标设计

序号	KPI 指标	考核周期	指标定义 / 公式	资料来源
1	设备大修理计划完成率	季 / 年度	$\frac{\text{完成大修理的设备台数}}{\text{计划大修理的设备台数}}\times 100\%$	设备维修部

（续表）

序号	KPI 指标	考核周期	指标定义 / 公式	资料来源
2	万元产值维修费用率	年度	$\frac{\text{维修费用总额}}{\text{总产值（以万元计）}}\times 100\%$	财务部
3	设备检修计划完成率	季 / 年度	$\frac{\text{设备检修作业完成量}}{\text{检修作业计划量}}\times 100\%$	设备维修部
4	设备保养计划按时完成率	季 / 年度	$\frac{\text{规定时间内完成保养的设备数}}{\text{设备保养计划完成数}}\times 100\%$	设备维修部
5	设备购置计划编制及时率	季 / 年度	$\frac{\text{设备购置计划编制及时的次数}}{\text{设备购置计划编制的总次数}}\times 100\%$	设备维修部
6	设备故障停机率	季 / 年度	$\frac{\text{设备故障停机台时}}{\text{实际开动台时}+\text{停机台时}}\times 100\%$	设备维修部
7	设备大修理返修率	季 / 年度	$\frac{\text{考核期内实际发生的返修工时}}{\text{同期发生的全部大修工时}}\times 100\%$	设备维修部
8	设备故障修复率	季 / 年度	$\frac{\text{设备故障修复台数}}{\text{设备故障总台数}}\times 100\%$	设备维修部
9	设备档案归档率	季 / 年度	$\frac{\text{设备档案归档数}}{\text{设备档案总数}}\times 100\%$	设备维修部

10.2 设备管理业务关键绩效考核指标的目标值设计与调整

10.2.1 设备管理业务关键绩效考核指标的目标值设计

序号	KPI 指标	目标值
1	设备负荷率	设备负荷率达到____%
2	主设备完好率	主设备完好率达到____%
3	设备故障停机率	设备故障停机率不高于____%
4	设备保养计划按时完成率	设备保养计划按时完成率达到____%
5	设备大修理计划完成率	设备大修理计划完成率达到____%
6	万元产值维修费用率	万元产值维修费用率控制在____%~____%

10.2.2 设备管理业务关键绩效考核指标的目标值调整

对设备管理业务进行绩效考核是一个繁杂、系统的工程，因为影响设备运作的因素较多，且各个因素之间关联度较强。在实践中，企业要特别注意以下两个因素对目标值的影响。

1. 设备已使用年限

设备已使用年限是影响设备运作的一个重要因素，也是设备管理业务绩效考核目标值设定的重要参考因素。例如，设备负荷率，其在实际工作中越接近100%，表明设备利用程度越高。但是，企业在确定设备负荷率目标值时，一旦设备的使用年限超过某一限定值，设备的技术运行状况及均衡作业情况都会发生变化，此时就要适当地将目标值调低。还有设备故障停机率，这一指标随着设备使用年限的增加，也要适当上调。

2. 企业生产经营计划的变动

在实际经营中，企业在内外环境的作用下，生产经营计划出现变动是很常见的一种现象。一旦生产经营计划出现变动，有些设备绩效考核指标的目标值就要及时做出调整。例如，企业因经济不景气而下调生产任务，这时设备大修理计划完成率的考核目标值也就没必要维持在原来的高位上，可以适当调低。

10.3　设备管理人员考核标准设计

10.3.1　设备采购人员考核标准

设备采购人员的考核标准设计要注意以下几个方面。

1. 从考核指标的角度看

对设备采购人员进行绩效考核，关键是要把握提高采购质量与降低采购成本之间的矛盾，力争用最低的成本来实现企业的采购目标。

采购人员的考核指标基本是围绕着采购目标或采购成本而设定的。例如，采购目标的评价指标包括采购计划完成率、设备质量检验合格率、设备采购及时率等；采购成本的评价指标包括采购资金节约率、大宗设备成本节约率等。

2. 从考核目标值的角度看

设备采购人员的考核目标值要根据设备采购业务的实际情况而定，同时参考企业采购业务过去的经验和业内的普遍情况。

3. 从考核变化的角度看

设备采购人员的考核变化通常是由企业经营管理方针发生变化反致。例如，一段时间内企业管理特别注意采购成本的节约与控制，这时一些控制类指标的目标值就得调整。

10.3.2　设备维修人员考核标准

设备维修人员的考核标准设计要注意以下几个方面。

1. 从考核指标的角度看

设备维修人员绩效考核的关键是在维修费用和维修保养的成果之间进行权衡，争取用最低的保养、维修费用达到让设备持续工作的目的。

对设备维修人员进行考核，主要是衡量设备的维修费用控制情况和设备保养、维修的完成情况，由此来设置具体的考核指标，如设备检修计划完成率、设备保养计划按时完成率及设备故障停机率等。

2. 从考核目标值的角度看

设备维修人员的考核目标值要根据企业设备维修业务过去的经验而定，同时参照业内的普遍情况。

3. 从考核变化的角度看

设备维修人员的考核变化通常是由企业经营管理方针发生变化所致，例如，企业在一段时间内要高产出，为了使设备维持在一个较高的运转水平，就要加大对设备的维修与保养，这种情况下，设备的维修与保养类指标就要上调，而费用控制类指标可适当放宽。

10.4 设备管理岗位关键绩效考核指标量表

10.4.1 设备动力部经理考核指标量表

被考核人姓名			职位	设备动力部经理	部门	设备动力部
考核人姓名			职位	总经理	部门	
序号	KPI 指标	权重	目标值			考核得分
1	部门工作计划完成率	20%	考核期内部门工作计划完成率达到 100%			
2	部门管理费用	15%	考核期内部门管理费用控制在预算范围内			
3	万元产值维修费用率	15%	考核期内部门万元产值维修费用率在____%以下			
4	动力设备系统故障停机率	10%	考核期内动力设备系统故障停机率在____%以下			
5	动力设备检修作业计划完成率	10%	考核期内动力设备检修作业计划完成率达到____%			
6	动力系统维护及时率	10%	考核期内动力系统维护及时率达到____%			
7	设备保养计划按时完成率	5%	考核期内设备保养计划按时完成率达到____%			
8	设备购置计划编制及时率	5%	考核期内设备购置计划编制及时率达到100%			

（续表）

序号	KPI 指标	权重	目标值	考核得分
9	设备完好率	5%	考核期内设备完好率在____%以上	
10	部门员工绩效考核平均分	5%	考核期内部门员工绩效考核平均分在____分以上	
本次考核总得分				

被考核人		考核人		复核人	
签字：	日期：	签字：	日期：	签字：	日期：

10.4.2 设备能源部经理考核指标量表

被考核人姓名		职位	设备能源部经理	部门	设备能源部
考核人姓名		职位	总经理	部门	

序号	KPI 指标	权重	目标值	考核得分
1	部门工作计划完成率	20%	考核期内部门工作计划完成率达到100%	
2	部门管理费用	15%	考核期内部门管理费用控制在预算范围内	
3	设备故障停机率	15%	考核期内设备故障停机率在____%以下	
4	万元产值维修费用率	10%	考核期内万元产值维修费用率控制在____%以下	
5	设备检修作业计划完成率	10%	考核期内设备检修作业计划完成率达到____%	
6	能源供应计划按时完成率	10%	考核期内能源供应计划按时完成率达到____%	
7	能源消耗定额标准编制准确率	5%	考核期内能源消耗定额标准编制准确率达到____%	
8	设备保养计划按时完成率	5%	考核期内设备保养计划按时完成率达到____%	
9	设备购置计划编制及时率	5%	考核期内设备购置计划编制及时率达到100%	
10	部门员工绩效考核平均分	5%	考核期内部门员工绩效考核平均分在____分以上	
本次考核总得分				

被考核人		考核人		复核人	
签字：	日期：	签字：	日期：	签字：	日期：

10.4.3 设备采购部经理考核指标量表

被考核人姓名		职位	设备采购部经理	部门	设备采购部
考核人姓名		职位	总经理	部门	
序号	KPI 指标	权重	目标值		考核得分
1	采购计划完成率	20%	考核期内采购计划完成率达到 100%		
2	采购资金节约率	15%	考核期内采购资金节约率达到____%		
3	部门管理费用	10%	考核期内部门管理费用控制在预算范围内		
4	大宗设备采购成本节约率	10%	考核期内大宗设备采购成本节约率达到____%		
5	采购招标计划完成率	10%	考核期内采购招标计划完成率达到____%		
6	设备质量检验合格率	10%	考核期内设备质量检验合格率达到 100%		
7	设备采购及时率	10%	考核期内设备采购及时率达到____%		
8	供应商评价合格率	5%	考核期内供应商评价合格率达到 100%		
9	供应商履约率	5%	考核期内供应商履约率达到 100%		
10	部门员工绩效考核平均分	5%	考核期内部门员工绩效考核平均分在____分以上		
本次考核总得分					
被考核人		考核人		复核人	
签字： 日期：		签字： 日期：		签字： 日期：	

10.4.4 设备维修部经理考核指标量表

被考核人姓名		职位	设备维修部经理	部门	设备维修部
考核人姓名		职位	总经理	部门	
序号	KPI 指标	权重	目标值		考核得分
1	部门工作计划完成率	20%	考核期内部门工作计划完成率达到 100%		
2	部门管理费用	15%	考核期内部门管理费用控制在预算范围内		
3	单位产量维修费用	10%	考核期内单位产量维修费用控制在____元以下		
4	外委维修费用	10%	年度外委维修费用控制在____元以内		
5	设备检修计划完成率	10%	考核期内设备检修计划完成率达到____%		
6	设备保养计划按时完成率	10%	考核期内设备保养计划按时完成率达到____%		
7	设备购置计划编制及时率	10%	考核期内设备购置计划编制及时率达到 100%		
8	设备故障停机率	5%	考核期内设备故障停机率控制在____% 以下		
9	设备故障修复率	5%	考核期内设备故障修复率在____% 以上		

（续表）

序号	KPI 指标	权重	目标值	考核得分
10	部门员工绩效考核平均分	5%	考核期内部门员工绩效考核平均分在____分以上	
本次考核总得分				
考核指标说明	（1）单位产量维修费用 = $\frac{\text{总维修费用}}{\text{总产量}}$ ×100% （总维修费用 = 故障维修费用 + 主动预防维修费用） （2）外委维修费用是指将已过保修期的设备委托第三方专业维修机构进行修理所发生的费用			
被考核人		考核人		复核人
签字： 日期：		签字： 日期：		签字： 日期：

10.4.5 设备采购主管考核指标量表

被考核人姓名		职位	设备采购主管	部门	设备采购部
考核人姓名		职位	设备采购部经理	部门	设备采购部

序号	KPI 指标	权重	目标值	考核得分
1	采购计划完成率	20%	考核期内采购计划完成率达到 100%	
2	采购资金节约率	15%	考核期内采购资金节约率达到____%	
3	大宗设备采购成本节约率	15%	考核期内大宗设备采购成本节约率达到____%	
4	设备质量检验合格率	10%	考核期内设备质量检验合格率达到 100%	
5	设备采购及时率	10%	考核期内设备采购及时率达到____%	
6	采购招标项目完成率	10%	考核期内采购招标项目完成率达到____%	
7	供应商评价合格率	5%	考核期内供应商评价合格率达到 100%	
8	供应商履约率	5%	考核期内供应商履约率达到 100%	
9	采购调研报告提交及时率	5%	考核期内采购调研报告提交及时率达到 100%	
10	供应商档案归档率	5%	考核期内供应商档案归档率达到 100%	
本次考核总得分				
考核指标说明	（1）采购招标项目完成率 = $\frac{\text{完成的采购招标项目数}}{\text{采购招标项目总数}}$ ×100% （2）采购调研报告提交及时率 = $\frac{\text{采购调研报告提交及时数}}{\text{采购调研报告应提交总数}}$ ×100%			
被考核人		考核人		复核人
签字： 日期：		签字： 日期：		签字： 日期：

10.4.6 设备维修主管考核指标量表

<table>
<tr><td>被考核人姓名</td><td colspan="2"></td><td>职位</td><td>设备维修主管</td><td>部门</td><td>设备维修部</td></tr>
<tr><td>考核人姓名</td><td colspan="2"></td><td>职位</td><td>设备维修部经理</td><td>部门</td><td>设备维修部</td></tr>
<tr><td>序号</td><td>KPI 指标</td><td>权重</td><td colspan="3">目标值</td><td>考核得分</td></tr>
<tr><td>1</td><td>设备大修理计划完成率</td><td>20%</td><td colspan="3">考核期内设备大修理计划完成率在____%以上</td><td></td></tr>
<tr><td>2</td><td>设备维修及时率</td><td>20%</td><td colspan="3">考核期内设备维修及时率在____%以上</td><td></td></tr>
<tr><td>3</td><td>设备保养计划按时完成率</td><td>15%</td><td colspan="3">考核期内设备保养计划按时完成率达到____%</td><td></td></tr>
<tr><td>4</td><td>设备故障停机率</td><td>10%</td><td colspan="3">考核期内设备故障停机率控制在____%以下</td><td></td></tr>
<tr><td>5</td><td>设备故障修复率</td><td>10%</td><td colspan="3">考核期内设备故障修复率在____%以上</td><td></td></tr>
<tr><td>6</td><td>设备周期检定率</td><td>5%</td><td colspan="3">考核期内设备周期检定率达到____%</td><td></td></tr>
<tr><td>7</td><td>设备维修培训计划完成率</td><td>5%</td><td colspan="3">考核期内设备维修培训计划完成率达到100%</td><td></td></tr>
<tr><td>8</td><td>设备维修质量问题发生的次数</td><td>5%</td><td colspan="3">考核期内设备维修质量问题发生的次数控制在____次以下</td><td></td></tr>
<tr><td>9</td><td>设备大修理返修率</td><td>5%</td><td colspan="3">考核期内设备大修理返修率控制在____%以下</td><td></td></tr>
<tr><td>10</td><td>设备档案归档率</td><td>5%</td><td colspan="3">考核期内设备档案归档率达到____%</td><td></td></tr>
<tr><td colspan="6">本次考核总得分</td><td></td></tr>
<tr><td>考核指标说明</td><td colspan="6">（1）设备周期检定率 = $\frac{\text{设备实际周检台数}}{\text{设备应周检总台数}} \times 100\%$
（2）设备维修培训计划完成率 = $\frac{\text{设备维修培训完成的次数}}{\text{设备维修培训计划的次数}} \times 100\%$</td></tr>
<tr><td colspan="2">被考核人</td><td colspan="3">考核人</td><td colspan="2">复核人</td></tr>
<tr><td colspan="2">签字：　　日期：</td><td colspan="3">签字：　　日期：</td><td colspan="2">签字：　　日期：</td></tr>
</table>

10.4.7 设备采购专员考核指标量表

<table>
<tr><td>被考核人姓名</td><td colspan="2"></td><td>职位</td><td>设备采购专员</td><td>部门</td><td>设备采购部</td></tr>
<tr><td>考核人姓名</td><td colspan="2"></td><td>职位</td><td>设备采购部经理</td><td>部门</td><td>设备采购部</td></tr>
<tr><td>序号</td><td>KPI 指标</td><td>权重</td><td colspan="3">目标值</td><td>考核得分</td></tr>
<tr><td>1</td><td>设备采购任务完成率</td><td>20%</td><td colspan="3">考核期内设备采购任务完成率达到____%</td><td></td></tr>
<tr><td>2</td><td>采购资金节约率</td><td>15%</td><td colspan="3">考核期内采购资金节约率达到____%</td><td></td></tr>
<tr><td>3</td><td>大宗设备采购成本节约率</td><td>15%</td><td colspan="3">考核期内大宗设备采购成本节约率达到____%</td><td></td></tr>
</table>

（续表）

序号	KPI 指标	权重	目标值	考核得分
4	设备采购及时率	15%	考核期内设备采购及时率达到____%	
5	设备质量检验合格率	10%	考核期内设备质量检验合格率达到____%	
6	采购调查任务按时完成率	10%	考核期内采购调查任务按时完成率达到____%	
7	供应商评价合格率	5%	考核期内供应商评价合格率达到 100%	
8	供应商档案归档率	5%	考核期内供应商档案归档率达到 100%	
9	供应商信息提供及时率	5%	考核期内供应商信息提供及时率达到____%	
本次考核总得分				
考核指标说明	（1）设备采购任务完成率 $=\frac{\text{设备采购任务完成量}}{\text{设备采购任务分配量}}\times 100\%$ （2）采购调查任务按时完成率 $=\frac{\text{采购调查任务按时完成量}}{\text{采购调查任务分配量}}\times 100\%$ （3）供应商信息提供及时率 $=\frac{\text{供应商信息提供及时的次数}}{\text{供应商信息提供的总次数}}\times 100\%$			
被考核人		考核人		复核人
签字：　　日期：		签字：　　日期：		签字：　　日期：

10.4.8　设备维修专员考核指标量表

被考核人姓名		职位	设备维修专员	部门	设备维修部
考核人姓名		职位	设备维修部经理	部门	设备维修部

序号	KPI 指标	权重	目标值	考核得分
1	设备维修任务完成率	20%	考核期内设备维修任务完成率达到 100%	
2	设备保养任务完成率	15%	考核期内设备保养任务完成率达到 100%	
3	设备故障维修及时率	15%	考核期内设备故障维修及时率达到____%	
4	设备故障修复率	15%	考核期内设备故障修复率达到____%	
5	设备周期检定率	10%	考核期内设备周期检定率达到____%	
6	设备故障停机率	10%	考核期内设备故障停机率不超过____%	
7	设备大修理返修率	5%	考核期内设备大修理返修率不超过____%	
8	维修质量问题发生的次数	5%	考核期内维修质量问题发生的次数控制在____次以下	
9	设备维修记录完好率	5%	考核期内设备维修记录完好率达到____%	

（续表）

<table>
<tr><td colspan="6">本次考核总得分</td><td></td></tr>
<tr><td>考核指标说明</td><td colspan="6">（1）设备维修任务完成率 = $\frac{设备维修任务完成量}{设备维修任务分配量}$ ×100%
（2）设备保养任务完成率 = $\frac{设备保养任务完成量}{设备保养任务分配量}$ ×100%
（3）设备维修记录完好率 = $\frac{设备维修记录完好数}{设备维修记录总数}$ ×100%</td></tr>
<tr><td colspan="2">被考核人</td><td colspan="2">考核人</td><td colspan="3">复核人</td></tr>
<tr><td>签字：</td><td>日期：</td><td>签字：</td><td>日期：</td><td>签字：</td><td colspan="2">日期：</td></tr>
</table>

10.5 设备管理成本控制方案设计

10.5.1 设备采购成本控制方案

设备采购成本控制方案

一、目的

为了保证采购设备的高质量、低价格，达到降低采购成本的目的，以及规范采购价格审核管理，特制定本方案。

二、采购成本分析

1. 采购成本分析项目

采购成本分析就是对供应商提供的设备报价进行成本估计，逐项审查、评估，求证设备成本的合理性。采购成本分析包括以下几个方面，即直接材料成本、工艺方法、所需设备及工具、直接及间接人工成本、供应商行业利润等。

2. 采购成本条件分析

出现下列六种情形时，企业应进行设备采购成本分析，具体如下所示。

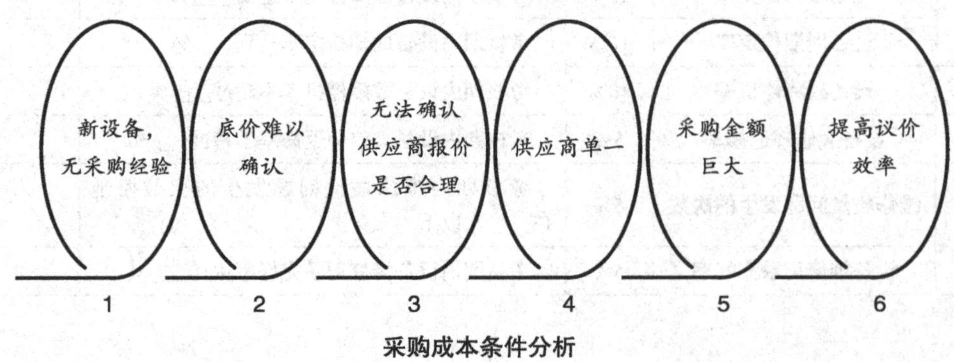

采购成本条件分析

3. 采购成本分析步骤

采购成本分析步骤如下：

（1）确认设计是否超过规格要求；

（2）检讨使用材料的特性与必要性；

（3）计算各方案的使用材料成本；

（4）提出改善建议并检讨；

（5）检讨加工方法及工程；

（6）选定最合适的设备和工具；

（7）对作业条件进行检讨；

（8）对加工工时进行评估；

（9）对制造费用、销售费用、利润空间进行压缩。

4. 设备采购成本分析的注意事项

设备采购成本分析的注意事项如下所示。

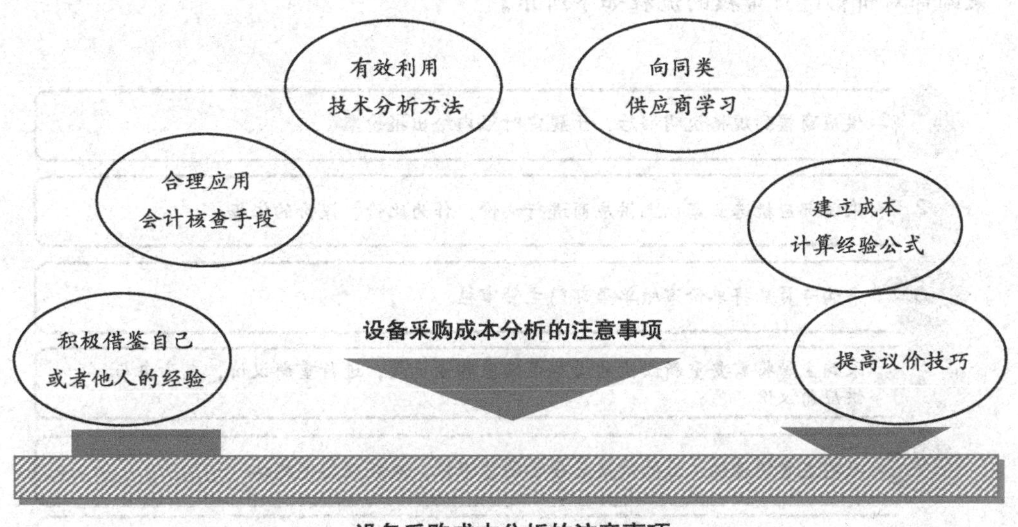

设备采购成本分析的注意事项

三、设备采购成本控制的具体措施

设备采购部可以从以下六方面入手控制设备采购成本。

1. 进行设备分类，把握主要的控制方向

对设备进行分类，确定重点设备，并在询价、比价、谈判、验货等环节上加以控制，将物资的采购价格降到最低。

2. 选择合适的采购方式

设备采购部应根据采购设备的种类及采购量，结合市场供应情况选择合适的采购方式，能集中采购的不分散采购，尽量发挥联合采购的优势。

3. 公开采购，引入竞争机制

设备采购部应当公开采购清单，广泛接触各厂家，使供应商之间形成竞争关系，这样有利于压低价格。

4. 采购标准设备

标准设备因为制造量及供应量都较大，所以价格不会太贵，但定做价格会比较高，会导致采购成本上升。

5. 规范采购价格审核工作

（1）明确报价依据

①设备申请部门应提供采购物资规格说明书，作为采购成本分析的基础和供应商报价的依据。

②非通用设备的规格说明书，一般由供应商提供样品，经设备需求部门确认后予以报价。

（2）价格审核流程

采购部对价格进行审核的流程如下所示。

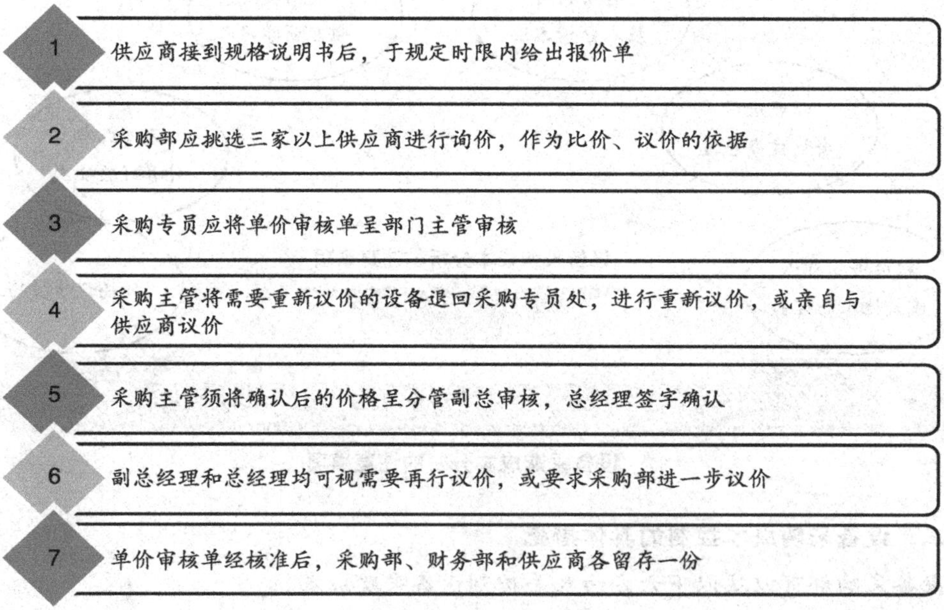

1 供应商接到规格说明书后，于规定时限内给出报价单

2 采购部应挑选三家以上供应商进行询价，作为比价、议价的依据

3 采购专员应将单价审核单呈部门主管审核

4 采购主管将需要重新议价的设备退回采购专员处，进行重新议价，或亲自与供应商议价

5 采购主管须将确认后的价格呈分管副总审核，总经理签字确认

6 副总经理和总经理均可视需要再行议价，或要求采购部进一步议价

7 单价审核单经核准后，采购部、财务部和供应商各留存一份

价格审核流程

（3）价格调整

采购部在出现以下情况时，可进行价格调整，具体如下所示。

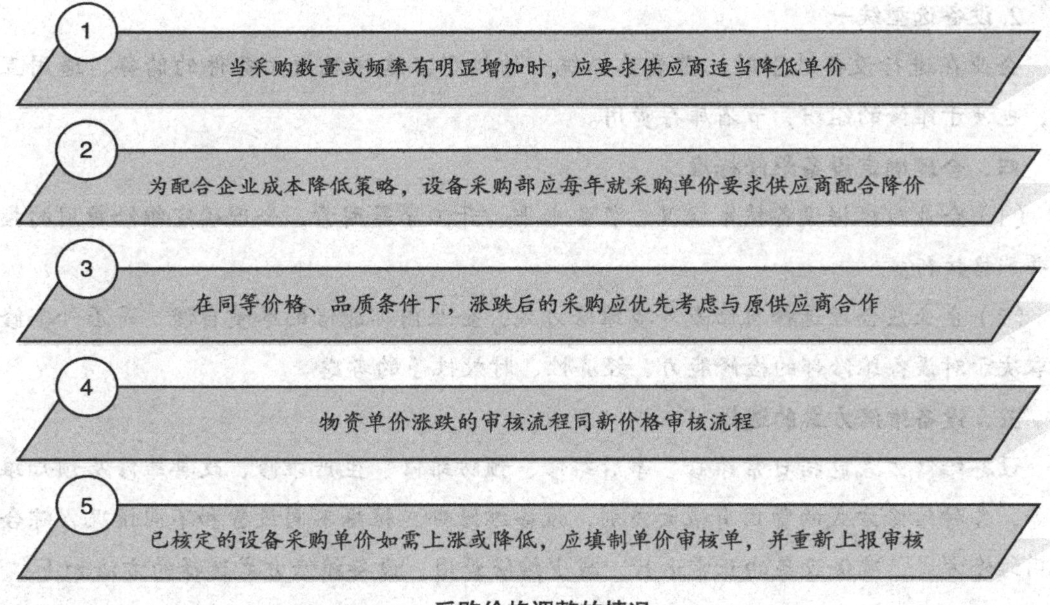

采购价格调整的情况

6. 加强采购管理

（1）企业内部应加强采购监督，对外向供应商申明本企业的采购政策和供应商管理政策。

（2）企业应对采购人员进行职业道德教育，采取一定的措施防止采购人员为了私利而损害企业利益。

10.5.2 设备维修费用控制方案

设备维修费用控制方案

一、目的

为规范设备维修工作，延长设备的使用寿命，控制维修成本，确保维修质量，避免不必要的损失，保证企业生产经营顺利进行，特制定本方案。

二、设备维修的安排

设备维修部应根据设备维修的实际需要安排维修人员。

三、设备维修费用的前期控制

1. 衡量设备的可维修性

设备的可维修性是降低维修费用、减少停工损失的重要因素，特别是对一些瓶颈环节的设备，其可维修性更为重要。因此，企业在购置设备时，应根据设备的重要程度对其可维修性进行验证。

2. 设备选型统一

企业在进行设备选型时，需要选择统一的机型，这样既便于备件的储备、通用互换，也便于维修的组织，节省库存费用。

四、合理确定设备维修标准

（1）企业应根据设备技术状况、装备水平、开工率等因素，合理确定维修费用的指标并严格执行。

（2）企业应合理选择自修或外委维修方式，企业内部能修的尽量自修，是否外委修理取决于对设备维修部的检修能力、经济性、时效性等的考虑。

五、设备维修方式的选择

设备维修方式包括日常维修、事后维修、预防维修、生产维修、改善维修及预知维修等，各种维修方式的费用有很大差别，设备维修部应根据不同设备和不同情况，综合选用维修方式，确保设备的正常运行，减少维修费用。设备维修方式选择的方法如下：

（1）根据不同的故障类型选择，如对状态易于监测的故障实施预知维修，对维修方便、故障有规律的实施定期维修等；

（2）根据经济性的不同选择维修方式，对事后维修费、预防维修费、状态监测费、停机损失费等进行比较，选择费用最少的维修方式；

（3）按设备不同的劣化形态选择维修方式。

六、加强设备维护与保养

（1）企业相关部门要认真、正确地操作，合理使用设备，并对设备进行精心维护，防止设备零部件非正常磨损与损坏，以延长修理间隔期，减少维修费用。

（2）企业应减少或杜绝以下两类维修浪费。

①设备失修，指由于设备检查漏项、预测不准确、经费不足或对设备不重视而造成的设备失修现象。

②过剩维修，指由于对设备进行过多的维修安排，或者过分追求设备性能完好、要求过剩的功能而造成的维修浪费。

（3）设备维修部要做好综合故障分析工作，加强对设备磨损、设备故障变化规律的研究并制定对策。设备故障规律下对策分析的相关内容如下所示。

设备故障规律下对策分析的相关内容

阶段	具体操作
初期故障期	精心安装、认真调试、强化试运转、严格验收，进行规范化操作
偶发故障期	精心维护使用，润滑，定期检修、保养
损耗故障期	及时进行预防维修和改善维修，重视经济和技术劣化分析

（4）企业各部门应严格执行设备操作规范化与维修规范化，杜绝设备零部件的人为损坏及设备事故的发生。

（5）企业应加强设备的点巡检工作，争取修理的最佳时机。

（6）企业应根据设备的不同情况选择预防维修方式，确保设备的正常运行，减少维修费用，如对状态易于监测的故障实施预防维修。同时，对重点设备、重点部位实施重点监控。

（7）维修保养人员必须掌握润滑材料的性能并合理选用，了解设备的润滑特点，避免因管理不善和盲目使用，引发润滑故障，加剧设备磨损，缩短设备的使用寿命，造成较大的经济损失。

（8）对选定的代用油品，维修保养人员须进行测试，若发现问题，应及时采取技术措施。润滑效果经确认良好后，方可正式使用。

（9）企业应积极推行润滑工作规范化管理，对设备润滑实施定点、定量、定质、定人及定时管理。

七、维修人员管理

（1）企业应对设备维修人员进行专业技术培训，进一步学习操作、维护、检修的基础知识，掌握常见设备故障诊断方法及紧急设备事故处理措施等，并进行必要的考核，从而激励员工不断钻研业务，适应工作要求，提高维修人员的综合素质。

（2）为提高设备的有效作业率，企业实行“责任与维修”“维修人员年度考评制”管理制度，加强设备管理激励机制的建设与维修人员自我约束机制的建设。

（3）企业定期组织开展“五漏”整顿，消除操作与维修“七项有害行为”等，提高设备有效作业率，降低维修费用。

（4）为搞好成本管理，企业就维修费用问题召开专题会议，进行研究分析，商定各种对策并及时下达会议结果，在各相关部门进行专题说明并提出要求。

八、开展节能降耗

（1）企业制定并严格执行旧件的修复、零件的损坏鉴定程序与奖罚处理规定，充分发挥和调动维修人员的工作积极性。

（2）为适应市场形势，维修人员应积极参与并配合企业进行原辅材料优化配置工作，在基本不增加费用的前提下积极调整设备，以适应各种原辅材料，使优化工作得以顺利进行。

10.6 设备管理部绩效考核实施细则

10.6.1 设备采购部绩效考核实施细则

<table>
<tr><td rowspan="2">细则名称</td><td rowspan="2">设备采购部绩效考核实施细则</td><td>编号</td><td></td></tr>
<tr><td>版本</td><td></td></tr>
</table>

第1章 总则

第1条 目的

为达到以下目的，特制定本细则。

（1）保证本企业所需的设备物资能够得到保质、保量、及时的供应。

（2）提高设备采购人员的工作积极性和绩效。

（3）提高企业的经济效益。

第2条 适用范围

本制度适用于企业设备采购人员的绩效考核工作。

第3条 考核原则

（1）明确规定。考核标准、考核程序和考核责任都有明确的规定，考核人员必须严格遵守。

（2）评价客观。明确考核标准，对考核指标进行客观评价，避免掺入主观因素和感情色彩。

（3）反馈及时。考核人员要及时把考核结果反馈给相关人员，并做出解释说明。

第2章 考核指标及时间安排

第4条 绩效考核的指标

企业在进行设备采购绩效考核时，应以“5R”为核心，即按适时、适质、适量、适价、适地的标准进行考核，主要包括时间绩效、品质绩效、数量绩效、价格绩效及效率绩效五个方面。具体的采购绩效考核指标如下所示。

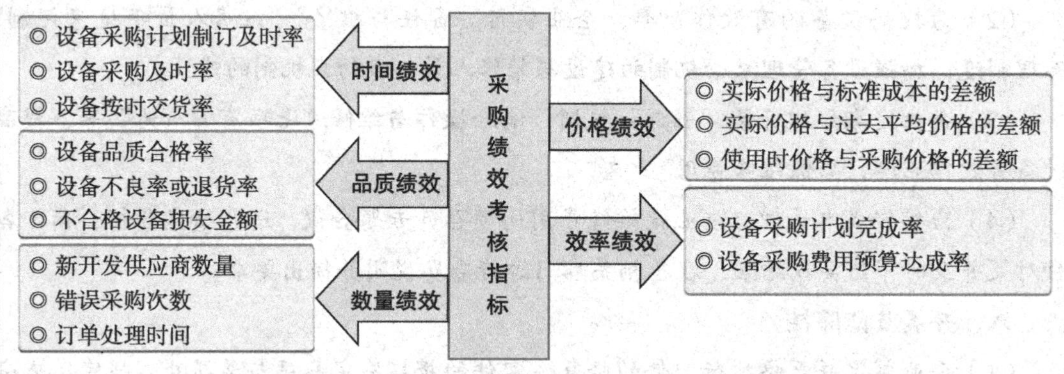

采购绩效考核指标

第5条 绩效考核的时间

设备采购部的绩效考核分为月度绩效考核、季度绩效考核及年度绩效考核三种，其具体实施时间如下所示。

绩效考核实施的时间

考核周期	考核实施时间	考核结果应用
月度考核	次月____日前	与每月绩效工资挂钩
季度考核	下季度第一个月的____日前	薪资调整、职位调整、培训、季度奖金
年度考核	次年一月____日前	薪资调整、职位调整、培训、年度奖金

（续）

第 3 章　考核方法及应用

第 6 条　绩效考核的方法

设备采购部的绩效考核采取量化指标评估与日常工作表现考核相结合的方式进行。

（1）量化指标评估占总分的 70%。

（2）日常工作表现考核占总分的 30%。

（3）两次考核得分的总和即为设备采购部的绩效。

第 7 条　绩效考核结果划分

根据考核得分，考核结果可划分为五个等级，其结果可作为设备采购部人员奖金发放、薪资调整、员工培训、职位晋升等的客观依据。具体划分标准如下所示。

绩效考核结果等级划分标准

等级	A（杰出）	B（优秀）	C（中等）	D（一般）	E（差）
分数	90 分及以上	80 分 ~89 分	70 分 ~79 分	60 分 ~69 分	59 分及以下

第 8 条　员工发展规划

根据绩效考核结果及与标准要求的差距，设备采购部及人力资源部要制定出具有针对性的员工发展规划和培训计划。

第 9 条　其他

（1）本细则由企业人力资源部负责制定、修改及废除等。

（2）本细则自颁布之日起实施。

编制日期		审核日期		批准日期	
修改标记		修改处数		修改日期	

10.6.2　设备维修部绩效考核实施细则

细则名称	设备维修部绩效考核实施细则	编号	
		版本	

第 1 章　总则

第 1 条　目的

为了加强对设备保养及维修人员的管理，提高相关人员的工作绩效，完善本企业绩效考核工作体系，特制定本细则。

第 2 条　适用范围

本细则适用于设备保养及维修人员的考核工作。

第 2 章　考核周期及内容安排

第 3 条　考核周期

（1）半年度考核，考核时间为每年的____月____日前。

（2）年度考核，考核时间为次年的____月____日前。

第 4 条　考核标准

1. 确定绩效工资

设备保养及维修人员的绩效工资采用浮动制，浮动系数由生产部及设备维修部共同确定。设备保养及维修人员的绩效工资 = 基本级别工资 ×（所得分数 ÷ 要求达到的分数）。设备保养及维修人员的基本级别工资和要求达到的分数如下所示。

（续）

设备保养及维修人员的基本级别工资和要求达到的分数

设备保养及维修人员的技术级别	初级	中级	高级
基本级别工资			
要求达到的分数	105分	120分	135分

2. 技术级别核定

企业每年对设备保养及维修人员进行一次级别核定，相关规定如下：

（1）连续6个月积分超过要求积分15分的，可申请级别提升；

（2）连续3个月积分低于要求积分15分的，技术级别工资下调1级。

3. 考核项目及积分划分

考核项目及积分划分如下所示。

考核项目及积分划分

劳动纪律	点检	维护保养	维修过程	精度验证	防误验证	备件管理	改善提案	5S管理	月故障率	车间评价	合计
8分	12分	15分	20分	15分	10分	10分	5分	5分	20分	30分	150分

第5条　考核内容

设备保养及维修人员考核评定表如下所示。

设备保养及维修人员考核评定表

考核项目	考核内容	考核方法（依据）	考核人员	确认人员	积分
劳动纪律（8分）	当天晚上加班未超过12点的，次日上班不能迟到；超过12点的，次日上午可休息	迟到超过3次，积分为0	设备维修员	车间主任	4分
	维修人员的手机必须处于24小时开机状态，不得无故关机或不接电话	超过3次，积分为0	设备维修员	车间主任	4分
点检（12分）	每天（周日除外）进行设备点检	设备点检异常表	设备维修员	车间主任	4分
	必须严格按照点检内容进行点检		设备维修员	车间主任	4分
	填制设备点检异常表，及时填写应对措施并处理		设备维修员	车间主任	4分
维护保养（15分）	设备维修人员监督并推动车间的自主维护保养项目的实施	维护保养计划 维护保养标准书 维护保养表	设备维修员	车间主任	5分
	设备维修人员自主对设备进行维护保养		设备维修员	车间主任	10分

（续）

（续表）

考核项目	考核内容	考核方法（依据）	考核人员	确认人员	积分
维修过程（20分）	维修及时	上班时间 10 分钟内到达现场，休息时间 30 分钟内到达现场	设备维修员	车间主任	5 分
	对影响人身安全的设备进行维修时，是否挂牌或有人监护	—	安全专员	—	2 分
	登高时是否穿戴安全帽及安全带	登高作业申请	安全专员	—	2 分
	一些易燃易爆场所需要焊接、切割的，是否进行了申请	动火令	安全专员	—	2 分
	维修时间、原因、配件、处理故障过程及维修质量的评定	维修申请单	设备维修员	车间主任	5 分
	故障修复后是否进行了后续跟踪	—	设备维修员	车间主任	4 分
精度验证（15分）	是否对铸造热电偶、三坐标动平衡、机加车床、涂装热电偶、动平衡等定期进行精度验证	精度验证记录	设备维修员	车间主任	15 分
防误验证（10分）	是否对防误装置进行定期验证	防误装置一览表 防误装置点检表	设备维修员	车间主任	10 分
备件管理（10分）	备件是否满足最低库存	备件清单	设备维修员	车间主任	3 分
	关键配件寿命跟踪	关键配件更换表	设备维修员	车间主任	2 分
	备件清单更新是否与库存同步	备件清单	设备维修员	车间主任	3 分
	备件购回后是否及时确认	满足设备需求	设备维修员	车间主任	2 分
改善提案（5分）	是否按时实施并完成改善提案	改善提案计划	设备维修员	车间主任	5 分
5S 管理（5分）	维修后工具、配件的清理情况	—	设备维修员	车间主任	2 分
	维修间的卫生整理情况	整齐、整洁	设备维修员	车间主任	1 分
	车间仓库配件是否摆放整齐	配件标识、数量等	设备维修员	车间主任	2 分
月故障率（20分）	月故障率低于 2%	设备月故障率	设备维修员	车间主任	20 分
车间评价（30分）	车间对设备维修员的工作态度、工作质量等进行综合评价	—	设备维修员	车间主任	30 分

（续）

第 3 章　考核前期准备与实施

第 6 条　考核前期准备

1. 组建考核小组

（1）设备维修部直接上级主管组织相关人员形成考核小组，对设备维修部的设备保养、维修工作进行评估。

（2）考核小组成员主要有设备维修部直接上级主管、财务部负责设备成本的工作人员、生产部主管、人力资源部相关人员、设备维修部经理及其他相关人员。

2. 制定绩效考核表

考核小组应根据指标体系设置考核目标，确定各指标权重和评分标准，设计并制作设备保养及维修人员绩效考核评定表。

3. 考核前培训

设备维修部经理在执行考核前，将设备考核相关制度与考核指标向部门人员进行说明，并将设备保养与维修责任落实到部门的每个员工身上。

第 7 条　考核实施

1. 月度考核

每月____日，设备维修部经理组织本部门员工对本月设备保养、维修工作进行讨论，总结本月工作中的不足，并编写设备维修部“月度设备保养、维修考核报告”，上报上级领导审批。

2. 不定期考核

考核小组应不定期对设备保养、维修工作进行考核，根据其保养、维护的情况给予评分。不定期考核评分表如下所示。

不定期考核评分表

考核日期：____年____月____日

考核内容	评分标准				
	速度（5 分）	及时（3 分）	中等（1 分）	缓慢（–1 分）	很慢（–3 分）
保养、维修工作及时率					
保养、检查周期					
考核得分					
备注					

考核人：　　　　　　　　　　　　被考核人：

3. 年度考核

每年年底，设备维修部经理对本年度设备保养、维修情况进行总结，以报告的形式上报设备维修部主管领导。总经理、设备维修部主管领导、财务部等对本考核周期的成本控制情况进行评估，设备维修部经理对本年度设备保养、维护工作进行考核评价，再加上不定期考核评分，最终得到年度设备保养及维修人员的工作评分。

编制日期		审核日期		批准日期	
修改标记		修改处数		修改日期	

第 11 章

技术研发人员绩效考核

11.1 技术研发人员与部门考核指标设计

11.1.1 技术研发人员五大量化考核指标

指标 1：研发项目立项通过率

考核目的	用于考核研发项目立项的通过情况		
考核指标	研发项目立项通过率	计算公式 / 说明	$\frac{\text{研发项目立项通过数}}{\text{研发项目立项总数}} \times 100\%$
考核周期	年度	使用说明	企业应对立项范围进行明确的界定，以便于立项项目的统计
失真提示	因立项相关文档资料不健全，降低了考核结果的客观性		

指标 2：研发项目阶段成果达成率

考核目的	用于对项目阶段成果进行评估		
考核指标	研发项目阶段成果达成率	计算公式 / 说明	$\frac{\text{阶段项目成果实际达成数}}{\text{阶段项目成果计划达成数}} \times 100\%$
考核周期	月 / 季度	信息来源	研发部
失真提示	在项目实施过程中，节点设置与结点控制方式不合理，导致考核结果失真		

指标 3：试验事故发生的次数

考核目的	检验操作规程的落实情况		
考核指标	试验事故发生的次数	使用说明	企业应对试验事故进行合理的界定，包括事故类别、等级（严重程度）等方面，以便于考核评估标准的制定
考核周期	月 / 季度	信息来源	研发部
失真提示	事故认定标准不清晰，可能导致考核评价标准模糊，从而降低考核结果的客观性		

指标 4：技术改造计划完成率

考核目的	用于衡量技术改造工作的完成情况		
考核指标	技术改造计划完成率	计算公式 / 说明	$\frac{\text{完成的技术改造项目数}}{\text{计划完成的技术改造项目数}} \times 100\%$
考核周期	月 / 季度	信息来源	技术部
失真提示	在技术改造项目大小和难度相差很大的情况下，若仍以项目数为依据计算技术改造计划完成率，就存在一定的失真性		

指标 5：技术故障率

考核目的	从技术故障的角度对企业技术工作的稳定性和技术成熟度进行考核评价		
考核指标	技术故障率	计算公式 / 说明	$\frac{\text{技术故障时长}}{\text{技术使用时长}} \times 100\%$
考核周期	月 / 季度	信息来源	技术部
失真提示	对于故障，必须分清其是由技术原因引起的，还是由操作失误引起的。如果将后者也算入技术故障，就会造成考核结果失真		

11.1.2　技术部关键绩效考核指标设计

序号	KPI 指标	考核周期	指标定义 / 公式	资料来源
1	工作目标完成率	年度	$\frac{\text{实际完成工作量}}{\text{计划完成工作量}} \times 100\%$	技术部
2	技术改进后标准工时降低率	年度	$\frac{\text{技术改进前的标准工时} - \text{技术改进后的标准工时}}{\text{技术改进前的标准工时}} \times 100\%$	财务部
3	技术改进后材料消耗降低率	年度	$\frac{\text{技术改进前的工序材料消耗} - \text{技术改进后的工序材料消耗}}{\text{技术改进前的工序材料消耗}} \times 100\%$	财务部
4	技术改造费用控制情况	年度	技术改造费用控制在预算范围内	财务部
5	重大技术改进项目完成数	年度	考核期内完成并通过验收的重大技术改进项目数	技术部
6	技术服务满意度	年度	对技术服务对象进行随机调查的技术服务满意度评分的算术平均值	人力资源部
7	外部学术交流次数	年度	考核期内进行外部学术交流的次数	人力资源部
8	内部技术培训次数	年度	考核期内进行内部技术培训的次数	人力资源部

11.1.3　研发部关键绩效考核指标设计

序号	KPI 指标	考核周期	指标定义 / 公式	资料来源
1	研发项目阶段成果达成率	年度	$\frac{\text{各项目实施阶段成果达成数}}{\text{计划达成数}} \times 100\%$	研发部
2	科研项目申请成功率	年度	$\frac{\text{科研项目申请成功数}}{\text{科研项目申请总数}} \times 100\%$	研发部
3	研发成本控制情况	年度	研发成本控制在预算范围内	财务部
4	新产品利润贡献率	年度	$\frac{\text{新产品利润总额}}{\text{全部产品利润总额}} \times 100\%$	财务部
5	项目开发准时完成率	年度	$\frac{\text{项目开发实际周期}}{\text{项目开发计划周期}} \times 100\%$	研发部
6	科研课题完成量	年度	当期完成并通过验收的课题总数	研发部
7	科研成果转化效果	年度	当期科研成果转化次数	研发部
8	产品技术稳定性	年度	投放市场后产品设计更改的次数	研发部
9	试验事故发生的次数	年度	当期试验事故发生的次数	研发部

11.2　技术研发业务关键绩效考核指标的目标值设计与调整

11.2.1　技术研发业务关键绩效考核指标的目标值设计

序号	关键绩效指标	目标值
1	新产品开发数	新产品开发数达到____（数额）
2	新产品开发周期	新产品开发周期达到____
3	新产品产值率	新产品产值率达到____%
4	新产品开发计划达成率	新产品开发计划达成率达到____%
5	专利拥有数	专利拥有数达到____（数额）
6	研发费用率	研发费用率达到____%
7	研发项目立项通过率	研发项目立项通过率达到____%

11.2.2　技术研发业务关键绩效考核指标的目标值调整

1. 研发费用率

对处于不同时期的企业，“研发费用率”指标的目标值应有所不同。研发费用率不能进行简单的纵向或横向比较，企业可以将自身的研发费用率与同行业内处于同样发展时期的企业相对比，并据此做出研发费用投入或控制方面的决策。

2. 研发项目立项通过率

一般而言，“研发项目立项通过率”指标的期望值应为100%，但每个企业的研发水平和立项制度不尽相同。因此，在确定这一指标的目标值时，企业应考虑自身的现实状况，将允许出现的立项未通过的概率计算在内，以此制定或调整本企业的指标目标值。同时，可参照同行业、相同发展时期的其他企业的平均水平进行调整。

11.3 技术研发人员考核标准设计

11.3.1 技术人员考核标准

1. 选取考核指标

为了科学合理地衡量技术人员的工作绩效，对其工作做出客观评价，促进技术人员绩效提升，提高企业技术服务水平，提升客户满意度，企业有必要对技术人员进行考核。技术人员的考核指标包括工作任务按时完成率、技术服务满意度、技术资料归档及时率等。

2. 设定考核指标目标值

人力资源部应与企业高层进行协商，确定企业总体目标及技术部门目标，技术部门应签订目标责任书。人力资源部结合企业的战略目标与岗位职责，分析技术岗位的工作情况，确定技术人员各岗位的绩效目标；分析技术岗位目标及企业实际情况，进行技术人员绩效目标描述，确定目标值。

3. 设定考核周期

技术人员的考核周期分为月度、季度和年度。部分指标需月度考核、季度考核和年度考核相结合，如技术服务满意度、技术方案差错率等；部分指标只需年度考核，如重大技术改造项目完成数。

4. 设计考核指标权重

技术人员考核指标权重可根据技术部目前的工作重点来设计，当技术部注重技术稳定性及成熟度，并在此方面做了大量的投入和管理时，可适当增加技术故障率指标的权重。

11.3.2 研发人员考核标准

1. 选取考核指标

研发人员的考核指标包括定量指标和定性指标，定量指标包括研发项目阶段成果达成率、项目开发准时完成率、新产品投资利润率等；定性指标包括产品技术稳定性、设计的可生产性等。在定量指标和定性指标之间，企业需要确定好指标的比例。

2. 设定考核指标目标值

在设定研发人员考核指标的目标值时，企业应多方面考虑。例如，研发项目阶段成果达成率的期望值为 100%，但企业应考虑自身的研发实力和资金力量等，同时还要将一些特殊原因考虑在内。企业可参照以往的项目开发计划达成情况和本考核期的项目开发计划要求，设定合理的考核指标目标值。

3. 设定考核周期

根据研发人员的工作性质，企业可以将考核指标分为工作业绩指标和工作行为指标。工作业绩指标包括研发项目阶段成果达成率、试验事故发生的次数等，这类指标既可以按年度进行考核，也可以按项目周期进行考核。工作行为指标包括产品技术稳定性、对外技术保密情况等，可采用月度考核、季度考核或年度考核相结合的方式进行。

11.4　技术研发岗位关键绩效考核指标量表

11.4.1　技术部经理考核指标量表

<table>
<tr><td>被考核人姓名</td><td colspan="2"></td><td>职位</td><td>技术部经理</td><td>部门</td><td>技术部</td></tr>
<tr><td>考核人姓名</td><td colspan="2"></td><td>职位</td><td>总经理</td><td>部门</td><td></td></tr>
<tr><td>序号</td><td>KPI 指标</td><td>权重</td><td colspan="3">目标值</td><td>考核得分</td></tr>
<tr><td>1</td><td>部门工作计划完成率</td><td>20%</td><td colspan="3">部门工作计划完成率达到 100%</td><td></td></tr>
<tr><td>2</td><td>技术改造费用控制情况</td><td>15%</td><td colspan="3">技术改造费用控制在预算范围内</td><td></td></tr>
<tr><td>3</td><td>部门规章制度的建设情况</td><td>10%</td><td colspan="3">部门规章制度完善，执行率达到 100%</td><td></td></tr>
<tr><td>4</td><td>技术改进后标准工时降低率</td><td>10%</td><td colspan="3">技术改进后标准工时降低率达到____%</td><td></td></tr>
<tr><td>5</td><td>技术改进后材料消耗降低率</td><td>10%</td><td colspan="3">技术改进后材料消耗降低率达到____%</td><td></td></tr>
<tr><td>6</td><td>重大技术改造项目完成数</td><td>10%</td><td colspan="3">重大技术改造项目完成数在____项以上</td><td></td></tr>
<tr><td>7</td><td>技术方案提交及时率</td><td>5%</td><td colspan="3">技术方案提交及时率达到 100%</td><td></td></tr>
<tr><td>8</td><td>技术方案采用率</td><td>5%</td><td colspan="3">提交的技术方案被采用的比率达到____%</td><td></td></tr>
<tr><td>9</td><td>外部学术交流次数</td><td>5%</td><td colspan="3">考核期内进行外部学术交流的次数在____次以上</td><td></td></tr>
<tr><td>10</td><td>内部技术培训次数</td><td>5%</td><td colspan="3">考核期内进行内部技术培训的次数在____次以上</td><td></td></tr>
<tr><td>11</td><td>部门员工绩效考核平均分</td><td>5%</td><td colspan="3">部门员工绩效考核平均分在____分以上</td><td></td></tr>
<tr><td colspan="6">本次考核总得分</td><td></td></tr>
<tr><td colspan="2">被考核人</td><td colspan="3">考核人</td><td colspan="2">复核人</td></tr>
<tr><td colspan="2">签字：　日期：</td><td colspan="3">签字：　日期：</td><td colspan="2">签字：　日期：</td></tr>
</table>

11.4.2 研发部经理考核指标量表

被考核人姓名			职位	研发部经理	部门	研发部
考核人姓名			职位	总经理	部门	
序号	KPI 指标	权重	目标值			考核得分
1	研发项目阶段成果达成率	15%	研发项目阶段成果达成率在____%以上			
2	项目开发准时完成率	15%	项目开发准时完成率达到____%			
3	部门规章制度建设情况	10%	部门规章制度建设完善，执行率达到 100%			
4	研发成本控制情况	10%	项目研发成本控制在预算范围内			
5	新产品投资利润率	10%	新产品投资利润率在____%以上			
6	新产品利润贡献率	10%	新产品利润贡献率在____%以上			
7	科研成果转化效果	10%	本年度实现科研成果转化在____项以上			
8	开发成果验收合格率	5%	开发成果验收合格率达到 100%			
9	科研项目申请成功率	5%	科研项目申请成功率达到____%			
10	试验事故发生的次数	5%	试验事故发生的次数在____次以下			
11	部门员工绩效考核平均分	5%	部门员工绩效考核平均分在____分以上			
12	产品技术重大创新	加分项	每次酌情加 5~10 分			
本次考核总得分						
被考核人		考核人		复核人		
签字： 日期：		签字： 日期：		签字： 日期：		

11.4.3 技术主管考核指标量表

被考核人姓名			职位	技术主管	部门	技术部
考核人姓名			职位	技术部经理	部门	技术部
序号	KPI 指标	权重	目标值			考核得分
1	团队任务完成率	20%	团队任务完成率达到 100%			
2	技术方案提交及时率	15%	技术方案提交及时率达到 100%			
3	技术方案采用率	15%	技术方案采用率达到____%			
4	重大技术改进项目完成数	15%	重大技术改进项目完成数在____项以上			
5	技术改造费用控制情况	10%	技术改造费用控制在预算范围内			
6	技术服务满意度	10%	相关部门对技术服务满意度评分在____分以上			
7	技术方案差错率	5%	技术方案中出现严重差错的次数在____次以下			
8	技术投诉发生的次数	5%	技术投诉发生的次数在____次以下			
9	技术资料提供及时率	5%	技术资料提供及时率达到 100%			

（续表）

本次考核总得分					
被考核人		考核人		复核人	
签字：	日期：	签字：	日期：	签字：	日期：

11.4.4　研发主管考核指标量表

被考核人姓名		职位	研发主管	部门	研发部
考核人姓名		职位	研发部经理	部门	研发部
序号	KPI 指标	权重	目标值		考核得分
1	团队任务完成率	20%	团队任务完成率达到 100%		
2	项目开发准时完成率	20%	项目开发准时完成率达到____%		
3	研发成本控制情况	15%	项目研发成本控制在预算范围内		
4	开发成果验收合格率	15%	开发成果验收合格率到达 100%		
5	基础模块共用率	10%	基础模块共用率达到____%		
6	研发方案出现严重差错的次数	5%	研发方案出现严重差错的次数为 0		
7	科研课题完成量	5%	当期完成并通过验收的课题总数在____项以上		
8	产品技术稳定性	5%	产品投放市场后设计更改的次数在____次以内		
9	试验事故发生的次数	5%	试验事故发生的次数在____次以内		
10	产品技术重大创新	加分项	每次酌情加 5~10 分		
本次考核总得分					
被考核人		考核人		复核人	
签字：	日期：	签字：	日期：	签字：	日期：

11.4.5　技术专员考核指标量表

被考核人姓名		职位	技术专员	部门	技术部
考核人姓名		职位	技术部经理	部门	技术部
序号	KPI 指标	权重	目标值		考核得分
1	工作任务按时完成率	20%	工作任务按时完成率达到 100%		
2	技术方案提交及时率	20%	技术方案提交及时率达到 100%		
3	技术服务满意度	15%	相关部门对技术服务的满意度评分在____分以上		
4	技术资料提供及时率	10%	技术资料提供及时率达到 100%		
5	技术资料归档及时率	10%	技术资料归档及时率达到 100%		

（续表）

序号	KPI 指标	权重	目标值	考核得分
6	技术资料丢失率	10%	技术资料丢失率为 0	
7	技术资料发放的准确性	5%	技术资料发放准确，无差错	
8	团队协作满意度	5%	团队协作满意度评分在____分以上	
9	对外技术保密情况	5%	技术资料对外泄露发生率为 0	
本次考核总得分				
被考核人		考核人	复核人	
签字：　　日期：		签字：　　日期：	签字：　　日期：	

11.4.6　研发专员考核指标量表

被考核人姓名		职位	研发专员	部门	研发部
考核人姓名		职位	研发部经理	部门	研发部
序号	KPI 指标	权重	目标值		考核得分
1	工作任务按时完成率	20%	工作任务按时完成率达到 100%		
2	项目开发准时完成率	20%	项目开发准时完成率达到____%		
3	开发成果验收合格率	15%	开发成果验收合格率到达 100%		
4	设计的可生产性	15%	设计成果不能投入生产情况的发生次数为 0		
5	团队协作满意度	10%	团队协作满意度评分在____分以上		
6	图纸绘制达成率	5%	图纸绘制达成率在____% 以上		
7	技术资料的丢失率	5%	技术资料的丢失率为 0		
8	对外技术保密情况	5%	技术资料对外泄露发生率为 0		
9	团队任务完成率	5%	团队任务完成率达到 100%		
10	产品技术重大创新	加分项	每次酌情加 5~10 分		
本次考核总得分					
被考核人		考核人		复核人	
签字：　　日期：		签字：　　日期：		签字：　　日期：	

11.5　技术研发人员业务提成方案设计

11.5.1　技术人员业务提成方案

技术人员业务提成方案

一、设计目的

为了充分发挥技术人员工作的积极性，提高技术工作效率，使技术相关业务在稳定的基础上持续发展，特制定本方案。

二、提成模式

技术人员的业务提成按项目提成结算，实行项目负责制，具体计算方法如下：

技术人员的业务提成＝（合同额－销售费用－开发费用）× 提成比例 × 调整系数

三、提成比例

技术人员业务提成比例标准如下所示。

技术人员业务提成比例标准

项目合同金额	0~____万元	____万~____万元	____万~____万元	____万元以上
提成比例	____%	____%	____%	____%

四、调整系数

考虑到项目的影响因素，特设立调整系数，具体说明如下所示。

调整系数及说明

影响因素	权重	说明	调整系数
项目重要性	20%	属于常规业务项目	无
		属于比较重点的业务项目	1.2
		属于重点开展的业务项目	1.5
项目目标利润率	30%	<____%	无
		____%≤项目目标利润率≤____%	1.2
		>____%	1.5
项目管理难度	40%	很少需要技术创新	无
		需要技术创新	1.2
		必须进行管理和技术创新	1.5
外部协调的复杂程度	10%	外部单位比较支持	1.2
		与外部单位沟通不畅，且存在很多障碍	1.5

五、项目提成的分配

项目技术人员提成总额＝项目提成总额 ×____%

具体数额的分配依据考核结果而定。

六、项目提成的发放

项目完成后，发放提成的____%，其余待项目验收合格后，企业在一个月内予以付清。

11.5.2 研发人员业务提成方案

研发人员业务提成方案

一、设计目的

研发人员业务提成方案强调以业绩为导向，遵循按劳分配的原则，通过业务提成管理充分调动研发人员的工作积极性。

二、业务提成发放标准

业务提成发放标准如下所示。

业务提成发放标准

项目	难度系数	项目进程	提成标准
项目 1	≤____	提前 1 周以上完成	A×110%
		提前 1 周完成	A×60%
		提前 3 天完成	A×50%
项目 2	____<难度系数≤__	提前 1 周以上完成	B×110%
		提前 1 周完成	B×60%
		提前 3 天完成	B×50%
项目 3	____<难度系数≤__	提前 1 周以上完成	C×110%
		提前 1 周完成	C×60%
		提前 3 天完成	C×50%
项目 4	____<难度系数≤__	提前 1 周以上完成	D×110%
		提前 1 周完成	D×60%
		提前 3 天完成	D×50%

注：表中 A、B、C、D 分别为研发项目 1、项目 2、项目 3 和项目 4 的提成额。

三、研发人员个人提成的分配

研发人员的个人提成是在项目提成总额的基础上，根据项目考核得分计算得出的。其中，项目难度系数划分标准如下。

项目难度系数划分标准

首创	仿研	合作	改进
____	____	____	____

11.6 技术研发部门绩效考核实施细则

11.6.1 技术部绩效考核实施细则

细则名称	技术部绩效考核实施细则	编号	
		版本	

第 1 条 考核目的

为规范技术部的工作，评估和提升工作绩效，确保技术部任务的按时完成，特制定本细则。

第 2 条 考核周期

1. 季度考核

技术部季度工作绩效考核的时间为下季度第一个月的____日—____日，遇节假日顺延。

2. 年度考核

技术部年度工作绩效考核的时间为下年度 1 月的____日—____日，遇节假日顺延。

第 3 条 考核内容及考核指标

1. 工作目标完成率

权重为 30%，目标值为____%，每低____%，扣____分；每高____%，加____分。

2. 技术改进后标准工时降低率

权重为 20%，目标值为____%，每低____%，扣____分；每高____%，加____分。

3. 技术改造费用控制情况

权重为 20%，控制目标为不超出预算范围。每超____元，扣____分；超出____元，不得分。

4. 重大技术改进项目完成数。

权重为 10%，目标值为____项，每少____项，扣____分；每多____项，加____分。

5. 技术服务满意度

权重为 10%，目标值为____分，每少____分，扣____分；每多____分，加____分。

6. 内部技术培训次数

权重为 10%，目标值为____次，每少____次，扣____分。

第 4 条 考核得分计算及结果应用

总分 100 分，单项指标得分分值等于总分乘以权重，所有单项指标得分相加等于最终考核得分。根据得分不同，考核结果分成四个等级，具体的等级划分与应用如下所示。

考核结果的等级划分与应用

等级划分	应用
优秀（90~100 分）	奖金等级____
良好（70~89 分）	奖金等级____
一般（60~69 分）	奖金等级____
不及格（59 分及以下）	无奖金

编制日期		审核日期		批准日期	
修改标记		修改处数		修改日期	

11.6.2 研发部绩效考核实施细则

<table>
<tr><td rowspan="2">细则名称</td><td rowspan="2">研发部绩效考核实施细则</td><td>编号</td><td></td></tr>
<tr><td>版本</td><td></td></tr>
<tr><td colspan="4">
第 1 条　考核目的
为规范研发部的工作，确保研发任务按时完成，提高研发人员的工作效率，特制定本细则。
第 2 条　考核种类
研发部绩效考核分为阶段性考核和终期考核两种，阶段性考核在各研发阶段结束后的 5 个工作日内完成，终期考核在整体研发任务结束后的 10 个工作日内完成。
第 3 条　考核内容及考核指标
1. 研发项目阶段成果达成率
权重为 20%，目标值为____%，每低____%，扣____分；低于____%，不得分。
2. 科研项目申请成功率
权重为 10%，目标值为____%，每低____%，扣____分；低于____%，不得分。
3. 研发成本控制情况
权重为 10%，控制目标为不超出预算范围。每超____元，扣____分；超出____元，不得分。
4. 新产品利润贡献率
权重为 10%，目标值为____%，每低____%，扣____分；低于____%，不得分。
5. 项目开发完成准时率
权重为 10%，目标值为____%，每低____%，扣____分；低于____%，不得分。
6. 科研课题完成量
权重为 10%，目标值为____项，每少____项，扣____分；少于____项，不得分。
7. 科研成果转化效果（考核当期科研成果转化次数）
权重为 10%，目标值为____次，每少____次，扣____分；少于____次，不得分。
8. 产品技术稳定性（考核产品投放市场后设计更改的次数）
权重为 10%，目标值为____次，每多____次，扣____分；多于____次，不得分。
9. 试验事故发生的次数
权重为 10%，目标值为 0，一旦发生试验事故，此项不得分。
第 4 条　考核结果统计
考核小组负责统计研发部各阶段（月度、季度、年度）、各班组的考核指标，人力资源部考核人员根据各指标结果，计算最终考核得分。
第 5 条　考核结果的应用
（1）应用于研发部奖金的计算与发放。
（2）应用于相关人事决策中。
（3）影响研发部各级主管的绩效考核结果。
</td></tr>
</table>

编制日期		审核日期		批准日期	
修改标记		修改处数		修改日期	

第 12 章

仓储物料人员绩效考核

12.1 仓储物料人员与部门考核指标设计

12.1.1 仓储人员六大量化考核指标

指标 1：物资入库差错率

考核目的	用于考核物资入库作业的正确程度		
考核指标	物资入库差错率	计算公式 / 说明	$\frac{物资入库差错次数}{物资入库总次数}\times 100\%$
考核周期	月 / 季 / 年度	信息来源	仓储部
失真提示	一般情况下，企业会根据物资入库复核时发现的入库错误数计算入库差错率，但是，若在复核中没有及时发现入库错误，而是在物资盘点或使用时才发现，则会导致考核结果失真		

指标 2：物资验收及时率

考核目的	用于考核仓储人员对入库物资开展验收工作的及时性		
考核指标	物资验收及时率	计算公式 / 说明	$\frac{及时组织验收数}{应验收总数}\times 100\%$
考核周期	月 / 季 / 年度	信息来源	仓储部
失真提示	➢ 如果及时验收的标准设置不合理，或者在不经试验的情况下直接更换验收标准，则容易导致考核结果失真 ➢ 部分仓库管理人员或质检人员为了提高物资验收速度，未严格按照标准验收，使部分缺陷品进入仓库，从而导致考核结果失真		

指标 3：仓储设备完好率

考核目的	用于反映仓储管理人员对设备使用技术的掌握情况，并合理评价仓储设备保养工作		
考核指标	仓储设备完好率	计算公式 / 说明	$\frac{完好的仓储设备数}{仓储设备总数}\times 100\%$
考核周期	月 / 季 / 年度	信息来源	仓储部
失真提示	若仓储部未对所有设备进行统一排查，或者未建立完善的仓储巡检记录，则无法准确地掌握仓储设备故障问题，这就容易造成指标值偏高，导致考核结果失真		

指标 4：平均收发货时间

考核目的	用于考核仓储收发货工作的平均耗用时间，评估收发货工作效率		
考核指标	平均收发货时间	计算公式 / 说明	$\frac{\text{收发货时间总和}}{\text{收发货总批次数}} \times 100\%$
考核周期	月 / 季 / 年度	信息来源	仓储部
失真提示	平均收发货时间不应包含备货完成之后的等待出库时间。若将等待时间也算入平均收发货时间内，则容易造成考核失真		

指标 5：账货相符率

考核目的	用于考核仓库账面货物的真实程度，反映仓储保管工作的管理水平		
考核指标	账货相符率	计算公式 / 说明	$\frac{\text{账货相符总数}}{\text{存储货物总笔数}} \times 100\%$
考核周期	月 / 季 / 年度	信息来源	仓储部
失真提示	如果在盘点过程中产生差错，那么会造成账货不符的数量与实际有出入，导致考核失真		

指标 6：仓库盘点准确率

考核目的	用于考核库存盘点工作的准确性，科学评估盘点管理水平		
考核指标	仓库盘点准确率	计算公式 / 说明	$\frac{\text{盘点准确的批次数}}{\text{盘点总批次数}} \times 100\%$
考核周期	月 / 季 / 年度	信息来源	仓储部
失真提示	盘点后没有进行复盘，导致盘点错误未被及时发现，造成考核结果失真		

12.1.2 物料人员四大量化考核指标

指标 1：物料入库差错率

考核目的	用于考核物料人员对物料入库作业管理的正确程度		
考核指标	物料入库差错率	计算公式 / 说明	$\frac{\text{入库差错项数}}{\text{入库总项数}} \times 100\%$
考核周期	月 / 季 / 年度	信息来源	物料部
失真提示	一般情况下，企业会根据入库复核时发现的入库错误数计算入库差错率，如果在复核时仍未发现入库错误，而是在物料盘点或使用时才发现，就会导致考核结果失真		

指标 2：库存周转率

考核目的	用于考核企业所有物料在生产运营过程中流转的快慢，衡量企业库存管理水平，同时也为从财务的角度预测整个企业的现金流或资金占用情况提供依据		
考核指标	库存周转率	计算公式 / 说明	$\frac{\text{考核期内总出库金额}}{\text{考核期内平均库存金额}} \times 100\%$

（续表）

考核周期	月 / 季 / 年度	信息来源	物料部、采购部
失真提示	在计算平均库存金额时，企业不仅需要核算在库库存，还需要核算所有原材料、在制品、产成品及在库呆滞物料的平均库存，以免造成考核结果失真		

指标 3：发货准确率

考核目的	用于反映物料人员发货的准确性		
考核指标	发货准确率	计算公式 / 说明	$\frac{\text{发货无误的次数}}{\text{发货总次数}} \times 100\%$
考核周期	月 / 季 / 年度	信息来源	物料部
失真提示	如果物料管理人员未能及时记录发货差错，那么是无法准确核算发货差错率的，会造成考核结果失真		

指标 4：物料领用差错率

考核目的	用于考核物料领用流程是否规范		
考核指标	物料领用差错率	计算公式 / 说明	$\frac{\text{出错次数}}{\text{领用总数}} \times 100\%$
考核周期	月 / 季 / 年度	信息来源	物料部
失真提示	若相关人员未及时记录物料领用差错，则无法准确核算物料领用差错率，会造成考核结果失真		

12.1.3 仓储部关键绩效考核指标设计

序号	KPI 指标	考核周期	指标定义 / 公式	资料来源
1	物资入库差错率	月 / 季 / 年度	$\frac{\text{入库差错次数}}{\text{入库总次数}} \times 100\%$	仓储部
2	物资验收及时率	月 / 季 / 年度	$\frac{\text{及时组织验收数}}{\text{应验收总数}} \times 100\%$	仓储部 采购部 生产部
3	库存货损率	月 / 季 / 年度	$\frac{\text{当月库存货损金额}}{\text{当月平均库存总额}} \times 100\%$	财务部
4	单位面积储存量	月 / 季 / 年度	$\frac{\text{仓库货物平均存储量}}{\text{仓库有效使用面积}} \times 100\%$	仓储部
5	仓库面积利用率	年度	$\frac{\text{仓库可利用面积}}{\text{仓库建筑总面积}} \times 100\%$	仓储部
6	仓库容量利用率	年度	$\frac{\text{库存物资的实际数量（体积）}}{\text{仓库可存放物资数量（容积）}} \times 100\%$	仓储部

（续表）

序号	KPI 指标	考核周期	指标定义 / 公式	资料来源
7	仓储设备完好率	月 / 季 / 年度	$\frac{\text{完好的仓储设备数}}{\text{仓储设备总数}} \times 100\%$	仓储部
8	平均收发货时间	月 / 季 / 年度	$\frac{\text{收发货时间总和}}{\text{收发货总批次数}} \times 100\%$	仓储部
9	收发货差错率	月 / 季 / 年度	$\frac{\text{收发货差错件数（重量）}}{\text{收发货总件数（重量）}} \times 100\%$	仓储部
10	账货相符率	月 / 季 / 年度	$\frac{\text{账货相符总数}}{\text{存储货物总笔数}} \times 100\%$	仓储部
11	仓库盘点准确率	月 / 季 / 年度	$\frac{\text{盘点准确的批次数}}{\text{盘点总批次数}} \times 100\%$	仓储部
12	库存成本	月 / 季 / 年度	库存成本主要由库存货物的订货成本、保管持有成本、缺货成本三大部分构成	仓储部 采购部
13	仓储事故次数	月 / 季 / 年度	在考核期内发生消防、安全等事故的次数	仓储部 安全管理部
14	仓储缺货率	月 / 季 / 年度	$\frac{\text{仓库缺货量}}{\text{仓库货物需求量}} \times 100\%$	仓储部

12.1.4 物料部关键绩效考核指标设计

序号	KPI 指标	考核周期	指标定义 / 公式	资料来源
1	物料采购成本预算差异率	月 / 季 / 年度	$\left(1-\frac{\text{实际物料采购成本费用}}{\text{物料采购成本的预算费用}}\right) \times 100\%$	物料部
2	物料入库差错率	月 / 季 / 年度	$\frac{\text{入库差错项数}}{\text{入库总项数}} \times 100\%$	物料部
3	发货准确率	月 / 季 / 年度	$\frac{\text{发货无误次数}}{\text{发货总次数}} \times 100\%$	物料部
4	物料供应及时率	月 / 季 / 年度	$\frac{\text{单位时间内物料实际供应的数量}}{\text{物料供应总量}} \times 100\%$	物料部
5	物料储存完好率	月 / 季 / 年度	$\frac{\text{储存完好的物料数量}}{\text{物料储存总量}} \times 100\%$	物料部
6	物料领用差错率	月 / 季 / 年度	$\frac{\text{出错次数}}{\text{领用总数}} \times 100\%$	物料部
7	物料储存环境良好率	月 / 季 / 年度	$\frac{\text{物料储存环境抽查达到良好及以上水平的次数}}{\text{环境抽查总次数}} \times 100\%$	物料部

（续表）

序号	KPI 指标	考核周期	指标定义 / 公式	资料来源
8	库存盘点账实相符率	月 / 季 / 年度	$\frac{\text{库存盘点账物相符的金额}}{\text{实际库存盘点物料总额}} \times 100\%$	物料部
9	物料报表、台账出错的次数	月 / 季 / 年度	考核期内发现的物料报表、台账出错的次数	物料部
10	入库检验率	月 / 季 / 年度	$\frac{\text{入库检验记录单数}}{\text{入库总单数}} \times 100\%$	物料部
11	库存周转率	月 / 季 / 年度	$\frac{\text{本期出库总金额}}{\text{期初与期末平均库存金额}} \times 100\%$	物料部
12	物料储存安全事故次数	月 / 季 / 年度	在考核期内发生的消防、安全等事故的次数	物料部 安全管理部

12.2 仓储物料业务关键绩效考核指标的目标值设计与调整

12.2.1 仓储物料业务关键绩效考核指标的目标值设计

序号	关键绩效指标	目标值
1	物资 / 物料入库差错率	物资 / 物料入库差错率在____% 以下
2	物资验收及时率	物资验收及时率达到____%
3	库存货损率	库存货损率在____% 以下
4	收发货差错率	收发货差错率在____% 以下
5	平均收发货时间	平均收发货时间不高于____小时
6	账货相符率	账货相符率达到 100%
7	仓库盘点准确率	仓库盘点准确率达到____%
8	仓储缺货率	仓储缺货率在____% 以下
9	发货准确率	发货准确率达到____%
10	物料供应及时率	物料供应及时率达到____%
11	物料储存完好率	物料储存完好率达到____%
12	物料领用差错率	物料领用差错率在____% 以下
13	物料储存环境良好率	物料储存环境良好率达到____%
14	库存周转率	库存周转率达到____%

12.2.2 仓储物料业务关键绩效考核指标的目标值调整

关于仓储物料业务关键绩效考核指标目标值的设定，企业可以根据仓储物料人员的工作年限、是否接受过专业培训等方面进行适度调整。

1. 仓储物料人员的工作年限

工作年限是衡量仓储物料人员业务熟练程度的标准之一，也是仓储物料业务绩效考核指标目标值设定的重要参考因素。例如，仓储物料人员的工作年限越长，表明其业务越熟练，可适当提高要求；反之，可适当降低要求。

2. 专业培训

企业定期给仓储物料人员进行专业培训是提升仓储物料人员工作效能的重要步骤。通常，经过了高水平培训的仓储物料人员，其工作能力、工作态度和工作业绩都会有一定提升。

因此，仓储物料业务的关键绩效考核指标要根据企业的专业培训情况进行灵活调整。例如，针对仓库盘点准确率、物料储存完好率等，相关工作人员在经过相应的培训后，其考核要求可适当提高。

12.3 仓储物料人员考核标准设计

12.3.1 仓储人员考核标准

1. 选取考核指标

仓储人员的考核指标主要有物资入库差错率、物资验收及时率、平均收发货时间、仓库盘点准确率等。企业可以根据当前仓储部的状况、企业的需求及不同的岗位要求选择考核指标。

2. 设定考核指标的目标值

仓储人员的考核指标应根据仓储人员的工作年限、接受专业培训的情况，以及仓储部的战略目标和年度计划等因素来确定。不同的因素，考核指标的目标值设定是不同的。

3. 设定考核周期

仓储人员的考核主要分月度考核、季度考核及年度考核。企业应根据考核指标的选取来确定考核周期，有些指标分别按照月度、季度和年度进行考核，如物资入库差错率；而有些指标的考核周期是年度，如仓库面积利用率。

4. 设计考核指标权重

仓储人员考核指标权重的设计通常是根据考核期、仓储业务考核涉及的工作的重要性来确定。工作内容越重要，占据的权重比例就越大。

12.3.2　物料人员考核标准

1. 选取考核指标

物料人员的考核指标主要有物料入库差错率、发货准确率、物料领用差错率及库存周转率等。企业可以根据当前物料部的状况、企业的需求及不同的岗位要求选择考核指标。

2. 设定考核指标的目标值

物料人员考核指标的目标值应根据物料人员的工作年限、接受专业培训的情况及物料部战略目标和年度计划等因素来确定，但有些指标需要根据市场运作的变化来设定目标值。例如，配送中心或工厂的库存周转率可能达到 100%，甚至更高，但对于整个企业而言，库存周转率可能只有 15% 左右，它是随着价值流的变化而变化的。

3. 设定考核周期

物料人员的考核周期主要有月度考核、季度考核及年度考核，企业应根据考核指标的选取来确定考核周期。

4. 设计考核指标权重

企业应根据考核期、物料业务考核涉及的工作的重要性来设计物料人员考核指标的权重。工作内容越重要，占据的权重比例就越大。

5. 划分考核结果等级

物料人员的考核结果可划分为五个等级，具体如表 12-1 所示。

表 12–1　物料人员考核结果等级划分

考核结果等级	优秀（S）	良好（A）	中等（B）	及格（C）	差（D）
分数	90~100 分	80~89 分	70~79 分	60~69 分	59 分及以下

12.4　仓储物料岗位关键绩效考核指标量表

12.4.1　仓储部经理考核指标量表

被考核人姓名		职位	仓储部经理	部门	仓储部
考核人姓名		职位	总经理	部门	

序号	KPI 指标	权重	目标值	考核得分
1	部门工作计划完成率	10%	考核期内部门工作计划完成率达到 100%	
2	仓储管理费用控制情况	10%	考核期内仓储管理费用控制在预算范围之内	

（续表）

序号	KPI 指标	权重	目标值	考核得分
3	仓库面积利用率	10%	考核期内仓库面积利用率达到____%	
4	仓库容量利用率	10%	考核期内仓库容量利用率达到____%	
5	单位面积储存量	10%	考核期内单位面积储存量达到____吨 / 平方米	
6	库存货损率	10%	考核期内库存货损率控制在____% 以下	
7	库存成本	10%	考核期内库存成本不超过____元	
8	仓储设备利用率	10%	考核期内仓储设备利用率在____% 以上	
9	仓储设备完好率	5%	考核期内仓储设备完好率在____% 以上	
10	仓储事故次数	5%	考核期内一般性仓储事故在____次以下；重大仓储安全事故为 0	
11	仓储作业效率	5%	考核期内仓储作业效率达到____吨 / 日或____件 / 日	
12	部门员工绩效考核平均分	5%	考核期内部门员工绩效考核平均分在____分以上	
本次考核总得分				
被考核人		考核人	复核人	
签字：　　日期：		签字：　　日期：	签字：　　日期：	

12.4.2 物料部经理考核指标量表

被考核人姓名		职位	物料部经理	部门	物料部
考核人姓名		职位	总经理	部门	
序号	KPI 指标	权重	绩效目标值		考核得分
1	部门工作计划完成率	20%	考核期内部门工作计划完成率达到 100%		
2	物料费用控制情况	15%	考核期内物料费用控制在预算范围之内		
3	物料采购成本预算差异率	15%	考核期内物料采购成本预算差异率控制在____%		
4	库存盘点账实相符率	10%	考核期内库存盘点账实相符率达到 100%		
5	物料储存完好率	10%	考核期内物料储存完好率达到____%		
6	物料储存环境良好率	10%	考核期内物料储存环境良好率在____% 以上		
7	库存周转率	5%	考核期内库存周转率达到____%		
8	物料储存安全事故次数	5%	考核期内发生的一般性物料储存安全事故在____次以下，重大物料储存安全事故为 0		
9	部门协作满意度	5%	考核期内部门协作满意度在____分以上		

（续表）

序号	KPI 指标	权重	绩效目标值		考核得分
10	核心成员保有率	5%	考核期内核心成员保有率达到____%		
本次考核总得分					
被考核人		考核人		复核人	
签字： 日期：		签字： 日期：		签字： 日期：	

12.4.3 仓储主管考核指标量表

被考核人姓名		职位	仓储主管	部门	仓储部
考核人姓名		职位	仓储部经理	部门	仓储部
序号	KPI 指标	权重	目标值		考核得分
1	物资入库差错率	15%	考核期内物资入库差错率控制在____% 以下		
2	收发货差错率	10%	考核期内收发货差错率控制在____% 以下		
3	物资验收及时率	10%	考核期内物资验收及时率达到____%		
4	账货相符率	10%	考核期内账货相符率达到 100%		
5	库存货损率	10%	考核期内库存货损率控制在____% 以下		
6	仓库面积利用率	5%	考核期内仓库面积利用率达到____%		
7	仓库容量利用率	5%	考核期内仓库容量利用率达到____%		
8	单位面积储存量	5%	考核期内单位面积储存量达到____吨 / 平方米		
9	仓库盘点准确率	5%	考核期内仓库盘点准确率达到____%		
10	仓储缺货率	5%	考核期内仓储缺货率控制在____% 以下		
11	仓储设备利用率	5%	考核期内仓储设备利用率达到____%		
12	仓储设备完好率	5%	考核期内仓储设备完好率达到____%		
13	仓储事故次数	5%	考核期内发生的一般性仓储事故在____次以下，重大仓储安全事故为 0		
14	仓储作业效率	5%	考核期内仓储作业效率达到____吨 / 日或____件 / 日		
本次考核总得分					
考核指标说明	物资验收及时率 $= \frac{\text{及时组织验收数}}{\text{应验收总数}} \times 100\%$				
被考核人		考核人		复核人	
签字： 日期：		签字： 日期：		签字： 日期：	

12.4.4 物料主管考核指标量表

被考核人姓名			职位	物料主管	部门	物料部
考核人姓名			职位	物料部经理	部门	物料部
序号	KPI 指标	权重	目标值			考核得分
1	物料入库差错率	15%	考核期内物料入库差错率控制在____% 以下			
2	发货准确率	15%	考核期内物料发货准确率达到____%			
3	物料储存完好率	10%	考核期内物料储存完好率达到____%			
4	物料领用差错率	10%	考核期内物料领用差错率控制在____% 以下			
5	物料储存环境良好率	10%	考核期内物料储存环境良好率达到____%			
6	库存盘点账实相符率	10%	考核期内库存盘点账实相符率达到 100%			
7	物料报表、台账出错的次数	10%	考核期内物料报表、台账出错的次数在____次以下			
8	入库检验率	5%	考核期内入库检验率达到____%			
9	库存周转率	5%	考核期内库存周转率达到____%			
10	物料储存安全事故次数	5%	考核期内发生的一般性物料储存安全事故控制在____次以下；重大物料储存安全事故为 0			
11	物料供应及时率	5%	考核期内物料供应及时率达到____%			
本次考核总得分						
被考核人		考核人		复核人		
签字：　　日期：		签字：　　日期：		签字：　　日期：		

12.4.5 仓储专员考核指标量表

被考核人姓名			职位	仓储专员	部门	仓储部
考核人姓名			职位	仓储部经理	部门	仓储部
序号	KPI 指标	权重	目标值			考核得分
1	物资入库差错率	20%	考核期内物资入库差错率在____% 以下			
2	收发货差错率	15%	考核期内收发货差错率在____% 以下			
3	平均收发货时间	10%	考核期内平均收发货时间不高于____小时			
4	物资验收及时率	10%	考核期内物资验收及时率达到____%			
5	出入库单据填写出错的次数	10%	考核期内出入库单据填写出错的次数在____次以下			
6	出入库台账登记及时率	10%	考核期内出入库台账登记及时率达到____%			

（续表）

序号	KPI 指标	权重	目标值	考核得分
7	仓储缺货率	5%	考核期内仓储缺货率在____% 以下	
8	库存货损率	5%	考核期内库存货损率在____% 以下	
9	账货相符率	5%	考核期内账货相符率达到 100%	
10	仓库盘点准确率	5%	考核期内仓库盘点准确率达到____%	
11	仓储设备利用率	5%	考核期内仓储设备利用率在____% 以上	
本次考核总得分				
考核指标说明	$出入库台账登记及时率=\frac{出入库台账登记及时的次数}{出入库台账应登记的总次数}\times 100\%$			
被考核人		考核人	复核人	
签字： 日期：		签字： 日期：	签字： 日期：	

12.4.6 物料专员考核指标量表

被考核人姓名		职位	物料专员	部门	物料部
考核人姓名		职位	物料部经理	部门	物料部
序号	KPI 指标	权重	目标值		考核得分
1	物料入库差错率	15%	考核期内物料入库差错率控制在____% 以下		
2	发货准确率	15%	考核期内物料发货准确率达到____%		
3	物料领用差错率	15%	考核期内物料领用差错率控制在____% 以下		
4	物料出入库单据填写出错的次数	15%	考核期内物料出入库单据填写出错的次数在____次以下		
5	物料出入库台账登记及时率	15%	考核期内物料出入库台账登记及时率达到____%		
6	物料储存环境良好率	10%	考核期内物料储存环境良好率在____% 以上		
7	物料出入库单据传递及时率	10%	考核期内物料出入库单据传递及时率达到____%		
8	入库检验率	5%	考核期内入库检验率达到____%		
本次考核总得分					
考核指标说明	$物料出入库单据传递及时率=\frac{规定时间内完成物料单据传递的次数}{物料出入库单据应传递的总次数}\times 100\%$				
被考核人		考核人		复核人	
签字： 日期：		签字： 日期：		签字： 日期：	

12.5 仓储物料成本控制方案设计

12.5.1 仓储成本控制方案

仓储成本控制方案

一、方案目的

为进一步加强仓储成本管理工作，防止仓储成本占用过多的资金，特制定本方案。

二、适用范围

本方案适用于企业对仓储成本的控制管理工作。

三、管理职责

（1）仓储部经理负责指导、监督仓储成本控制工作。

（2）仓储主管负责仓储成本控制的具体工作。

（3）仓储部其他人员及财务部等配合执行仓储成本控制方案。

四、仓储成本的构成

仓储成本包括设备设施成本、仓储维持成本、仓储运作成本、仓储风险成本和仓储缺货成本等，具体内容如下所示。

仓储成本的构成

成本项目	具体说明
设备设施成本	指建设仓库及购买设备设施所占用的资金
仓储维持成本	主要包括与仓库有关的租赁、取暖、照明、保险费及税金等费用
仓储运作成本	指与货物的出入库有关的搬运装卸费用
仓储风险成本	指企业因无法控制而造成的库存货物贬值、损坏、丢失和变质等损失
仓储缺货成本	指由于外部和内部中断供应而产生的成本

五、仓储成本控制措施

1. 优化仓库设计布局

企业应将仓库划分为入库区、存储区、出库区、站台和办公区。

（1）入库区：其主要功能是卸货、验收、搬运入库等。

（2）存储区：其主要功能是货物的储存保管、搬运等。根据货物的状态，存储区可划分为待检区、待处理区、合格品储存区及不合格品隔离区。

（3）出库区：其主要功能是货物捆扎、搬运出库及装载等。

（4）站台：用于连接运输工具与仓库。

（5）办公区：指仓储管理人员的办公区域。

2. 选择适当的存储方法

（1）在进行物资存储时，仓储主管选用ABC分类管理法，根据库存货物的种类进行分类管理和库存安排，提高保管效益。

（2）ABC分类管理法应符合“抓住关键的少数、突出重点”的原则，其是一种比较经济合理的仓储成本控制方法。

3. 提高仓库空间利用率

为减少仓储成本，仓储主管应提高仓库空间利用率。具体措施如下：

（1）根据货物的物理特征，尽可能将其往高处码放，增加储存的高度；

（2）缩小库内通道宽度，以增加有效储存面积；

（3）减少库内通道数量，以增加有效储存面积。

4. 提高仓储作业效率

为提高仓储作业效率，仓储人员应从以下几方面进行控制。

（1）将货物卡放置在通道这一面的显眼处，以方便货物出入库作业及盘点作业。

（2）将出货和进货频率高的货物放在靠近出入口、易于作业的地方；将流动性差的货物放在距离出入口稍远的地方。

（3）将同一类货物或类似货物放在同一地方保管，以方便员工记忆货物的储存位置。

（4）堆积货物时，应把重的货物放在下边，把轻的货物放在上边。

5. 提高仓储作业准确率

（1）仓储人员在储存货物时，应采用“五五化”堆码方式，即以“五”为基本单位，堆成总量为“五”的倍数的垛形，如梅花五、重叠五等，以提高人工点数的准确率，减少盘点差错。

（2）设置光电识别系统，即在货位上设置光电识别装置，通过该装置对存物的条码进行扫描，以获得准确的数据。

（3）电子计算机监控，即通过电子计算机指示存取，以减少存取差错。

6. 遵循“先进先出”原则，降低仓储风险

仓储人员在保管货物时，特别是那些易变质、易破损、易腐坏，以及机能易退化、老化的货物，应尽可能按“先进先出”的原则加快周转。有效的“先进先出”方式主要有以下三种。

（1）贯通式货架系统。将货架作为贯通的通道，从一端存入货物，另一端取出货物，使货物在通道中自行按先后顺序排队，不会出现越位等现象。贯通式货架系统能有效地保证“先进先出”。

（2）双仓法储存。为每种货物都准备两个仓位或货位，轮换存取，并确保一个货位中的货物出清后再补充，以保证实现“先进先出”。

（3）计算机存取系统。在计算机中输入时间记录，编入一个简单的按时间顺序输出的程序，取货时计算机就能按时间给予指示，以保证“先进先出”。

7. 加速周转，提高单位仓容产出

（1）将静态储存变为动态储存，加快周转速度，促使资金周转快、资本效益高，仓库吞吐能力增加、成本下降。

（2）采用单元集装存储，建立快速分拣系统，实现快进快出、大进大出。

12.5.2 物料成本控制方案

物料成本控制方案

一、方案目的

为合理、有效地控制企业物料成本，增加产品的利润空间和市场竞争力，提高企业利益，特制定本方案。

二、适用范围

本方案适用于企业对物料成本的控制工作。

三、物料采购成本控制

1. 采购计划控制

（1）在制定物料采购计划前，生产部、研发部、技术部、采购部等相关部门人员应根据实际情况，合理确定物料是通过自制加工还是采购获得。

若企业可以自制加工物料，自制物料能够达到或超过规定质量要求，且自制成本小于物料采购成本，则企业应选择物料自制的方式；若企业无法自制物料，或自制物料的质量不能达到规定要求，自制成本大于物料采购成本，则企业应选择物料采购的方式。

（2）企业相关人员在编制物料采购计划时，应根据物料需求计划，充分考虑各种因素，在满足企业正常运营的前提下，尽量减少物料采购。

（3）企业相关人员应优化物料采购计划，合理选择分批采购和批量采购，最大限度地降低采购成本。

（4）严格控制物料采购量，不得采购非计划内的物料。若确实需要紧急采购，应填写“物料紧急申购单”，经总经理审批通过后方可实施。

2. 采购价格控制

物料采购人员应通过以下几方面对采购价格进行控制：

（1）做好充分的市场调研工作，采购物优价廉的物料；

（2）充分研究招标采购、长期定点采购、比价采购等采购方式，通过比较并结合实际情况，选择采购成本最低的采购方式；

（3）强化采购谈判技能，尽量降低物料采购价格，最大限度地维护企业利益。

3. 供应商控制

（1）物料部应建立健全物料供应商管理档案，根据物料质量、价格、售后服务、商业信誉等方面，对供应商进行评价，并确定评价等级。

（2）企业在采购物料时，应优先考虑评价等级较高的供应商，以降低采购风险和成本。

四、物料仓储成本控制

1. 实行定量库存管理

（1）企业相关人员应跟踪检查库存物料数量，当库存量下降到一定水平（订货点）时，再按照既定的采购计划进货。通过控制物料库存量，可以降低物料仓储成本。

（2）一般情况下，订货点＝平均日需求量 × 备运时间＋安全库存。

（3）为合理控制物料库存量，企业应确定物料采购批量。

2. 实行 ABC 分类管理

企业相关人员应根据物料的价值、特性、日常使用量等因素，将物料合理划分为A、B、C 三类，并进行分类管理。

3. 加强物料保管

（1）通过做好物料的维护保养工作，有效避免物料损坏、变质，减少物料损耗。

（2）通过加强物料的治安和消防管理，有效避免物料丢失、破坏等现象，降低物料成本。

（3）定期盘点、巡查物料，及时发现并消除危险因素，尽量减少物料损失。

五、物料质量成本控制

（1）企业应注重物料的到货验收工作，拒绝接收不符合质量要求的物料。

（2）企业应加强对物料质量的管理，通过各种方法防止其出现质量问题。

（3）企业应加强对物料质量的研究分析，及时发现导致物料质量发生变化的原因，并有针对性地进行防治。

（4）企业应加强物料质量评估工作，合理增加物料质量管理的激励措施，调动员工维护物料质量的积极性。

六、物料使用成本控制

1. 加强领料的控制

（1）物料主管应根据物料定额管理规定，结合实际情况，严格控制物料的领用，对超过使用定额的物料领取申请，原则上不予批准。

（2）因发生废品、零部件丢失等情况，需要超过限额领用物料的，相关部门必须先查明原因，经核实无误后，方可超额补领物料，尤其是对那些耗用量较大、单位价值较高的物料，更要严格管理。

（3）相关人员在领料时，须经物料管理人员按规定的标准和要求核实比对后，方可领料。

（4）领料时要执行“交旧领新”规定，确保及时回收散落在现场的物料，搞好旧品翻新、废品再利用工作。

2. 合理下料，节约用料

（1）相关部门及人员在使用原材料、辅助材料时，必须坚持“节约用料”“按定额用料”等原则，减少料头、料尾损耗，注意节约和合理利用物料，从而提高物料利用率。

（2）下料时要尽可能采用集中下料、精密排料、大小搭配、长短交叉、先大后小等方法，尽量减少边角料，直至物料无法利用为止。

（3）分类堆放边角料、废料，遵循“变一用为多用、变小用为大用、变无用为有用”原则。

12.6 仓储物料部门绩效考核实施细则

12.6.1 仓储部绩效考核实施细则

细则名称	仓储部绩效考核实施细则	编号	
		版本	

第1章　总则

第1条　为规范仓储部绩效考核管理工作，提高仓储部人员的工作积极性，提升仓储部工作绩效，特制定本细则。

第2条　本细则适用于企业仓储部绩效考核工作。

第3条　企业对仓储部的考核本着公开、公平、公正的原则。

第2章　考核周期与考核实施

第4条　企业对仓储部实行月度考核、季度考核和年度考核相结合的方式。月度考核于次月____日前进行，季度考核于每季度结束后下一个月的____日前进行，年度考核于次年1月____日前进行。

第5条　仓储部考核满分为100分，分数根据检查情况与考核细则进行扣减。仓储部绩效考核细则如下所示。

仓储部绩效考核细则

考核项目	考核细则	扣减分
入库管理	未按规定严把入库关，入库物资中有不合格、手续不齐全的，每发现一次，减____分	
	物资签收后必须及时摆放到指定位置，并在相应账物卡上做好增减记录。未按规定执行的，每发现一次，减____分	
	定期核对入库记录，并做好书面核对记录。不按规定核对的，每发现一次，减____分	

（续）

（续表）

考核项目	考核细则	扣减分
出库管理	物资出库前核对出库凭证，办理手续，不符合规定者，每处减____分	
	各类物资发出原则上采用“先进先出法”，未按规定发放者，每次减____分	
	实发物资的名称、规格、数量与领料单不一致的，每次减____分	
	定期核对账物卡与账务员的出库记录，并做好相应的书面核对记录，不按规定进行定期核对的，减____分	
	物资出入库单据传递及时，____小时内对处理完的单据进行传递，每延误1次，减____分	
物资堆码	仓储部相关工作人员必须按物资堆码要求堆放物资（以物资包装标示和客户要求为准），不符合要求者，每处减____分	
物资保管	是否有撞坏产品或包装的现象，若有，每项减____分	
环境管理	是否有产品防潮、防尘等措施，若缺失，每项减____分	
账务管理	每天按要求及时登账，并做到账目清晰，每有1处不完整，减____分	
上交报表	按要求及时上交各类报表，包括产品月报表、仓储费用报表、转仓费用报表、装卸费用报表及其他费用报表。报表要准确，延误上交1次或出现1处错误，减____分	
仓储安全管理	仓库机械应实行专人专机，建立岗位责任制，该项制度缺失，减____分	
	仓储设备性能应达到相应要求，否则每项减____分；仓储设施设备完好率低于____%，每项减____分	
	根据货物尺寸、重量、形状来选用合理的装卸、搬运设备，严禁超高、超宽、超重、超速及其他不规范操作，出现1次，减____分	
	仓储事故每发生1次（损失金额在____元以内），减____分	
仓库现场管理	仓库现场管理工作必须严格按照5S要求执行，不符合要求的，每项（处）减____分	
人员管理	工作人员上班中途是否有早退现象，装卸工是否有违规操作现象等，若有，每人次减____分	
最终得分（100分－扣减分）：____________		

第6条　人力资源部根据上述考核细则对仓储部进行打分，并确定最终考核结果。

第7条　人力资源部按照最终考核得分将仓储部考核结果分为五个等级，各等级对应的分数如下所示。

仓储部考核结果等级划分

考核结果等级	优秀（S）	良好（A）	中等（B）	及格（C）	差（D）
分数	90~100分	80~89分	70~79分	60~69分	60分以下

（续）

第 8 条　仓储部若对考核结果有异议，可在考核结果公布后七个工作日内向人力资源部提出申诉；超过申诉期的，视为仓储部认同考核结果。

第 3 章　考核结果的应用

第 9 条　企业根据考核结果，依据已制定的薪酬激励与奖金管理制度计发仓储部相关人员的绩效工资及奖金。

第 10 条　人力资源部建立仓储部日常考核台账，记录考核内容和结果，以此作为考核打分、考核结果反馈及考核申诉处理的依据。

第 4 章　附则

第 11 条　本细则由人力资源部制定，解释权归人力资源部所有。

第 12 条　本细则自颁布之日起执行。

编制日期		审核日期		批准日期	
修改标记		修改处数		修改日期	

12.6.2　物料部绩效考核实施细则

细则名称	物料部绩效考核实施细则	编号	
		版本	

第 1 章　总则

第 1 条　为规范物料部绩效考核管理工作，提高物料部人员的工作积极性，提升物料部工作绩效，特制定本细则。

第 2 条　本细则适用于企业物料部绩效考核工作。

第 3 条　企业对物料部的考核本着公开、公平、公正的原则。

第 2 章　考核周期与考核实施

第 4 条　企业对物料部实行月度考核、季度考核和年度考核。月度考核于次月____日前进行，季度考核于每季度结束后下一个月的____日前进行，年度考核于次年 1 月____日前进行。

第 5 条　人力资源部根据工作计划，发出员工考核通知，说明考核目的、考核对象、考核内容及考核进度安排。

第 6 条　人力资源部根据对物料部的考核内容制定绩效考核指标，并结合物料部的实际情况及企业内外部环境等因素，设定各个指标的权重。

第 7 条　物料部绩效考核采用百分制，具体的绩效考核指标、权重和考核标准如下所示。

物料部绩效考核指标、权重和考核标准

序号	考核指标	权重	考核标准
1	物料费用控制	20%	（1）____万元＜物料费用控制＜____万元，得 20 分 （2）物料费用每降低____万元或超出____万元，扣____分 （3）物料费用低于____万元或高于____万元，得分为 0
2	物料计划准确率	15%	（1）物料计划准确率≥____%，得 15 分 （2）物料计划准确率＜____%，每降低____%，扣____分 （3）物料计划准确率低于____%，该项得分为 0

（续）

（续表）

序号	考核指标	权重	考核标准
3	物料入库差错率	10%	（1）物料入库差错率≥____%，得10分 （2）物料入库差错率每增加____%，扣____分 （3）物料入库差错率高于____%，该项得分为0
4	发货准确率	10%	（1）发货准确率达到100%，得10分 （2）发货准确率每降低____%，扣____分 （3）发货准确率低于____%，该项得分为0
5	物料供应及时率	10%	（1）物料供应及时率≥____%，得10分 （2）物料供应及时率每降低____%，扣____分 （3）物料供应及时率低于____%，该项得分为0
6	物料储存完好率	10%	（1）物料储存完好率达到100%，得10分 （2）物料储存完好率每降低____%，扣____分 （3）物料储存完好率低于____%，该项得分为0
7	物料领用差错率	5%	（1）物料领用差错率≤____%，得5分 （2）物料领用差错率每增加____%，扣____分 （3）物料领用差错率高于____%，该项得分为0
8	物料储存环境良好率	5%	（1）物料储存环境良好率达到100%，得5分 （2）物料储存环境良好率每降低____%，扣____分 （3）物料储存环境良好率低于____%，该项得分为0
9	库存盘点账实相符率	5%	（1）库存盘点账实相符率达到100%，得5分 （2）库存盘点账实相符率每降低____%，扣____分 （3）库存盘点账实相符率低于____%，该项得分为0
10	物料储存安全事故次数	5%	（1）物料储存安全事故次数为0，得5分 （2）物料储存安全事故每出现____次，扣____分 （3）物料储存安全事故次数高于____次，该项得分为0
11	部门协作满意度	5%	（1）部门协作满意度≥____分，得5分 （2）部门协作满意度每降低____分，扣____分 （3）部门协作满意度低于____分，该项得分为0

第8条　人力资源部根据上述考核标准对物料部进行考核打分，并确定最终考核结果。

第9条　人力资源部按照最终考核得分将物料部的考核结果分为五个等级，各等级对应的分数如下所示。

物料部考核结果等级划分

考核结果等级	优秀（S）	良好（A）	中等（B）	及格（C）	差（D）
分数	90~100分	80~89分	70~79分	60~69分	60分以下

第10条　物料部若对考核结果有异议，可在考核结果公布后七个工作日内向人力资源部提出申诉；超过申诉期的，视为物料部认同考核结果。

（续）

<table>
<tr><td colspan="6">

第 3 章　考核结果的应用

第 11 条　企业根据考核结果，依据已制定的薪酬激励与奖金管理制度计发物料部的绩效工资及奖金。

第 12 条　人力资源部建立物料部日常考核台账，记录考核内容和结果，并以此作为考核打分、考核结果反馈及考核申诉处理的依据。

第 4 章　附则

第 13 条　本细则由人力资源部制定，解释权归人力资源部所有。

第 14 条　本细则自颁布之日起执行。

</td></tr>
<tr><td>编制日期</td><td></td><td>审核日期</td><td></td><td>批准日期</td><td></td></tr>
<tr><td>修改标记</td><td></td><td>修改处数</td><td></td><td>修改日期</td><td></td></tr>
</table>

第13章

售后服务人员绩效考核

13.1 售后服务人员与部门考核指标设计

13.1.1 线上售后服务人员六大量化考核指标

指标1：平均响应时间

考核目的	了解线上售后服务人员是否具有主动服务客户的意识，推动线上售后服务水平的提升		
考核指标	平均响应时间	计算公式/说明	通过服务软件的统计数据进行综合计量
考核周期	月/季/年度	信息来源	线上售后服务部
失真提示	平均响应时间与工作的技术环境密切相关，一些硬件设备的老化等因素可能导致平均响应时间存在偏差，造成考核结果失真		

指标2：客户意见反馈及时率

考核目的	用于评估线上售后服务人员对客户意见反馈的及时性		
考核指标	客户意见反馈及时率	计算公式/说明	$\frac{\text{在规定时间内及时反馈客户意见的次数}}{\text{需要反馈的总次数}} \times 100\%$
考核周期	季/年度	信息来源	线上售后服务部
失真提示	企业内部工作人员未真实填写客户意见反馈时间，导致考核依据不准确，造成考核结果失真		

指标3：客户投诉解决满意度

考核目的	用来衡量线上售后服务人员的客户服务水平		
考核指标	客户投诉解决满意度	计算公式/说明	接受随机调研的客户对投诉解决满意度评分的算术平均值
考核周期	月/季/年度	信息来源	线上售后服务部
失真提示	未考虑到解决每一个投诉的难易程度，导致目标值的设置偏大或偏小，从而削弱考核的效果		

指标 4：询价转化率

考核目的	用来衡量线上售后服务人员的工作能力		
考核指标	询价转化率	计算公式 / 说明	$\frac{\text{考核期内询价后购买产品的客户数}}{\text{考核期内询价客户总数}} \times 100\%$
考核周期	月度	信息来源	线上售后服务部
失真提示	购买产品的评价标准不科学或模糊不清或不符合企业实际（有些客户当时不买，但以后会买），造成考核结果失真		

指标 5：销售增长率

考核目的	用来衡量线上售后服务人员工作业绩的增长情况		
考核指标	销售增长率	计算公式 / 说明	$\frac{\text{考核期内销售增长额}}{\text{上期销售总额}} \times 100\%$
考核周期	季 / 年度	信息来源	线上售后服务部
失真提示	企业盲目追求销售额的增长，设定高目标值，导致考核指标的目标值设定不合理，评价标准不科学、不客观，造成考核结果失真		

指标 6：销售计划完成率

考核目的	用来衡量线上售后服务人员销售计划的完成情况		
考核指标	销售计划完成率	计算公式 / 说明	$\frac{\text{实际完成的销售数量}}{\text{计划完成的销售数量}} \times 100\%$
考核周期	季 / 年度	信息来源	线上售后服务部
失真提示	企业盲目追求销售数量，设定高目标值，使得考核指标的目标值设定不合理，评价标准不科学、不客观，导致考核结果失真		

13.1.2 线下售后服务人员三大量化考核指标

指标 1：客户投诉解决满意度

考核目的	用来衡量线下售后服务人员的客户服务水平		
考核指标	客户投诉解决满意度	计算公式 / 说明	接受随机调研的客户对投诉解决满意度评分的算术平均值
考核周期	月 / 季 / 年度	信息来源	线下售后服务部
失真提示	未考虑到解决每一个投诉的难易程度，导致目标值的设置偏大或偏小，从而削弱了考核的效果		

指标 2：服务流程改进建议被采纳的次数

考核目的	用来衡量线下售后服务人员的工作能力和工作态度		
考核指标	服务流程改进建议被采纳的次数	计算公式 / 说明	根据售后服务部门的实际统计结果核算

（续表）

考核周期	季 / 年度	信息来源	线下售后服务部
失真提示	未考虑到每一次服务流程改进时的难易程度，导致设置的目标值偏高或偏低，从而削弱了考核的效果		

指标 3：部门协作满意度

考核目的	用来衡量线下售后服务人员与企业其他部门之间的协作水平和能力		
考核指标	部门协作满意度	计算公式 / 说明	其他部分工作人员对线下售后服务人员协作水平与能力评分的算术平均值
考核周期	月度	信息来源	线下售后服务部
失真提示	未考虑到每一次协作解决问题的难易程度，导致设置的目标值偏高或偏低，从而削弱了考核的效果		

13.1.3 线上售后服务部关键绩效考核指标设计

序号	KPI 指标	考核周期	指标定义 / 公式	资料来源
1	客户意见反馈及时率	季 / 年度	$\frac{\text{在规定时间内反馈客户意见的次数}}{\text{总共需要反馈的次数}} \times 100\%$	线上售后服务部
2	客户投诉解决及时率	月 / 季 / 年度	$\frac{\text{及时解决投诉的次数}}{\text{投诉总次数}} \times 100\%$	线上售后服务部
3	客户投诉解决满意度	月 / 季 / 年度	接受随机调研的客户对线上售后服务部工作满意度评分的算术平均值	线上售后服务部
4	线上服务费用预算的控制情况	月 / 季 / 年度	将线上服务费用控制在预算范围内	线上售后服务部
5	销售增长率	季 / 年度	$\frac{\text{考核期内销售增长额}}{\text{上期销售总额}} \times 100\%$	线上售后服务部

13.1.4 线下售后服务部关键绩效考核指标设计

序号	KPI 指标	考核周期	指标定义 / 公式	资料来源
1	客户投诉解决及时率	月 / 季 / 年度	$\frac{\text{及时解决投诉的次数}}{\text{投诉总次数}} \times 100\%$	线下售后服务部
2	报修处理及时率	月 / 季 / 年度	$\frac{\text{保修处理及时的次数}}{\text{保修总次数}} \times 100\%$	线下售后服务部
3	客户调研计划完成率	月 / 季 / 年度	$\frac{\text{客户调研计划实际完成量}}{\text{客户调研计划应完成量}} \times 100\%$	线下售后服务部
4	客户满意度	月 / 季 / 年度	接受调研的客户对线下售后服务部工作满意度评分的算术平均值	线下售后服务部

（续表）

序号	KPI 指标	考核周期	指标定义 / 公式	资料来源
5	线下服务费用预算的控制情况	月 / 季 / 年度	将线下服务费用控制在预算范围内	财务部
6	维修备件缺失率	月 / 季 / 年度	$\frac{\text{发生缺件的次数}}{\text{总维修次数}} \times 100\%$	线下售后服务部

13.2 售后服务业务关键绩效考核指标的目标值设计与调整

13.2.1 售后服务业务关键绩效考核指标的目标值设计

序号	KPI 指标	目标值
1	客户意见反馈及时率	客户意见反馈及时率至少要达到____%，未达到目标值的，每低____%，本项扣____分；低于____%，本项得分为 0
2	客户投诉解决及时率	客户投诉解决及时率至少要达到____%，未达到目标值的，每低____%，本项扣____分；低于____%，本项得分为 0
3	统一服务行为模式的执行率	统一服务行为模式的执行率至少要达到____%，未达到目标值的，每低____%，本项扣____分；低于____%，本项得分为 0
4	服务费用预算的控制情况	将服务费用控制在预算范围内
5	客户满意度	客户对售后服务的满意度评分在____分以上
6	部门协作满意度	相关人员对部门协作满意度的评分在____分以上

13.2.2 售后服务业务关键绩效考核指标的目标值调整

售后服务业务关键绩效考核指标的目标值调整要注意以下三个关键因素。

1. 服务培训

售后服务业务虽然看起来简单，但却需要工作人员持续不断的学习。企业应对售后服务人员进行相应的服务培训，针对售后服务业务制定相应的标准和规范，这是提升售后服务工作效能的重要步骤。通常，经过了系统培训的售后服务团队，其工作能力、工作态度和工作业绩都会有显著提升。因此，售后服务业务的关键绩效考核指标要根据企业的服务培训情况与水平而做出调整。例如，客户意见反馈及时率、部门协作满意度等指标，在工作人员经过相应的培训后，目标值可以适当调高。

2. 销售淡旺季的影响

当进入销售淡旺季时，企业应对相关的绩效考核指标做出调整，一些指标的目标值在销售旺季可以适当调高，淡季可以适当调低。

3. 企业推出新产品

当企业推出新产品，并且新产品的品质有大幅度提升时，售后的投诉事件会降低。这种情况下，相关售后服务考核指标的目标值就应做出调整。

13.3　售后服务人员考核标准设计

13.3.1　线上售后服务考核标准

线上售后服务人员不直接面对客户，他们在回答和解决客户提出的各种问题时，可能会存在一些沟通、交流方面的障碍。因此，企业在设计线上售后服务的考核标准时，就有必要考虑这些特殊因素。

1. 从考核指标的角度来看

线上售后服务人员要想将工作做好，在面对客户时，首先态度要好，其次要具备解决问题的能力及协调能力。企业对线上售后服务人员的考核就要从这些方面着手，如设置客户投诉解决及时率、客户投诉解决满意度等指标。

2. 从考核目标值的角度来看

线上售后服务人员的考核目标值大多依据过去的经验和行业平均值设定，尤其是员工在经过专业的培训之后，目标值将逐渐趋于稳定。

3. 从考核变化的角度来看

线上售后服务人员的考核变化主要是由员工工作技能的不断提升，以及销售淡旺季等因素引起的。在这些因素的作用下，考核指标与目标值都会有所变化。

13.3.2　线下售后服务考核标准

线下售后服务人员直接面对客户，沟通、交流会更加直接、方便。通常情况下，客户大多会直接带着产品过来，要求售后服务人员解决问题。因此，企业对线下售后服务人员进行绩效考核时，设计的考核指标与目标值必须要有针对性。

1. 从考核指标的角度来看

在客户迫切需要解决问题时，线下售后服务人员必须要有良好的工作态度，同时要提高工作效率。企业可能通过设置客户意见反馈及时率、客户投诉解决及时率、客户满意度等指标对线下售后服务人员进行考核。

2. 从考核目标值的角度来看

线下售后服务人员的考核目标值通常比较稳定，只要产品没有太大的改变，一般可依据过去的经验和行业平均值来设定。

3. 从考核变化的角度来看

影响线下售后服务人员考核变化的因素较多，如企业新产品的推出，销售淡旺季等。在这些因素的影响下，考核指标需要做出适当调整。

13.4 售后服务岗位关键绩效考核指标量表

13.4.1 客服部经理考核指标量表

<table>
<tr><td colspan="2">被考核人姓名</td><td colspan="2"></td><td>职位</td><td>客服部经理</td><td>部门</td><td>客服部</td></tr>
<tr><td colspan="2">考核人姓名</td><td colspan="2"></td><td>职位</td><td>总经理</td><td>部门</td><td></td></tr>
<tr><td>序号</td><td colspan="2">KPI 指标</td><td>权重</td><td colspan="3">目标值</td><td>考核得分</td></tr>
<tr><td>1</td><td colspan="2">客服部工作计划完成率</td><td>20%</td><td colspan="3">考核期内客服部工作计划完成率达到____%</td><td></td></tr>
<tr><td>2</td><td colspan="2">部门费用预算节省率</td><td>15%</td><td colspan="3">考核期内部门费用预算节省率达到____%</td><td></td></tr>
<tr><td>3</td><td colspan="2">客户意见反馈及时率</td><td>15%</td><td colspan="3">考核期内客户意见反馈及时率达到____%</td><td></td></tr>
<tr><td>4</td><td colspan="2">客户服务信息传递及时率</td><td>10%</td><td colspan="3">考核期内客户服务信息传递及时率达到____%</td><td></td></tr>
<tr><td>5</td><td colspan="2">客服流程改进目标达成率</td><td>10%</td><td colspan="3">考核期内客服流程改进目标达成率在____%以上</td><td></td></tr>
<tr><td>6</td><td colspan="2">客服标准有效执行率</td><td>10%</td><td colspan="3">考核期内客服标准有效执行率达到____%</td><td></td></tr>
<tr><td>7</td><td colspan="2">客户满意度</td><td>5%</td><td colspan="3">考核期内客户满意度评分在____分以上</td><td></td></tr>
<tr><td>8</td><td colspan="2">部门协作满意度</td><td>5%</td><td colspan="3">考核期内部门协作满意度评分在____分以上</td><td></td></tr>
<tr><td>9</td><td colspan="2">大客户流失数</td><td>5%</td><td colspan="3">考核期内因客服原因造成大客户流失的数量为 0</td><td></td></tr>
<tr><td>10</td><td colspan="2">员工管理</td><td>5%</td><td colspan="3">考核期内部门员工平均考核成绩在____分以上</td><td></td></tr>
<tr><td colspan="7">本次考核总得分</td><td></td></tr>
<tr><td colspan="3">被考核人</td><td colspan="3">考核人</td><td colspan="2">复核人</td></tr>
<tr><td colspan="3">签字：　　日期：</td><td colspan="3">签字：　　日期：</td><td colspan="2">签字：　　日期：</td></tr>
</table>

13.4.2 呼叫中心经理考核指标量表

<table>
<tr><td colspan="2">被考核人姓名</td><td colspan="2"></td><td>职位</td><td>呼叫中心经理</td><td>部门</td><td>客服部</td></tr>
<tr><td colspan="2">考核人姓名</td><td colspan="2"></td><td>职位</td><td>总经理</td><td>部门</td><td></td></tr>
<tr><td>序号</td><td colspan="2">KPI 指标</td><td>权重</td><td colspan="3">目标值</td><td>考核得分</td></tr>
<tr><td>1</td><td colspan="2">呼叫中心业务计划完成率</td><td>20%</td><td colspan="3">考核期内呼叫中心业务计划完成率达到 100%</td><td></td></tr>
</table>

（续表）

序号	KPI 指标	权重	目标值	考核得分
2	服务费用预算控制情况	15%	考核期内服务费用控制在预算范围内	
3	客户调研计划完成率	15%	考核期内客户调研计划完成率在____% 以上	
4	呼叫中心服务流程改进目标完成率	15%	考核期内呼叫中心服务流程改进目标完成率在____% 以上	
5	客户满意度	10%	考核期内呼叫中心客户满意度评分在____分以上	
6	呼叫业务量	5%	考核期内呼叫业务量在____次以上	
7	客户意见反馈及时率	5%	考核期内对客户意见在标准时间内反馈的及时率达到____%	
8	部门协作满意度	5%	考核期内部门协作满意度评分在____分以上	
9	一次性解决问题的呼叫率	5%	考核期内一次性解决问题的呼叫率达到____%	
10	员工绩效考核平均分	5%	考核期内员工绩效考核平均分达到____分以上	
本次考核总得分				
被考核人		**考核人**	**复核人**	
签字： 日期：		签字： 日期：	签字： 日期：	

13.4.3 线上客服经理考核指标量表

被考核人姓名			**职位**	线上客服经理	**部门**	客服部
考核人姓名			**职位**	总经理	**部门**	
序号	**KPI 指标**	**权重**	**目标值**			**考核得分**
1	统一产品和服务行为模式的执行率	25%	考核期内统一产品和服务行为模式的执行率达到____%			
2	客户意见反馈及时率	15%	考核期内对客户意见在标准时间内反馈的及时率达到____%			
3	客户服务信息传递及时率	10%	考核期内客户服务信息传递及时率达到____%			
4	询价转化率	10%	考核期内客户询价转化率达到____%			
5	平均响应时间	10%	考核期内平均响应时间在____秒以下			
6	客户投诉解决满意率	10%	考核期内客户投诉解决满意率达到____%			
7	服务流程改进建议被采纳的次数	5%	考核期内服务流程改进建议被采纳的次数在____次以上			

（续表）

序号	KPI 指标	权重	目标值	考核得分
8	客户满意度	5%	考核期内客户满意度评分在____分以上	
9	部门协作满意度	5%	考核期内部门协作满意度评分在____分以上	
10	大客户流失数	5%	考核期内因客户服务原因造成大客户流失的数量为 0	
本次考核总得分				
被考核人		考核人		复核人
签字： 日期：		签字： 日期：		签字： 日期：

13.4.4 线下客服经理考核指标量表

被考核人姓名		职位	线下客服经理	部门	客服部
考核人姓名		职位	总经理	部门	
序号	KPI 指标	权重	目标值		考核得分
1	统一产品和服务行为模式的执行率	25%	考核期内统一产品和服务行为模式的执行率达到____%		
2	客户意见反馈及时率	15%	考核期内对客户意见在标准时间内反馈的及时率达到____%		
3	客户服务信息传递及时率	10%	考核期内客户服务信息传递及时率达到____%		
4	客户回访率	10%	考核期内客户回访率达到____%		
5	客户投诉解决及时率	10%	考核期内客户投诉解决及时率达到____%		
6	客户投诉解决满意率	10%	考核期内客户投诉解决满意率达到____%		
7	服务流程改进建议被采纳的次数	5%	考核期内服务流程改进建议被采纳的次数在____次以上		
8	客户满意度	5%	考核期内客户满意度评分在____分以上		
9	部门协作满意度	5%	考核期内部门协作满意度在____分以上		
10	大客户流失数	5%	考核期内因客户服务原因造成大客户流失的数量在____个以下		
本次考核总得分					
被考核人		考核人		复核人	
签字： 日期：		签字： 日期：		签字： 日期：	

13.4.5 投诉主管考核指标量表

被考核人姓名			职位	投诉主管	部门	客服部
考核人姓名			职位	总经理	部门	
序号	KPI 指标	权重	目标值			考核得分
1	客户意见反馈及时率	20%	考核期内对客户意见在标准时间内反馈的及时率达到____%			
2	客户投诉解决及时率	15%	考核期内客户投诉解决及时率达到____%			
3	投诉受理及时率	15%	考核期内客户投诉受理及时率达到____%			
4	客户回访率	15%	考核期内客户回访率达到____%			
5	客户投诉解决满意率	10%	考核期内客户投诉解决满意率达到____%			
6	客户投诉重要质量问题传递的及时率	10%	考核期内客户投诉重要质量问题传递的及时率达到____%			
7	统一产品和服务行为模式的执行率	10%	考核期内统一产品和服务行为模式的执行率达到____%			
8	部门协作满意度	5%	考核期内部门协作满意度评分在____分以上			
本次考核总得分						
被考核人		考核人			复核人	
签字： 日期：		签字： 日期：			签字： 日期：	

13.4.6 线上客服专员指标量表

被考核人姓名			职位	线上客服专员	部门	客服部
考核人姓名			职位	总经理	部门	
序号	KPI 指标	权重	目标值			考核得分
1	接待客户量	5%	考核期内接待客户量不低于____人 / 天			
2	平均响应时间	10%	考核期内平均响应时间控制在____分钟之内			
3	询单转化率	15%	考核期内询单转化率达到____%			
4	客单价	20%	考核期内客单价平均达到____元 / 笔			
5	销售额	20%	考核期内销售额达到____元			
6	退款率	10%	考核期内退款率不得高于____%			
7	客户好评率	10%	考核期内客户好评率不得低于____%			
8	客户投诉次数	10%	考核期内客户投诉次数为 0			
本次考核总得分						
被考核人		考核人			复核人	
签字： 日期：		签字： 日期：			签字： 日期：	

13.4.7 线下客服专员指标量表

<table>
<tr><td colspan="2">被考核人姓名</td><td colspan="2"></td><td>职位</td><td>线下客服专员</td><td>部门</td><td>客服部</td></tr>
<tr><td colspan="2">考核人姓名</td><td colspan="2"></td><td>职位</td><td>总经理</td><td>部门</td><td></td></tr>
<tr><td>序号</td><td>KPI 指标</td><td>权重</td><td colspan="4">目标值</td><td>考核得分</td></tr>
<tr><td>1</td><td>遵守相关规章制度的情况</td><td>10%</td><td colspan="4">考核期内遵守相关规章制度，无违纪现象发生</td><td></td></tr>
<tr><td>2</td><td>解答客户问题的及时性</td><td>10%</td><td colspan="4">考核期内能够及时、有效地解答问题</td><td></td></tr>
<tr><td>3</td><td>投诉记录准确率</td><td>15%</td><td colspan="4">考核期内投诉记录准确率达到____%</td><td></td></tr>
<tr><td>4</td><td>客户满意率</td><td>15%</td><td colspan="4">考核期内客户满意率达到____%</td><td></td></tr>
<tr><td>5</td><td>投诉回访率</td><td>10%</td><td colspan="4">考核期内投诉回访率达到____%</td><td></td></tr>
<tr><td>6</td><td>客户资料完整率</td><td>10%</td><td colspan="4">考核期内客户资料完整率达到____%</td><td></td></tr>
<tr><td>7</td><td>客户信息安全率</td><td>10%</td><td colspan="4">考核期内客户信息安全率达到____%</td><td></td></tr>
<tr><td>8</td><td>客户意见反馈及时率</td><td>10%</td><td colspan="4">考核期内客户意见反馈及时率达到____%</td><td></td></tr>
<tr><td>9</td><td>客户接待及时率</td><td>10%</td><td colspan="4">考核期内客户接待及时率达到____%</td><td></td></tr>
<tr><td colspan="7">本次考核总得分</td><td></td></tr>
<tr><td colspan="3">被考核人</td><td colspan="3">考核人</td><td colspan="2">复核人</td></tr>
<tr><td colspan="3">签字：　　日期：</td><td colspan="3">签字：　　日期：</td><td colspan="2">签字：　　日期：</td></tr>
</table>

13.5 售后服务业务提成方案设计

13.5.1 线上客服业务提成方案

线上客服业务提成方案

一、说明

本方案适用于线上客服业务的销售提成计算、发放等相关工作。

二、线上客服业务提成计算的周期

线上客服业务的提成每年度发放 1 次。

三、线上客服业务提成计提标准

线上客服业务提成的计提范围是网络销售各产品的整体销售总额，具体的计提标准如下所示。

线上客服业务年度提成计提标准

产品名称	销售金额	计提标准	产品类别
A 产品	600 万元以上	销售总金额的 1.1%	老产品
	400 万~600 万（含）元	销售总金额的 1%	
	400 万（含）元以下	销售总金额的 0.9%	
适用说明	（1）当 A 产品的销售费用小于等于 A 产品销售总金额的 1% 时，按照本标准计提 （2）当 A 产品的销售费用小于等于 A 产品销售总金额的 2%，但大于 1% 时，按照本标准相应比例的 70% 计提 （3）当 A 产品的销售费用大于 A 产品销售总金额的 2% 时，按与本企业约定的标准计提 （4）A 产品的销售费用是指通过网络达成 A 产品销售所花的费用		
产品名称	销售金额	计提标准	产品类别
B 产品	900 万元以上	销售总金额的 0.9%	老产品
	600 万~900 万（含）元	销售总金额的 0.85%	
	600 万（含）元以下	销售总金额的 0.8%	
适用说明	（1）当 B 产品的实际平均销售单价大于等于网上标价的 7.5 折时，按照本标准计提 （2）当 B 产品的实际平均销售单价大于等于网上标价的 6 折，但小于 7.5 折时，按本标准对应比例的 80% 计提 （3）B 产品实际销售单价最低为网上标价的 6 折，低于此价格须经企业线上销售总监批准		
产品名称	销售金额	计提标准	产品类别
C 产品	300 万元以上	销售总金额的 1.6%	新产品
	200 万~300 万（含）元	销售总金额的 1.4%	
	200 万（含）元以下	销售总金额的 1.2%	
适用说明	该产品的网络销售费用应控制在 15 万元以内，超过此费用须经线上销售总监批准		

四、线上客服业务提成计算

线上客服业务提成 =A 产品的销售总额 × 其对应的比例 +B 产品的销售总额 × 其对应的比例 +C 产品的销售总额 × 其对应的比例

五、提成发放

提成发放根据企业工资制度和财务部相关规定执行。

13.5.2 线下客服业务提成方案

线下客服业务提成方案

一、目的

为了激发线下客户服务人员的工作积极性，提高线下客户服务工作效率，加强售后服务工作，特制定本方案。

二、线下客户服务工作说明

线下客户服务业务主要分为客户服务业务和客户开发业务，具体工作内容如下。

1. 客户服务业务

（1）负责处理客户的投诉及意见反馈。

（2）负责管辖区域内客户的走访、保养、维修、送货、收款、续签合同及机器大修的接修等工作。

（3）负责客户的分类、保养维修计划的制定与实施等工作。

2. 客户开发业务

（1）负责开发新客户，向其销售产品。

（2）负责管辖区域内原有客户的二次开发。

三、提成计提方法

1. 客户服务团队

客户服务提成全部计提到团队，然后按照当月团队可分配奖金总额与团队成员实际分值分配团队成员奖金。具体的计提方法如下所示。

客户服务提成计提方法

奖金项目	提成比例		核算方法
按毛利计提奖金	9%		扣除团队直接费用后的当月销售毛利 ×9%
年保奖金	续签年保	16%	∑按签约金额扣除该笔直接费用 ×16%
	新签年保	20%	∑按签约金额扣除该笔直接费用 ×20%
机器大修奖金	企业客户	12%	∑扣除该次大修的直接费用 ×12%
	非企业客户	18%	∑扣除该次大修的直接费用 ×18%
产品销量奖金	____元/台		按团队当月实际完成量计算

2. 客户开发团队

客户开发业务的所有提成全部计提到团队，然后按照当月团队可分配奖金总额与团队成员实际分值分配团队成员奖金。具体的计提方法如下所示。

客户开发业务提成的计提方法

奖金项目		提成比例	核算方法
年保奖金		20%	∑签约金额 ×20%
机器大修奖金		20%	∑（该次大修收入 – 该次大修的直接费用）×20%
产品及配件销售奖金		10%	∑（销售收入 – 相应费用）×10%
说明	（1）新开发的客户，按产品每月实际销量及上述标准连提三个月，第四个月起销量归属客户服务人员 （2）新开发的客户，产品前三个月的保养、维修等联系工作由客户服务人员负责 （3）所有产品的销售价格不得低于企业散单批发价		

四、提成发放

提成发放根据企业工资制度和财务部相关规定执行。

13.6 售后服务部门绩效考核实施细则

13.6.1 线上售后服务部绩效考核实施细则

<table>
<tr><td rowspan="2">细则名称</td><td rowspan="2">线上售后服务部绩效考核实施细则</td><td>编号</td><td></td></tr>
<tr><td>版本</td><td></td></tr>
<tr><td colspan="4">

第1章 总则

第1条 目的

为加强和提升线上售后服务工作质量，调动员工工作积极性，促进产品销量，特制定本细则。

第2条 适用范围

本细则适用于线上售后服务部所有员工。

第2章 考核小组

第3条 考核小组成员

（1）为规范线上售后服务考核工作，企业特成立线上售后服务部考核小组，由营销总监任组长，人力资源部经理任副组长，其他成员包括人力资源部考核专员、财务人员等。

（2）对线上售后服务部经理进行考核时，其直属下级线上售后主管可进入考核小组。

（3）对线上售后服务主管进行考核时，线上售后服务部经理可进入考核小组。

（4）对线上售后服务专员进行考核时，线上售后服务主管可进入考核小组。

第4条 考核小组的职责

（1）负责制定线上售后服务部各级人员考核计划，监督和控制各级考核工作的良好运行。

（2）对考核工作进行必要的沟通和指导，将考核记录、结果等资料及时汇总并上报总经理。

（3）公布考核结果，针对考核结果与员工面谈，制定员工工作改进计划。

（4）按企业规定处理员工绩效申诉，并将处理结果报总经理审批。

（5）根据考核结果做出一定范围内的人事决策。

第3章 考核实施

第5条 考核方法

（1）对线上售后服务部经理的考核，采取自我述职和上级主管考核综合评判的方法，每半年考核一次，并纳入年度综合评判。

（2）对线上售后服务主管的考核，采取自我述职和上级主管考核综合评判的方法，每个季度考核一次，并纳入年度综合评判。

（3）对一般员工（如线上客服专员、线上支持专员、线上投诉专员等）的考核，每月进行一次。

第6条 考核时间

（1）线上售后服务部经理的考核时间安排在每年的6月5日—6月15日和次年的1月5日—1月15日。

（2）线上售后服务主管的考核时间安排在每年4月、7月、10月和次年1月的中上旬。

（3）一般员工（如线上客服专员、线上支持专员、线上投诉专员等）考核时间为每月的14日—16日。

（4）若考核时间恰逢节假日，则依次顺延。

第7条 考核内容

线上售后服务部经理、主管及一般员工的考核内容请参考线上售后服务部、人力资源部共同制定的“线上售后服务部经理绩效考核方案”“线上售后服务主管绩效考核方案”及一般员工的相关绩效考核方案。

</td></tr>
</table>

（续）

第 8 条　考核面谈

年度绩效考核结束后，应由考核小组负责人及被考核人的直接上级与被考核者进行绩效考核面谈。绩效考核面谈应在考核结束后一周内进行，并报人力资源部备案。

第 9 条　考核反馈

考核结束后，考核小组须及时将考核成绩与考核评语反馈给被考核者。一方面，肯定被考核者的优秀表现，鼓励其继续努力；另一方面，指出被考核者的不良绩效，并与其一起找出原因，制定改进方案。

第 10 条　考核申诉

（1）考核结束后，被考核者如果对考核结果有异议，应先通过与直接上级沟通的方式解决。

（2）若与直接上级沟通无果，被考核者有权向人力资源部提出申诉。人力资源部通过调查与协调，在 10 日内向申诉者答复最终结果。

（3）若员工的申诉成立，考核小组必须改正申诉者的考核结果。

第 11 条　考核结果的应用

（1）考核结果由两部分构成，自我评价得分和直接上级考核得分。

考核最终分数 = 自我评价得分 ×20% + 直接上级考核得分 ×80%

（2）考核分数对应等级。优秀：90 分及以上；合格：70~89 分；不合格：69 分及以下。

考核者应综合权衡被考核者的总体水平，使整体考核结果呈正态分布，将优秀等级比率控制在 20% 之内。

（3）根据每一考核期的绩效考核结果，形成员工年度绩效考核结果，并以此作为员工绩效改进、年终奖金发放及职位晋升等的依据。

编制日期		审核日期		批准日期	
修改标记		修改处数		修改日期	

13.6.2　线下售后服务部绩效考核实施细则

细则名称	线下售后服务部绩效考核实施细则	编号	
		版本	

第 1 章　总则

第 1 条　为了贯彻企业的绩效考核制度，达成售后服务部的工作目标，加强对线下售后服务部门的激励，特制定本细则。

第 2 条　本细则的考核对象为线下售后服务部经理、主管及专员。其中，售后服务专员包含客户信息管理人员、包装送货人员、技术支持人员、维修人员、投诉处理人员等。

第 3 条　本细则以公平、公正、公开为考核的基本原则。

第 4 条　本细则适用于线下售后服务部门整体的绩效认定，以及部门内所有人员的薪酬激励、奖惩、职位调动、职业发展等工作。

第 2 章　考核关系及考核主体的职责

第 5 条　考核关系

（1）线下售后服务部经理由其直接上级（销售总监）、直接下级（各售后服务主管）实施考核。

（2）线下售后服务主管的考核由直接上级考核、同级人员考核、直接下级考核三种方式组成。

（3）线下售后服务专员的考核由线下售后服务主管负责，同时由同级、同科室、同组别的其他专员参与考核。

（续）

第 6 条　人力资源部

（1）负责企业考核制度、规范等的制定和监督实施工作。

（2）在每次考核之前做好资料筹备工作，并向被考核者发出考核通知。

（3）处理员工申诉事件。员工申诉事件的处理采取人力资源部负责组织、员工的直接上级参与、各级主管负责调解的方式进行。

（4）人力资源总监对汇总的考核结果进行审批。

第 7 条　销售总监

（1）对线下售后服务部经理进行考核。

（2）监控线下售后服务部的考核进程。

（3）在考核结果送交人力资源部之前，对考核结果进行审核。

第 8 条　线下售后服务部经理

线下售后服务部经理负责对所有线下售后服务主管及专员的绩效进行测评。

第 9 条　线下售后服务主管

依据考核办法，对每位专员的日常工作表现进行定量和定性评价。

第 10 条　总经理办公室

（1）监督考核过程。

（2）调解部门内部无法调解的员工申诉事件。

第 3 章　考核维度和考核周期

第 11 条　考核维度

（1）对线下售后服务部经理的考核从部门目标、部门营运绩效和管理绩效三个方面进行。

（2）对线下售后服务主管的考核从科室营运绩效、管理绩效和能力绩效三个方面进行。

（3）对线下售后服务专员的考核从个人业绩、工作能力和工作态度三个方面进行。

第 12 条　考核周期

（1）对线下售后服务部经理按年度考核。

（2）对线下售后服务主管和线下售后服务专员按季度考核，年终进行综合评定，年终考核结果为各次考核结果的算术平均数。

第 4 章　考核流程

第 13 条　被考核者填写考核期内的“工作目标计划表”，经上级主管审核后，报人力资源部备案。

第 14 条　被考核者根据客观环境的变化和工作需要，调整期初制定的工作目标计划，经上级主管审核后，报人力资源部备案，工作目标计划的调整次数应视客观情况而定。

第 15 条　人力资源部根据“工作目标计划表”下发“工作业绩评估表”，由被考核者的直接上级进行评估打分。

第 16 条　人力资源部下发“综合能力评估表”给被考核者的直接上级、直接下级或同级人员进行评估打分。

第 5 章　考核结果汇总与反馈

第 17 条　汇总考核结果

考核结果的汇总工作由人力资源部负责。

（1）综合考核得分 = 上级评估平均分 × 上级权重 + 同级评估平均分 × 同级权重 +
下级评估平均分 × 下级权重

（2）上级、同级、下级考核权重分别为 40%、30%、30%。如果无同级（或下级），那么上级权重为 60%、下级（或同级）权重为 40%；如果既无同级又无下级，那么上级考核权重为 100%。

第 18 条　考核等级划分

考核等级按综合考核分数划分为五等：优、良、中、较差、差。

（续）

考核等级划分

等级	分数
优	90分（含）以上
良	80（含）~90分
中	70（含）~80分
较差	60（含）~70分
差	60分以下

第19条　考核结果的应用

考核结果的应用如下所示。

考核结果的应用

用途	说明
职务升降与任免	员工的职务升降与任免必须以绩效考核结果为依据
	对工作能力强、工作态度优和业绩优良的人予以提拔晋升
	对工作能力、工作态度和业绩差的人做出降职或免职处理
薪酬与奖励	根据企业薪资和奖励政策，依据员工综合考核结果，确定员工薪酬与奖励
	除普调工资或为平衡岗位差距调升工资外，考核结果为中等和较差的员工不能晋升与加薪，考核结果为差的员工下调一级工资
末位处理	对考核结果为差或居部门末位者，视情况做出本岗位留用、待岗培训、分流或淘汰处理；待岗时间至少为三天，待岗培训期间不计发工资

编制日期		审核日期		批准日期	
修改标记		修改处数		修改日期	

第 14 章

项目管理人员绩效考核

14.1 项目管理人员与部门考核指标设计

14.1.1 项目管理人员四大量化考核指标

指标 1：项目进度目标按时完成率

考核目的	了解、评估项目管理人员的管理能力和管理绩效，确保项目及时完成		
考核指标	项目进度目标按时完成率	计算公式 / 说明	$\frac{\text{实际完工的项目}}{\text{按要求应完工的项目}} \times 100\%$
考核周期	月 / 季 / 年度	信息来源	项目部
失真提示	（1）企业盲目追求项目进度，认为进度越快越好，使得目标值设定不合理，评价标准不科学、不客观 （2）项目实际工作量因各种因素超过预期，导致考核数据出现偏差，造成考核结果失真		

指标 2：项目成本预算控制率

考核目的	了解、评估项目管理人员的费用控制能力，提高项目管理水平		
考核指标	项目成本预算控制率	计算公式 / 说明	$\frac{\text{项目成本开支额}}{\text{项目成本预算额}} \times 100\%$
考核周期	季 / 年度	信息来源	项目部
失真提示	项目实际支出因为各种因素超过预期，导致考核数据出现偏差，造成考核结果失真		

指标 3：项目技术资料归档率

考核目的	衡量项目技术资料管理的规范化水平		
考核指标	项目技术资料归档率	计算公式 / 说明	$\frac{\text{项目技术资料实际归档数}}{\text{项目技术资料应归档总数}} \times 100\%$
考核周期	季 / 年度	信息来源	项目部
失真提示	技术资料的评价标准不科学或模糊不清或不符合企业实际和技术特点，造成考核结果失真		

指标 4：项目施工技术改进建议被采纳的次数

考核目的	用来衡量项目施工人员的工作能力和工作态度		
考核指标	项目施工技术改进建议被采纳的次数	计算公式 / 说明	根据项目办公室的实际统计结果核算
考核周期	季 / 年度	信息来源	项目部
失真提示	未考虑到每一次项目施工时的难易程度，导致设置的目标值偏高或偏低，从而削弱考核的效果		

14.1.2 项目部关键绩效考核指标设计

序号	KPI 指标	考核周期	指标定义 / 公式	资料来源
1	施工设计或设备质量合格率	季 / 年度	$\frac{\text{施工设计方案或设备质量合格数}}{\text{施工设计方案或设备总数}} \times 100\%$	项目部
2	施工项目质量等级	季 / 年度	工程项目验收各方总体质量评价等级	项目部
3	项目进度目标按时完成率	季 / 年度	$\frac{\text{项目进度目标按时完成数}}{\text{进度目标总数}} \times 100\%$	项目部
4	项目成本预算控制率	季 / 年度	$\frac{\text{项目成本开支额}}{\text{项目成本预算额}} \times 100\%$	财务部
5	工程安全事故发生的次数	季 / 年度	考核期内各工程项目发生安全事故的次数	项目部
6	工程项目资料归档及时率	季 / 年度	$\frac{\text{当期及时归档资料数}}{\text{当期应归档资料数}} \times 100\%$	项目部

14.1.3 项目办公室关键绩效考核指标设计

序号	KPI 指标	考核周期	指标定义 / 公式	资料来源
1	项目管理费用预算控制率	季 / 年度	$\frac{\text{项目管理费用开支额}}{\text{项目管理费用预算额}} \times 100\%$	财务部
2	项目工作计划总结报告提交的及时性	季 / 年度	反映、体现项目办公室的运营水平	项目部
3	管理协调工作差错率	季 / 年度	$\frac{\text{项目协调差错数}}{\text{项目协调总数}} \times 100\%$	项目部
4	客户满意度	季 / 年度	接受随机调研的客户对服务水平满意度评分的算术平均值	项目部
5	相关部门满意度	季 / 年度	反映、体现项目办公室的服务水平和协调能力	项目部
6	员工流失率	季 / 年度	$\frac{\text{当期员工流失数}}{\text{期初员工总数}} \times 100\%$	项目部

14.2　项目管理业务关键绩效考核指标的目标值设计与调整

14.2.1　项目管理业务关键绩效考核指标的目标值设计

序号	KPI 指标	目标值
1	项目进度目标按时完成率	项目进度目标按时完成率达到____%
2	项目成本预算控制率	项目成本预算控制率在____% 以下
3	施工项目质量等级	施工项目质量等级在____以上
4	客户满意度	客户满意度达到____分
5	工程安全事故发生的次数	工程安全事故发生的次数为 0

14.2.2　项目管理业务关键绩效考核指标的目标值调整

项目管理业务关键绩效考核指标的目标值发生变化的关键在于项目进度、项目成本及项目质量之间的平衡。

通常，项目进度过快，项目成本可能会下降，这种情况下项目质量很可能会打折扣，容易引发项目安全事故；而项目进度适当放缓，可在一定程度上保证项目的质量，避免安全事故的发生，但项目成本可能会上升。

因此，对项目管理业务的绩效考核，要看项目执行过程中管理者的执行倾向到底是“以质量为主”还是“以进度为主”，管理者要在两者之间寻求一个平衡，相应地，考核指标的目标值也要随之进行适当调整。例如，有的企业倾向于“质量为王”，那么施工项目质量等级的目标值就要设定得高一些，项目成本预算控制率和项目进度目标按时完成率的目标值就要设定得相对宽松。

14.3　项目管理人员考核标准设计

14.3.1　项目办公室考核标准

项目办公室的绩效考核标准要从项目办公室的具体业务入手，精心设定各类标准。

1. 从考核指标的角度来看

项目办公室的考核指标必须在项目办公室的职责基础上，能够反映项目办公室的各种工作业绩和能力。具体来说，可以从财务类、运营类、客户类、学习发展类这四个方面进行考核，考核指标有项目管理费用预算控制情况、管理协调工作差错率、相关部门满意度及员工流失率等。

2. 从考核目标值的角度来看

项目办公室的考核目标值要根据项目的实际情况，同时参照企业项目管理业务过去的经验和业内的普遍情况而定。

3. 从考核变化的角度来看

项目办公室人员的考核变化主要是项目执行过程中因突发情况导致的某些指标出现变化。例如，某企业在项目执行过程中因国家环保政策变化，项目实际工作量大增，此时项目成本控制率指标的目标值就要适当上调。

14.3.2 项目实施人员考核标准

项目实施人员直接面对项目的执行细节，需要的是规范化操作，其考核标准的制定自然要与其他人员有所不同。

1. 从考核指标的角度来看

由于项目实施人员的工作会涉及一些材料、技术、资料归档等方面的细节处理，因此其考核指标的设定必须要考虑这些因素。例如，工程技术交底及时率、材料使用计划编制及时率、施工资料归档率等，这些指标都是对施工现场细节的考核。

2. 从考核目标值的角度来看

项目实施人员的考核目标值大多依据过去的经验和行业平均值设定，尤其是一些工作规范类的考核目标值，随着项目风险管理水平的提升，目标值的设定会越来越高。

3. 从考核变化的角度来看

项目实施人员的考核变化主要是项目执行过程中质量与进度的矛盾平衡，二者的变化将会导致某些指标的目标值出现变化。

14.4 项目管理岗位关键绩效考核指标量表

14.4.1 项目办公室主任考核指标量表

被考核人姓名		职位	项目办公室主任	部门	项目部
考核人姓名		职位	项目经理	部门	项目部

序号	KPI 指标	权重	目标值	考核得分
1	项目成本控制情况	15%	考核期内项目成本控制在预算范围之内	
2	部门管理费用控制情况	10%	考核期内部门管理费用控制在预算范围之内	

（续表）

序号	KPI 指标	权重	目标值	考核得分
3	项目管理制度、工作流程的规范性	20%	（1）考核期内因项目管理制度、工作流程不完善造成的管理失误和无序次数为 0 （2）考核期内各项管理制度和工作流程规范执行率达到____%	
4	项目协调工作差错率	15%	考核期内项目协调工作差错率为 0	
5	项目工作计划总结报告提交及时性	15%	考核期内能够及时提交项目报告，无延迟现象	
6	相关部门满意度	10%	考核期内相关部门满意度评分达到____分	
7	客户满意度	15%	考核期内客户满意度评分达到____分	
本次考核总得分				

被考核人		考核人		复核人	
签字：	日期：	签字：	日期：	签字：	日期：

14.4.2 项目经理考核指标量表

被考核人姓名			职位	项目经理	部门	项目部
考核人姓名			职位	总经理	部门	
序号	KPI 指标	权重	目标值			考核得分
1	项目成本控制情况	15%	考核期内项目成本控制在预算范围之内			
2	部门管理费用控制情况	10%	考核期内部门管理费用控制在预算范围之内			
3	项目管理制度、工作流程的规范性	20%	（1）考核期内因项目管理制度、工作流程不完善造成的管理失误和无序次数为 0 （2）考核期内各项管理制度和工作流程规范执行率达到____%			
4	项目协调工作差错率	15%	考核期内项目协调工作差错率为 0			
5	项目工作计划总结报告提交及时性	10%	考核期内及时提交项目报告，无延迟现象			
6	相关部门满意度	10%	考核期内相关部门满意度评分达到____分			
7	客户满意度	10%	考核期内客户满意度评分达到____分			
8	员工流失率	10%	考核期内员工流失率控制在____% 以下			
本次考核总得分						

被考核人		考核人		复核人	
签字：	日期：	签字：	日期：	签字：	日期：

14.4.3 项目主管考核指标量表

被考核人姓名			职位	项目主管	部门	项目部
考核人姓名			职位	项目经理	部门	项目部
序号	KPI 指标	权重	目标值			考核得分
1	项目成本降低率	20%	考核期内项目成本降低率达到____%			
2	项目进度任务按时完成率	10%	考核期内项目进度任务按时完成率达到____%			
3	项目信息传递及时率	10%	考核期内项目信息传递及时率达到____%			
4	项目信息流失率	15%	考核期内项目信息流失率控制在____% 以下			
5	项目风险识别及时率	10%	考核期内项目风险识别及时率达到____%			
6	项目工期延期率	25%	考核期内项目工期延期率控制在____% 以下			
7	项目进度控制及时率	10%	考核期内项目进度控制及时率达到____%			
本次考核总得分						
被考核人		考核人		复核人		
签字：　　日期：		签字：　　日期：		签字：　　日期：		

14.4.4 项目施工员考核指标量表

被考核人姓名			职位	项目施工员	部门	工程项目部
考核人姓名			职位	工程项目部经理	部门	工程项目部
序号	KPI 指标	权重	目标值			考核得分
1	施工组织设计方案编制的及时性	15%	考核期内施工组织设计方案能够在进场前完成			
2	项目进度目标按时完成率	15%	考核期内项目进度目标按时完成率达到 100%			
3	人工费用控制目标达成率	15%	考核期内人工费用控制目标达成率在____% 以上			
4	工程技术交底及时率	10%	考核期内工程技术交底及时率达到 100%			
5	材料使用计划编制及时率	10%	考核期内材料使用计划编制及时率达到 100%			
6	施工项目质量等级	10%	考核期内项目竣工验收质量评价等级在良好以上			
7	施工日志完整率	10%	考核期内施工日志完整率达到 100%			
8	施工资料归档率	10%	考核期内施工资料归档率达到____%，项目周期考核达到 100%			

（续表）

序号	KPI 指标	权重	目标值	考核得分
9	施工技术改进建议被采纳的次数	5%	考核期内提出的合理化建议被采纳的次数在____次以上	
本次考核总得分				
考核指标说明	（1）人工费用控制目标达成率 = $\frac{人工费用控制目标达成量}{控制目标总量}$ （2）材料使用计划编制及时率 = $\frac{计划编制及时的次数}{计划编制的总次数}$			

被考核人		考核人		复核人	
签字：	日期：	签字：	日期：	签字：	日期：

14.4.5　项目预算员考核指标量表

被考核人姓名		职位	项目预算员	部门	工程项目部
考核人姓名		职位	工程项目部经理	部门	工程项目部

序号	KPI 指标	权重	目标值	考核得分
1	施工图（施工）预算编制及时率	25%	考核期内施工图（施工）预算编制及时率达到 100%	
2	工程成本降低率	15%	考核期内工程成本降低率达到____%	
3	工程决算编制及时率	15%	考核期内工程决算编制及时率达到____%	
4	工程施工经济预测资料提供及时率	10%	考核期内工程施工经济预测资料提供及时率在____%以上	
5	工程概算平均误差率	10%	考核期内工程施工项目概算平均误差率控制在____%以内	
6	工程预算平均误差率	10%	考核期内工程施工项目预算平均误差率控制在____%以内	
7	资源消耗定额控制率	10%	考核期内资源消耗定额控制率在____%	
8	工程预算资料归档率	5%	考核期内工程预算资料归档率达到 100%	
本次考核总得分				
考核指标说明	施工图（施工）预算编制及时率 = $\frac{预算编制及时的次数}{预算编制的总次数}$			

被考核人		考核人		复核人	
签字：	日期：	签字：	日期：	签字：	日期：

14.4.6 项目材料员考核指标量表

<table>
<tr><td>被考核人姓名</td><td colspan="2"></td><td>职位</td><td>项目材料员</td><td>部门</td><td>工程项目部</td></tr>
<tr><td>考核人姓名</td><td colspan="2"></td><td>职位</td><td>工程项目部经理</td><td>部门</td><td>工程项目部</td></tr>
<tr><td>序号</td><td>KPI 指标</td><td>权重</td><td colspan="3">目标值</td><td>考核得分</td></tr>
<tr><td>1</td><td>材料供应及时率</td><td>20%</td><td colspan="3">考核期内材料供应及时率达到 100%</td><td></td></tr>
<tr><td>2</td><td>材料进场质量合格率</td><td>20%</td><td colspan="3">考核期内材料进场质量合格率达到 100%</td><td></td></tr>
<tr><td>3</td><td>材料采购、储运成本控制情况</td><td>15%</td><td colspan="3">考核期内材料采购、储运成本控制在预算范围内</td><td></td></tr>
<tr><td>4</td><td>报表数据出错的次数</td><td>15%</td><td colspan="3">考核期内报表数据出错的次数为 0</td><td></td></tr>
<tr><td>5</td><td>材料发放出错的次数</td><td>10%</td><td colspan="3">考核期内材料发放出错的次数为 0</td><td></td></tr>
<tr><td>6</td><td>材料安全事故发生的次数</td><td>5%</td><td colspan="3">考核期内材料安全事故发生的次数为 0</td><td></td></tr>
<tr><td>7</td><td>材料账实不相符的次数</td><td>5%</td><td colspan="3">考核期内材料账实不相符的次数在____次以下</td><td></td></tr>
<tr><td>8</td><td>工程器具完好率</td><td>5%</td><td colspan="3">考核期内工程器具完好率达到____%</td><td></td></tr>
<tr><td>9</td><td>材料供应商资料完整率</td><td>5%</td><td colspan="3">考核期内材料供应商资料完整率达到 100%</td><td></td></tr>
<tr><td colspan="6">本次考核总得分</td><td></td></tr>
<tr><td>考核指标说明</td><td colspan="6">（1）工程器具完好率 = $\frac{\text{工程器具完好数}}{\text{工程器具总数}}$
（2）材料供应商资料完整率 = $\frac{\text{供应商资料完整数}}{\text{供应商总数}}$</td></tr>
<tr><td colspan="2">被考核人</td><td colspan="3">考核人</td><td colspan="2">复核人</td></tr>
<tr><td colspan="2">签字：　　日期：</td><td colspan="3">签字：　　日期：</td><td colspan="2">签字：　　日期：</td></tr>
</table>

14.5 项目管理业务提成方案设计

14.5.1 销售类项目业务提成方案

销售类项目业务提成方案

一、方案目的

（1）有效激励项目团队更好地完成任务。

（2）明确项目的提成分配办法。

二、适用范围

本方案适用于项目组所有成员的提成分配工作。

三、项目提成总额的确定

销售类项目提成实行项目负责制，提成计算办法如下：

项目提成 =（合同额 - 销售费用 - 开发费用）× 提成比例 × 调整系数

四、提成比例与调整系数的确定

1. 提成比例

销售类项目提成比例按以下标准执行。

销售类项目提成比例标准

合同金额	____万元以下	____万～____万元	____万～____万元	____万元以上
提成比例	____%	____%	____%	____%

2. 调整系数

调整系数是考虑到项目的影响因素而设计的，主要涉及以下四个方面。

调整系数

影响因素	权重	说明	调整系数
项目的重要性	20%	属于常规业务项目	调整系数为____
		属于比较重要的业务项目	调整系数为____
		属于重点业务项目	调整系数为____
项目目标利润率	30%	目标利润率 < ____%	调整系数为____
		____% ≤ 目标利润率 ≤ ____%	调整系数为____
		目标利润率 > ____%	调整系数为____
项目管理难度	40%	很少需要技术创新	调整系数为____
		需要技术创新	调整系数为____
		必须进行管理和技术创新	调整系数为____
外部协调复杂性	10%	外部单位比较支持	调整系数为____
		沟通不畅且存在很多障碍	调整系数为____

五、项目参与人员的提成分配

项目参与人员包括项目工程施工和项目支持两类人员。

1. 工程施工人员的提成分配

工程施工人员的提成额 = 项目提成总额 × ____%

项目负责人根据项目施工的工作量分配该项目提成，具体实发数额依据考核结果而定。

2. 项目支持人员的提成分配

项目支持人员的提成额 = 项目提成总额 ×____%

具体数额分配由项目负责人依据考核结果而定。

六、项目提成发放

项目完成后，先发放提成的____%；待项目验收合格后，企业在一个月内一次性付清剩余款项。

14.5.2 研发类项目业务提成方案

研发类项目业务提成方案

一、考核目的

为了有效配合本企业的技术战略，激励技术研发人员的工作积极性，特制定本方案。

二、考核对象

参与技术研发项目的所有技术研发人员。

三、考核周期

从项目启动日开始到项目评估通过日止，项目考核工作在项目结束后的15个工作日内完成。

四、考核实施步骤

1. 项目总体评估

项目结束后，由企业负责人及研发总监组织相关人员对项目进行总体评估，并确定项目的评估等级。一般情况下，研发项目分为甲、乙、丙、丁四个等级。

2. 项目实发奖金总额的确定

本公司项目实发奖金总额与项目评估等级直接挂钩，具体的确定标准如下所示。

项目等级与奖金总额的确定标准

项目等级	甲	乙	丙	丁
奖金总额	Z×1.2	Z×1.0	Z×0.8	Z×0.6

注：Z为项目应发奖金总额，在项目启动时确定。

3. 项目组工作量评估

工作量的评估采用专家判定的方法，需要事前判定和事后评定相结合，对事前不能确定工作量的任务或应急任务，可采用事后集中评定的方式。

工作量先由项目经理做出估计，再由研发部根据任务的规模、技术的不同，另请不同部门3~6名相关技术人员进行评估，去掉一个最高值和一个最低值，计算出的平均值为该任务的标准工作量。项目经理及研发部经理估计的工作量应作为主要依据，在计算平均值时按照双倍权值进行计算。

例如，某项目经理将某一任务的工作量确定为9，研发部经理确定为8，其他人员分别确定为7、11、7、5、8，那么最后的标准工作量的计算公式为：（9×2+8×2+7+7+8）÷7=8。

项目组成员根据任务的多少，通过工作量累加的办法，确定自己总的工作量。

4. 任务薪点的确定

任务薪点是根据每一个项目应发奖金总额和项目参与人员的工作量总和计算的，即每一标准工作量对应的薪点数。

$$任务薪点=\frac{项目应发奖金总额}{\sum 项目参与人员的工作量}$$

5. 个人薪点的确定

个人薪点是根据项目参与人员的绩效考核结果确定的，计算公式为：

个人薪点＝任务薪点 × 个人考核系数

项目参与人员的绩效考核，采取项目组内部考核的办法，即由项目经理考核项目执行人，而项目经理的绩效则由研发部经理或研发总监进行考核。项目绩效评估卡如下所示。

项目绩效评估卡

姓名：　　　　岗位：

任务描述	目标值	权重	得分
1.			
2.			
3.			
合计		100%	

考核人（签字）：　　　　被考核人（签字）：

根据任务完成情况的评估结果确定项目组成员的考核等级，并对每个考核等级赋予相应的系数，具体如下所示。

项目成员的考核等级与个人考核系数

项目成员的考核等级	A	B	C	D	E
个人考核系数	1.0	0.9	0.6	0.4	—

五、对项目经理工作时间的要求

项目经理对项目管理工作负主要责任，要保证其投入项目管理的时间。具体标准如下：

（1）对于20人（包括20人）以上的项目，项目经理投入项目管理的时间不得少于上班时间（22.5个工作日）的80%；

（2）对于10人（包括10人）以上20人以下的项目，项目经理投入项目管理的时间不得少于上班时间（22.5个工作日）的60%；

（3）对于10人以下的项目，项目经理投入项目管理的时间不得少于上班时间（22.5个工作日）的40%。

六、项目经理的提成

项目经理的提成采取项目奖金提成制，按项目奖金实发总额的比例提取，具体比例根据项目的特点，由企业研发总监及相关领导研究决定。

七、项目特别奖励办法

1. 项目一次性提成奖励

项目全部结束后，对于提前保质保量完成的项目，企业将视情况给予项目组一次性奖励。

（1）提前率的计算

$$\text{提前率}=\frac{\text{提前的天数}}{\text{总的标准天数}}\times 100\%$$

其中，总的标准天数是指从项目立项到结项的时间。

（2）一次性提成奖励的计算

条件范围	提成计算方法（每人）
提前率≤ 25%	提前的天数 ×60 元
25% <提前率≤ 50%	提前的天数 ×80 元
提前率> 50%	提前的天数 ×100 元

2. 项目创新奖励

项目成果取得国际认可或填补国内空白并通过权威机构鉴定的，可以申请项目创新奖励。

14.6 项目管理部门绩效考核实施细则

14.6.1 项目部绩效考核实施细则

<table>
<tr><td rowspan="2">细则名称</td><td rowspan="2">项目部绩效考核实施细则</td><td>编号</td><td></td></tr>
<tr><td>版本</td><td></td></tr>
</table>

第 1 章 总则

第 1 条 目的

为充分了解企业项目工作质量，提高企业项目的运作效率，充分调动项目部工作人员的积极性，现结合本企业实际情况，特制定本细则。

第 2 条 适用范围

本细则适用于以项目为组织形式的工作考核，包括对参与项目的所有人员的考核。

第 2 章 考核说明及职责权限

第 3 条 考核说明

项目考核采取二级考核体制，即企业对整个项目进行考核，项目经理对项目人员的工作态度和素质、工作能力、工作业绩等方面进行考核。

第 4 条 职责权限

企业成立项目考核小组，小组成员主要包括企业副总经理，以及财务部、质量管理部、人力资源部及项目部的相关成员，由副总经理任小组组长。

项目考核小组是企业项目考核的领导单位，其主要职责如下：

（1）确定项目考核方式；

（2）监督项目管理部的日常考核工作；

（3）根据各职能部门的考核记录，确定项目考核结果；

（4）监督考核结果的应用情况；

（5）处理项目考核过程中出现的各种问题。

第 3 章 项目考核设计

第 5 条 项目整体考核的设计

项目整体考核的内容包括项目进度、项目质量、项目成本、重大责任事故及项目客户满意度几方面，相应权重如下所示。

项目整体考核内容及权重

<table>
<tr><th rowspan="2">考核项</th><th rowspan="2">权重</th><th colspan="2">考核项细化</th></tr>
<tr><th>细化项目</th><th>子项权重</th></tr>
<tr><td rowspan="2">项目进度</td><td rowspan="2">20%</td><td>总进度</td><td>80%</td></tr>
<tr><td>阶段性进度</td><td>20%</td></tr>
<tr><td rowspan="3">项目质量</td><td rowspan="3">30%</td><td>性能与功能质量</td><td>50%</td></tr>
<tr><td>满足项目需求程度</td><td>20%</td></tr>
<tr><td>质量规范化执行情况</td><td>30%</td></tr>
<tr><td rowspan="2">项目成本</td><td rowspan="2">30%</td><td>预算执行情况</td><td>80%</td></tr>
<tr><td>财务规范性执行情况</td><td>20%</td></tr>
<tr><td>重大责任事故</td><td>10%</td><td>—</td><td>—</td></tr>
<tr><td>项目客户满意度</td><td>10%</td><td>—</td><td>—</td></tr>
</table>

（续）

第 6 条　项目进度考核

1. 项目进度考核说明

（1）项目进度由项目管理部进行日常记录与考核，项目结束后，项目管理部要将考核结果与考核记录报考核小组进行审查。

（2）项目进度考核分为总进度考核和阶段性进度考核，采取进度延期率指标进行考核。

①总进度延期率是指考核项目实际完成周期超出计划完成周期的比率。

②阶段性进度延期率是指考核项目关键性阶段进度实际完成周期超出计划完成周期的比率（完成周期以最后一次批准的变更计划周期为准）。

2. 项目进度考核方法

设项目进度延期率为 P，项目进度延期率考核得分为 A，则项目进度考核得分的计算方法如下所示：

（1）当 $-20\% \leqslant P < 0$ 时，$A=100+100\times|P|$；

（2）当 $P=0$ 时，$A=100$；

（3）当 $0 < P \leqslant 20\%$ 时，$A=100-100\times|P|\times2$；

（4）当 $P > 20\%$ 时，视为整个项目失败，取消该项目的考核资格。

3. 项目进度考核总分的计算方法

项目进度考核总分＝项目总进度考核得分 ×80%＋项目阶段性进度考核得分 ×20%

第 7 条　项目质量考核

项目质量考核分别从性能与功能质量，满足项目需求程度及质量规范化执行情况三个方面进行。其中，针对性能与功能质量，通过测试通过率和问题遗留率两个指标进行考核，以最后一次测试通过作为衡量依据，具体如下所示。

性能与功能质量考核

考核指标	测试通过率（X）		问题遗留率（Y）	
	$X \geqslant 99\%$ $Y \leqslant 5\%$	$95\% < X < 99\%$ $Y < 5\%$	$95\% < X < 99\%$ $5\% < Y < 10\%$	$X < 95\%$ $Y > 10\%$
考核分数	90~100 分	80~89 分	60~79 分	0 分

第 8 条　项目成本考核

（1）项目成本考核的内容主要包括预算执行情况考核和财务规范性执行情况考核。

（2）预算执行情况考核由财务部负责。项目结束后，财务部负责计算项目预算执行情况考核得分，连同项目预算和项目费用明细一并呈报项目考核小组。

第 9 条　重大责任事故考核

（1）项目考核小组根据工程项目发生事故的记录对重大责任事故进行考核，采取一票否决制。

（2）无重大责任事故发生的为满分，发生重大责任事故的此项得分为 0 分。

第 10 条　项目成员的考核

1. 确认项目任务书

项目任务书由项目成员的直接上级确认。一般直接上级为项目经理，对于项目下设组的，对组员的考核由项目组长负责。

2. 汇总项目任务书

考核小组汇总项目任务书形成工作业绩考核表。项目成员每项工作的分配通过任务单的形式进行，在每项工作结束后，相关负责人对该项工作进行评分，汇总任务单，编制工作业绩考核表。任务单中应明确每项任务的相对重要程度，以此作为工作业绩考核项目权重分配的依据。

3. 绩效面谈

（1）直接上级在有效时间内组织与每一位被考核人员进行绩效面谈，就绩效考核情况进行充分沟通。

（续）

（2）绩效面谈要对照工作业绩考核表、项目任务书进行，主要目的为肯定成绩、指出不足，提出改进意见，帮助员工制定改进措施。

（3）绩效面谈后，被考核者应签字确认考核结果。

（4）项目经理将经过确认的工作业绩考核表呈主管副总审核后交人力资源部备案。

编制日期		审核日期		批准日期	
修改标记		修改处数		修改日期	

14.6.2　跨部门项目部绩效考核实施细则

细则名称	跨部门项目部绩效考核实施细则	编号	
		版本	

第 1 章　总则

第 1 条　目的

为保障企业项目工作质量，避免跨部门工作出现效率上的损失，充分调动跨部门项目部工作人员的积极性，现结合企业实际情况，特制定本细则。

第 2 条　适用范围

本细则适用于以项目为组织形式的工作考核，不管被考核者原来隶属哪个部门，考核期内一律参加项目部的集中考核。

第 2 章　考核说明及职责权限

第 3 条　考核说明

本项目考核采取二级考核体制，即企业对整体项目进行考核，项目经理对项目人员的工作态度和素质、工作能力、工作业绩等方面进行考核。

第 4 条　职责权限

企业成立项目考核小组，成员主要包括企业副总经理，以及财务部、质量管理部、人力资源部及项目部的相关成员，由副总经理任小组组长。

项目考核小组的主要职责如下：

（1）确定项目考核方式；

（2）监督项目管理部的日常考核工作；

（3）根据各职能部门的考核记录，确认项目考核结果；

（4）监督考核结果的应用情况；

（5）处理项目考核过程中出现的各种问题。

第 3 章　跨部门项目考核设计

第 5 条　项目整体考核设计

项目整体考核的内容包括项目进度、项目质量、项目成本、跨部门合作水平等多个方面。各项考核的内容和相应权重如下所示。

考核内容及权重

考核项	权重	考核项细化	
		细化项目	子项权重
项目进度	20%	总进度	80%
		阶段性进度	20%

（续）

（续表）

考核项	权重	考核项细化	
		细化项目	子项权重
项目质量	30%	性能与功能质量	50%
		满足项目需求程度	20%
		质量规范化执行情况	30%
项目成本	20%	预算执行情况	80%
		财务规范性执行情况	20%
跨部门合作水平	10%		
重大责任事故	10%		
项目客户满意度	10%		

第 6 条　项目进度考核

1. 项目进度考核说明

（1）项目进度由项目管理部进行日常记录与考核，项目结束后，项目管理部将考核结果与考核记录报考核小组审查。

（2）项目进度考核分为总进度考核和阶段性进度考核，通过进度延期率指标进行考核。

①总进度延期率是指考核项目实际完成周期超出计划完成周期的比率。

②阶段性进度延期率是指考核项目关键性阶段进度实际完成周期超出计划完成周期的比率（完成周期以最后一次批准的变更计划周期为准）。

2. 项目进度考核方法

设项目进度延期率为 P，项目进度延期率考核得分为 A，则项目进度考核得分的计算方法如下所示：

（1）当 $-20\% \leqslant P < 0$ 时，$A=100+100\times|P|$；

（2）当 $P=0$ 时，$A=100$；

（3）当 $0 < P \leqslant 20\%$ 时，$A=100-100\times|P|\times 2$；

（4）当 $P > 20\%$ 时，视为整个项目失败，取消该项目的考核资格。

3. 项目进度考核总分的计算方法

项目进度考核总分 = 项目总进度考核得分 ×80% + 项目阶段性进度考核得分 ×20%

第 7 条　项目质量考核

项目质量考核分别从性能与功能质量，满足项目需求程度及质量规范化执行情况三个方面进行。其中，性能与功能质量通过测试通过率和问题遗留率两个指标进行考核，以最后一次测试通过作为衡量依据，具体如下所示。

性能与功能质量考核

考核指标	测试通过率 X		问题遗留率 Y	
	$X \geqslant 99\%$ $Y \leqslant 5\%$	$95\% \leqslant X < 99\%$ $Y < 5\%$	$95\% \leqslant X < 99\%$ $5\% < Y \leqslant 10\%$	$X < 95\%$ $Y > 10\%$
考核分数	90~100 分	80~89 分	60~79 分	0 分

第 8 条　项目成本考核

（1）项目成本考核的内容主要包括预算执行情况考核和财务规范性执行情况考核。

（续）

（2）预算执行情况考核由财务部负责。项目结束后，财务部负责计算项目预算执行情况考核得分，连同项目预算和项目费用明细一并呈报项目考核小组。

第9条 跨部门合作水平考核

（1）项目考核小组根据项目执行过程中发生跨部门合作纠纷的记录对跨部门合作水平进行打分。

（2）项目执行过程中无跨部门纠纷发生的，此项得分为满分；发生1~2次的，此项得分为50分；发生3次及以上纠纷的，此项得分为0分。

第10条 重大责任事故考核

（1）项目考核小组根据项目发生事故的记录对重大责任事故进行考核，采取一票否决制。

（2）无重大责任事故发生的为满分，发生重大责任事故的此项得分为0分。

第11条 项目成员的考核

1. 确认项目任务书

项目任务书由项目成员的直接上级（一般直接上级为项目经理）确认，同时还要将项目任务书报送该项目成员原部门的直接上级；对于项目下设组的，对组员的考核由项目组长负责。

2. 汇总项目任务书

考核小组汇总项目任务书，编制工作业绩考核表。项目成员每项工作的分配通过任务单的形式进行，任务单中要明确每项任务的相对重要程度，以此作为工作业绩考核权重的分配标准。在每项工作结束后，考核小组要对该项工作进行评分，并汇总任务单，形成工作业绩考核表。工作业绩考核表除项目部留档外，还要报送给项目成员原部门的直接上级。

3. 绩效面谈

（1）项目直接上级在有效时间内组织与每一位被考核者进行绩效面谈，就绩效考核情况进行充分沟通，并将沟通情况呈报被考核者原部门。

（2）绩效面谈要对照工作业绩考核表、项目任务书进行，主要目的为肯定成绩、指出不足，提出改进意见，帮助员工制定改进措施。

（3）绩效面谈后，被考核者应签字确认考核结果。

（4）项目经理将经过确认的工作业绩考核表报主管副总审核后，提交人力资源部备案。

（5）员工回到原部门后，要就项目执行中的个人工作绩效等情况向部门领导汇报。

编制日期		审核日期		批准日期	
修改标记		修改处数		修改日期	

第 15 章

信息软件人员绩效考核

15.1 信息软件人员与部门考核指标设计

15.1.1 网站信息人员三大量化考核指标

指标 1：网络维护及时率

考核目的	用于评估网络维护服务的效率		
考核指标	网络维护及时率	计算公式 / 说明	$\frac{\text{网络维护及时的次数}}{\text{网络维护总次数}} \times 100\%$
考核周期	月 / 季 / 年度	信息来源	网络信息部
失真提示	若在考核前未对指标中的“及时”进行清晰的界定，则会给考核评估带来不便，进而会影响考核结果的准确性		

指标 2：系统运行完好率

考核目的	评估系统运行的完好情况		
考核指标	系统运行完好率	计算公式 / 说明	$\frac{\text{网络系统正常运行的总时数}}{\text{网络系统标准运行总时数}} \times 100\%$
考核周期	季 / 年度	信息来源	网络信息部
失真提示	针对系统故障，必须分清是系统自身的故障，还是由操作失误引起的故障，两者不可混为一谈，否则会造成考核结果失真		

指标 3：系统和网络故障处理及时率

考核目的	评估网络故障处理的效率		
考核指标	系统和网络故障处理及时率	计算公式 / 说明	$\frac{\text{及时处理故障的次数}}{\text{故障的总次数}} \times 100\%$
考核周期	季 / 年度	信息来源	网络信息部
失真提示	考核前，企业应对故障的情形进行界定，明确是一般性的故障还是重大故障，并在统计数据时区别对待，以免造成考核结果失真		

15.1.2 软件开发人员三大量化考核指标

指标 1：模块缺陷率

考核目的	用于评价程序开发水平的高低		
考核指标	模块缺陷率	计算公式 / 说明	$\frac{\text{单一测试模块的缺陷数}}{\text{该模块功能点数}} \times 100\%$
考核周期	根据项目周期而定	信息来源	软件开发部、测试部
失真提示	若软件测试报告和维护记录信息不完善，就会导致考核数据失真		

指标 2：遗留 Bug 率

考核目的	用于评价已完成的软件开发系统的质量		
考核指标	遗留 Bug 率	计算公式 / 说明	$\frac{\text{遗留 Bug 数}}{\text{Bug 总数}} \times 100\%$
考核周期	根据项目周期而定	信息来源	软件开发部、客户
失真提示	考核标准设置不合理，导致考核效度减弱		

指标 3：缺陷密度

考核目的	用于评价软件开发人员代码编写的质量		
考核指标	数量	计算公式 / 说明	每千行代码的缺陷数
考核周期	根据项目周期而定	信息来源	软件开发部、测试部
失真提示	考核标准设置不清晰、不合理，导致考核结果信度降低		

15.1.3 网络信息部关键绩效考核指标设计

序号	KPI 指标	考核周期	指标定义 / 公式	资料来源
1	信息化建设目标达成率	季 / 年度	$\frac{\text{信息化建设目标达成数}}{\text{信息化建设目标总数}} \times 100\%$	网络信息部
2	网站开发建设计划完成率	季 / 年度	$\frac{\text{网站开发建设计划完成量}}{\text{网站开发建设计划总任务量}} \times 100\%$	网络信息部
3	网络维护及时率	季 / 年度	$\frac{\text{及时维护网络的次数}}{\text{网络维护总次数}} \times 100\%$	网络信息部
4	系统运行完好率	季 / 年度	$\frac{\text{网络系统正常运行的总时数}}{\text{网络系统标准运行总时数}} \times 100\%$	网络信息部
5	网络安全性	季 / 年度	考核期内网络系统受到安全威胁，并对企业造成一定影响的次数	网络信息部

（续表）

序号	KPI 指标	考核周期	指标定义 / 公式	资料来源
6	网站用户满意度	季 / 年度	对网站用户进行随机调查，计算网站用户满意度评分的算术平均值	网络信息部
7	系统和网络故障处理及时率	季 / 年度	$\frac{\text{及时处理故障的次数}}{\text{故障的总次数}} \times 100\%$	网络信息部

15.1.4　软件开发部关键绩效考核指标设计

序号	KPI 指标	考核周期	指标定义 / 公式	资料来源
1	项目开发周期	视项目周期而定	项目开发所用的总时长	软件开发部 人力资源部
2	项目开发按时完成率	月 / 季 / 年度	$\frac{\text{项目开发实际周期}}{\text{项目开发计划周期}} \times 100\%$	软件开发部 人力资源部
3	模块缺陷率	视项目周期而定	$\frac{\text{单一测试模块的缺陷数}}{\text{该模块功能点数}} \times 100\%$	软件开发部 测试部
4	遗留 Bug 率	视项目周期而定	$\frac{\text{遗留 Bug 数}}{\text{Bug 总数}} \times 100\%$	软件开发部 客户
5	缺陷密度	视项目周期而定	每千行代码的缺陷数	软件开发部 测试部
6	缺陷级别	视项目周期而定	缺陷的严重程度，如轻微等	软件开发部 测试部
7	项目开发成本	视项目周期而定	项目开发的实际支出成本	软件开发部 人力资源部
8	核心员工流失率	年度	$\frac{\text{流失的核心员工数}}{\text{核心员工人数}} \times 100\%$	人力资源部

15.2　信息软件业务考核指标与目标值设计

15.2.1　信息软件业务关键绩效考核指标的目标值设计

序号	KPI 指标	目标值
1	需求及时解决率	____%
2	网络运行正常率	____%
3	网络故障处理及时率	____%
4	项目开发成本	控制在____元内

（续表）

序号	KPI 指标	目标值
5	项目开发周期	____天内
6	项目开发按时完成率	____%
7	模块缺陷率	____%
8	网络系统安全事故发生的次数	0
9	网络用户满意度	____分

15.2.2 信息软件业务关键绩效考核指标的目标值调整

1. 技术的发展

信息软件人员的工作与网络技术发展有密切的联系，当系统升级换代、硬件设备更新后，企业应适同行业的标准及自身实际对相关部门考核指标的绩效目标值进行调整。

2. 项目的难度系数和人员配备情况

软件开发项目的难度系数及项目组人员的配备情况等都会对软件项目开发的进程造成较大的影响。进一步说，这些因素会影响“项目开发周期”“模块缺陷率”等指标的考核结果。所以，在设定这些指标的目标值时，企业应综合考虑多方面的因素，并及时做出调整，从而确保考核结果能客观反映员工的绩效。

15.3 信息软件人员考核标准设计

15.3.1 网站信息人员考核标准

1. 考核指标的选取

网站信息人员负责网络信息的建设、资料更新、情况通报等工作，若从整体性角度考虑，对网站信息人员的考核，可以从管理内容与业绩内容两个维度来设置考核指标。

对管理内容的考核，主要涉及部门制度建设、人员管理、成本控制及网络设备管理四个方面，考核指标包括部门制度建设的完善性、员工培训计划完成率、系统维护费用、设备完好率等。对业绩内容的考核，其考核指标包括信息系统建设完成率、信息更新及时率、网络维护及时率、故障处理平均用时等。

2. 考核目标值的设定

网站信息人员的考核目标值要根据企业的实际情况，同时参照企业以往内部网络管理的经验和业内的普遍情况设定。

15.3.2 软件开发人员考核标准

1. 考核指标的选取

软件开发是根据用户要求建立软件系统或系统中部分软件的过程。由此可见，企业在设计和选取软件开发人员的考核指标时，需要围绕“软件开发”这一主要任务来进行，既要对任务完成情况进行考核，如选取项目开发按时完成率等指标；又要对任务完成的质量进行考核，如选取模块缺陷率等指标。

2. 考核目标值的设定

通过设定考核目标值，可以明确软件开发工作应该达到的标准。具体到目标值的额度，有些可以参考同行业、同等规模企业的标准而定，如遗留 Bug 率等。

15.4 信息软件岗位关键绩效考核指标量表

15.4.1 计算机部经理考核指标量表

<table>
<tr><td colspan="2">被考核人姓名</td><td colspan="2"></td><td>职位</td><td>计算机部经理</td><td>部门</td><td>计算机部</td></tr>
<tr><td colspan="2">考核人姓名</td><td colspan="2"></td><td>职位</td><td>总经理</td><td>部门</td><td></td></tr>
<tr><td>序号</td><td>KPI 指标</td><td>权重</td><td colspan="4">目标值</td><td>考核得分</td></tr>
<tr><td>1</td><td>部门工作计划完成率</td><td>15%</td><td colspan="4">考核期内部门工作计划完成率达到____%</td><td></td></tr>
<tr><td>2</td><td>办公自动化建设目标达成率</td><td>15%</td><td colspan="4">考核期内办公自动化建设目标达成率在____% 以上</td><td></td></tr>
<tr><td>3</td><td>计算机系统运行完好率</td><td>15%</td><td colspan="4">考核期内计算机系统运行完好率在____% 以上</td><td></td></tr>
<tr><td>4</td><td>部门管理费用控制</td><td>15%</td><td colspan="4">考核期内部门管理费用控制在预算范围内</td><td></td></tr>
<tr><td>5</td><td>计算机采购计划完成率</td><td>10%</td><td colspan="4">考核期内计算机采购计划完成率在____% 以上</td><td></td></tr>
<tr><td>6</td><td>故障处理及时率</td><td>10%</td><td colspan="4">考核期内故障处理及时率达到____%</td><td></td></tr>
<tr><td>7</td><td>计算机设备完好率</td><td>5%</td><td colspan="4">考核期内计算机设备完好率达到____%</td><td></td></tr>
<tr><td>8</td><td>信息档案完整率</td><td>5%</td><td colspan="4">考核期内信息档案完整率达到____%</td><td></td></tr>
<tr><td>9</td><td>部门协作满意度</td><td>5%</td><td colspan="4">考核期内相关协作部门的满意度评分在____分以上</td><td></td></tr>
<tr><td>10</td><td>部门员工培训计划完成率</td><td>5%</td><td colspan="4">考核期内部门员工培训计划完成率达到____%</td><td></td></tr>
<tr><td colspan="7">本次考核总得分</td><td></td></tr>
<tr><td>考核指标说明</td><td colspan="7">$计算机设备完好率 = \frac{计算机设备完好数}{计算机设备总数} \times 100\%$</td></tr>
<tr><td colspan="3">被考核人</td><td colspan="3">考核人</td><td colspan="2">复核人</td></tr>
<tr><td colspan="3">签字：　　日期：</td><td colspan="3">签字：　　日期：</td><td colspan="2">签字：　　日期：</td></tr>
</table>

15.4.2 网络信息部经理考核指标量表

被考核人姓名		职位	网络信息部经理	部门	网络信息部
考核人姓名		职位	总经理	部门	

序号	KPI 指标	权重	目标值	考核得分
1	部门工作计划完成率	20%	考核期内部门工作计划完成率达到____%	
2	信息化建设目标达成率	15%	考核期内信息化建设目标达成率在____%以上	
3	网站开发建设计划完成率	15%	考核期内网站开发建设计划完成率在____%以上	
4	部门管理费用控制	10%	考核期内部门管理费用控制在预算范围内	
5	系统运行完好率	10%	考核期内系统运行完好率在____%以上	
6	网络安全性	10%	考核期内受到网络安全威胁的次数在____次以下	
7	网站用户满意度	5%	考核期内客户满意度平均分在____分以上	
8	系统和网络故障处理及时率	5%	考核期内系统和网络故障处理及时率在____%以上	
9	部门协作满意度	5%	考核期内部门协作满意度在____分以上	
10	部门员工培训计划完成率	5%	考核期内部门员工培训计划完成率达到____%	
本次考核总得分				
考核指标说明	部门协作满意度：相关部门对网络信息部提供的网络系统服务的满意度评价的算术平均值			

被考核人	考核人	复核人
签字： 日期：	签字： 日期：	签字： 日期：

15.4.3 信息技术部经理考核指标量表

被考核人姓名		职位	信息技术部经理	部门	信息技术部
考核人姓名		职位	总经理	部门	

序号	KPI 指标	权重	目标值	考核得分
1	部门工作计划完成率	15%	考核期内部门工作计划完成率达到____%	
2	信息化建设目标达成率	15%	考核期内信息化建设目标达成率在____%以上	
3	信息系统规划完成率	15%	考核期内信息系统规划完成率高于____%	

（续表）

序号	KPI 指标	权重	目标值	考核得分
4	应用系统开发计划完成率	15%	考核期内应用系统开发计划完成率在____% 以上	
5	网站开发建设计划完成率	10%	考核期内网站开发建设计划完成率在____% 以上	
6	部门管理费用控制	5%	考核期内部门管理费用控制在预算范围内	
7	网络系统与设备维护及时率	5%	考核期内网络系统与设备维护及时率达到____%	
8	数据库资源建设目标达成率	5%	考核期内数据库资源建设目标达成率在____% 以上	
9	应用系统服务支持满意度	5%	考核期内相关部门对信息技术部应用系统服务支持的满意度评分在____分以上	
10	关键员工流失率	5%	考核期内关键员工流失率低于____%	
11	部门员工培训计划完成率	5%	考核期内部门员工培训计划完成率达到____%	
本次考核总得分				
被考核人		考核人		复核人
签字： 日期：		签字： 日期：		签字： 日期：

15.4.4 软件开发部经理考核指标量表

被考核人姓名		职位	软件开发部经理	部门	软件开发部
考核人姓名		职位	总经理	部门	

序号	KPI 指标	权重	目标值	考核得分
1	项目开发按时完成率	20%	考核期内项目开发按时完成率达到____%	
2	模块缺陷率	20%	考核期内模块缺陷率低于____%	
3	缺陷级别	20%	考核期内不得出现重大缺陷	
4	软件项目开发成本	15%	软件项目开发成本控制在预算范围内	
5	专利申请项	15%	考核期内专利申请项达到____项	
6	核心员工流失率	5%	考核期内核心员工流失率控制在____% 以内	
7	部门协作满意度	5%	考核期内部门协作满意度评分达到____分	
本次考核总得分				
被考核人		考核人		复核人
签字： 日期：		签字： 日期：		签字： 日期：

15.4.5 测试人员考核指标量表

被考核人姓名		职位	测试人员	部门	软件开发部
考核人姓名		职位	测试主管	部门	

序号	KPI 指标	权重	目标值	考核得分
1	文档有效率	25%	考核期内文档有效率达到____%	
2	需求覆盖率	20%	考核期内需求覆盖率达到____%	
3	用例有效率	20%	考核期内用例有效率达到____%	
4	缺陷发现率	20%	考核期内缺陷发现率达到____%	
5	测试工作改进建议被采纳的次数	10%	考核期内被采纳的建议数达到____条	
6	协作满意度	5%	考核期内协作满意度评分达到____分	
本次考核总得分				

被考核人	考核人	复核人
签字：　　日期：	签字：　　日期：	签字：　　日期：

15.4.6 硬件维护专员考核指标量表

被考核人姓名		职位	硬件维护专员	部门	信息技术部
考核人姓名		职位	信息技术部经理	部门	信息技术部

序号	KPI 指标	权重	目标值	考核得分
1	硬件设备完好率	20%	考核期内设备正常运行性能达到____%	
2	计算机硬件设备维护及时率	15%	考核期内计算机硬件设备维护及时率达到____%	
3	硬件配置方案提交及时率	15%	考核期内硬件配置方案提交及时率达到____%	
4	企业局域网运行完好率	15%	考核期内企业局域网运行完好率达到____%	
5	网络设备维护及时率	15%	考核期内网络设备维护及时率达到____%	
6	硬件服务支持满意度	5%	考核期内相关部门对硬件服务支持的满意度评分在____分以上	
7	数据信息备份及时率	5%	考核期内数据信息备份及时率达到____%	
8	故障处理及时率	5%	考核期内故障处理及时率达到____%	

（续表）

序号	KPI 指标	权重	目标值	考核得分
9	硬件系统事故出现的次数	5%	考核期内硬件系统事故出现的次数少于____次	
本次考核总得分				
被考核人		考核人		复核人
签字： 日期：		签字： 日期：		签字： 日期：

15.4.7 软件维护专员考核指标量表

被考核人姓名		职位	软件维护专员	部门	信息技术部
考核人姓名		职位	信息技术部经理	部门	信息技术部
序号	KPI 指标	权重	目标值		考核得分
1	软件开发任务完成率	20%	考核期内软件开发任务完成率达到 100%		
2	应用系统模块上线成功率	15%	考核期内主持开发的系统模块上线的成功率在____%以上		
3	数据库资源建设目标达成率	15%	考核期内数据库资源建设目标达成率在____% 以上		
4	系统运行完好率	15%	考核期内系统运行完好率在____% 以上		
5	软件系统更新升级及时率	15%	考核期内软件系统更新升级及时率达到 100%		
6	软件系统配置方案提交及时率	10%	考核期内软件系统配置方案提交及时率在____%以上		
7	系统安全事故次数	5%	考核期内发生的软件系统安全事故少于____次		
8	软件服务支持满意度	5%	考核期内相关部门对软件服务支持的满意度评分在____分以上		
本次考核总得分					
被考核人		考核人		复核人	
签字： 日期：		签字： 日期：		签字： 日期：	

15.5 信息软件业务提成方案设计

15.5.1 网站信息人员业务提成方案

网站信息人员业务提成方案

一、目的

为激励网站信息人员不断提高信息服务质量，特制定本方案。

二、考核内容

1. 工作表现

网站信息人员工作表现的考核重点如下：

（1）内容设置的合理性；

（2）信息推送的及时性与准确性；

（3）专题专栏任务完成情况。

2. 经验总结

这项主要考核网站信息人员日常工作的创新举措及工作成效。

三、提成计发

1. 计发频率

网站信息人员的提成为每半年计发一次。

2. 提成计发依据

本公司以考核结果为依据计发网站信息人员的业务提成，具体标准如下：

（1）考核得分在 95 分（含）以上者，按奖金总额的 100% 计发提成；

（2）考核得分在 80（含）~95 分者，按奖金总额的 80% 计发提成；

（3）考核得分在 70（含）~80 分者，按奖金总额的 70% 计发提成。

15.5.2 软件开发人员业务提成方案

软件开发人员业务提成方案

一、目的

为明确软件开发人员的提成核算标准，规范项目提成管理工作，特制定本方案。

二、项目提成总额的确定

公司签订项目合同后，集团公司项目考评委员会通过初步测算向项目部下达软件开发项目目标，并与项目部签订项目职责书。

项目提成 =（合同额 - 营销费用 - 开发费用）× 提成比例 × 调整系数

三、提成比例与调整系数的确定

软件开发人员业务提成的标准如下：

（1）项目合同金额在____万元以下，提成比例为____%；

（2）项目合同金额在____万 ~____万元（含），提成比例为____%；

（3）项目合同金额在____万元以上，提成比例为____%。

四、软件开发人员业务提成的计提系数

本公司根据不同职务及其所承担任务的差异来设定个人奖金计提系数，其划分标准如下：

（1）项目经理，提成计提系数____；

（2）项目成员，提成计提系数____；

（3）项目辅助人员，提成计提系数____。

五、附则

本方案自____年____月____日起实施。

15.6　信息软件部门绩效考核实施细则

15.6.1　网络信息部绩效考核实施细则

细则名称	网络信息部绩效考核实施细则	编号	
		版本	

第 1 条　目的

为加强对网络信息部各项工作的管理，保证网络信息部考核工作顺利实施，提高网络信息部整体的业务素质，特制定本考核细则。

第 2 条　考核原则

（1）量化考核原则：对网络信息部的考核尽量采取定量考核的方式，以减少人为的主观影响。

（2）整体性原则：对网络信息部的考核应侧重对部门整体的考核，而非对个人的考核。

（3）实用性原则：加强网络信息部考核的实用性，注重对考核结果的分析和应用。

第 3 条　考核小组构成

考核小组由企业副总经理及财务部经理、人力资源部经理等部门负责人组成，具体负责网络信息部的考核评估工作。

第 4 条　考核实施程序

（1）人力资源部于考核前____个工作日内向网络信息部发送考核通知。

（2）网络信息部收到考核通知后，组织做好资料搜集工作，配合开展考核工作。

（3）考核小组对网络信息部的绩效情况进行评分。

（4）人力资源部在考核结束后____个工作日内，完成考核结果的汇总与分析工作，并将结果上报总经理审批。

（5）总经理在____个工作日内完成考核结果的审批工作，人力资源部将经过审批的考核结果告知网络信息部。

（6）总经理与网络信息部经理就考核结果进行面谈。

第 5 条　考核内容和依据

1. 考核内容

网络信息部的考核分为管理项目考核和业绩指标考核两部分，具体考核标准如下所示。

管理项目考核标准

管理项目	管理指标	权重	考核标准	得分
制度建设	制度规范性	15%	每发现 1 处不规范，减____分	
	制度完善性	10%	每发现 1 处漏洞，减____分	

（续）

（续表）

管理项目	管理指标	权重	考核标准	得分
人员管理	培训计划完成率	15%	每低于目标值____%，减____分	
	培训考核通过率	10%	每低于目标值____%，减____分	
财务管理	部门费用	15%	每超出预算额____元，减____分	
	系统维护费用	10%	每超出预算额____元，减____分	
设备管理	设备完好率	15%	每低于目标值____%，减____分	
	设备维护计划达成率	10%	每低于目标值____%，减____分	
管理项目考核得分				

业绩指标考核标准

业绩指标	权重	目标值	实际值	考核标准	得分
系统运行完好率	15%	____%	____%	每低于目标值____%，减____分	
信息系统建设完成率	10%	____%	____%	每低于目标值____%，减____分	
信息更新及时率	10%	____%	____%	每低于目标值____%，减____分	
重大信息出错次数	10%	____次	____次	每比目标值多1次，减____分	
网络维护及时率	15%	____%	____%	每低于目标值____%，减____分	
网络故障处理及时率	10%	____%	____%	每低于目标值____%，减____分	
故障处理平均用时	10%	____分钟	____分钟	每比目标值多____分钟，减____分	
网络系统安全事故发生次数	10%	____次	____次	每比目标值多1次，减____分	
重大信息泄露事件发生次数	10%	____次	____次	每比目标值多1次，减____分	
业绩指标考核得分					

2. 考核依据

（1）以网络信息部的年度目标为绩效考核标准。

（2）以网络信息部的部门职责为考核依据。

（3）以本部门及财务部、人力资源部等相关部门的表单记录为考核依据。

第6条　考核结果的划分与应用

1. 考核结果的划分

依据公司绩效考核管理办法，将网络信息部的绩效考核结果划分为优秀、合格、不合格三个等级。

2. 考核结果的应用

（1）依据考核结果及公司绩效奖金发放办法发放部门绩效奖金。

（2）公司根据网络信息部的考核结果，参考公司岗位调整制度，对网络信息部的相关人员进行岗位调整。

（续）

第 7 条　考核纪律 在考核中出现下列行为之一的，将予以严肃处理： （1）存在弄虚作假行为的； （2）故意扰乱考核秩序，使考核无法正常进行的； （3）其他被判定为违反考核纪律的行为。 公司将视情节严重程度追究违纪人员及部门主要负责人的责任，并在公司范围内予以通报批评。					
编制日期		审核日期		批准日期	
修改标记		修改处数		修改日期	

15.6.2　软件开发部绩效考核实施细则

细则名称	软件开发部绩效考核实施细则	编号	
		版本	

第 1 条　目的

为加强对软件开发部的管理，充分调动部门员工工作的积极性、主动性，提高其工作效率，特制定本细则。

第 2 条　适用范围

本细则适用于软件开发部的绩效考核管理工作。

第 3 条　考核内容

软件开发部的考核内容包括项目可行性分析、软件设计、软件编码、软件测试和发布维护。

第 4 条　项目可行性分析（10 分）

（1）项目可行性分析报告的内容全面完整，每缺失 1 项，扣 3 分。

（2）编写的项目可行性分析报告逻辑清晰，有据可循，每存在一处逻辑矛盾或思路不清的情况，扣 3 分。

第 5 条　软件设计考核（20 分）

1. 系统概要设计

（1）系统概要设计的内容全面完整，每有 1 项内容不完整的，扣 3 分。

（2）系统概要设计给出的软件结构图直观、清晰，能正确指导相关开发人员进行后续软件开发工作，每出现 1 处问题，扣 3 分。

2. 系统详细设计

（1）系统详细设计的内容全面，每缺失 1 项，扣 5 分。

（2）设计的系统处理过程清晰易懂，能在逻辑上正确地实现每个模块的功能，每存在 1 处问题，扣 5 分。

第 6 条　软件编码考核（30 分）

（1）编写的代码具有逻辑性，每存在 1 处逻辑错误，扣 5 分；超过 3 处，不得分。

（2）编写的代码符合规范，每出现 1 处不规范的情况，扣 3 分。

（3）编写的代码易维护、易修改，得 10 分；编写的代码维护较简单、方便，得 5 分；编写的代码不易维护、不易修改的，得 1 分。

第 7 条　软件测试考核（30 分）

对软件测试过程中出现的 Bug，根据 Bug 等级和数量进行扣分，具体的扣分标准如下：

（1）测试时，出现系统崩溃等情形，每个扣____分；

（2）测试时，出现应用系统崩溃等情形，每个扣____分；

（续）

<table>
<tr><td colspan="6">（3）测试时，出现应用系统异常等情形，每个扣____分；
（4）测试时，出现程序轻微异常等情形，每个扣____分。
第 8 条　发布维护考核（10 分）
（1）软件按计划时间发布，每延迟发布 1 天，扣 5 分。
（2）软件维护及时，软件开发人员能根据软件的运行情况对其进行适当修改，以适应新的要求。每出现 1 次修改不及时，扣 5 分。
第 9 条　本细则由人力资源部和软件开发部共同制定，其解释权归公司人力资源部所有。
第 10 条　本细则自颁布之日起实施。</td></tr>
<tr><td>编制日期</td><td></td><td>审核日期</td><td></td><td>批准日期</td><td></td></tr>
<tr><td>修改标记</td><td></td><td>修改处数</td><td></td><td>修改日期</td><td></td></tr>
</table>

第 16 章

设计制作人员绩效考核

16.1 设计制作人员与部门考核指标设计

16.1.1 设计人员四大量化考核指标

指标 1：项目设计完成率

考核目的	用来衡量设计人员项目设计任务的实际完成情况		
考核指标	项目设计完成率	计算公式 / 说明	$\frac{\text{按时设计完成的项目数量}}{\text{同期设计项目总数}} \times 100\%$
考核周期	季 / 年度	信息来源	设计部
失真提示	企业盲目追求项目设计的工作进度，设定高目标值，使得考核指标的目标值设定不合理，评价标准不科学、不客观，导致考核结果失真		

指标 2：设计方案一次性通过率

考核目的	用来衡量设计人员的工作质量，督促设计人员在质量上多下功夫		
考核指标	设计方案一次性通过率	计算公式 / 说明	$\frac{\text{设计方案一次性通过的数量}}{\text{提交审核的设计方案总量}} \times 100\%$
考核周期	季 / 年度	信息来源	设计部
失真提示	设计方案的通过标准不科学、模糊不清，或者不符合企业实际和技术特点，造成考核结果失真		

指标 3：设计制作出错率

考核目的	用来衡量设计人员的工作质量		
考核指标	设计制作出错率	计算公式 / 说明	$\frac{\text{考核期内设计制作出错的页数}}{\text{考核期内设计制作总页数}} \times 100\%$
考核周期	季 / 年度	信息来源	设计部
失真提示	设计制作出错的判定标准不科学、模糊不清，或者不符合企业实际和技术特点，造成考核结果失真		

指标 4：设计费用预算控制率

考核目的	用来衡量设计人员对费用预算的控制能力，提高设计管理水平		
考核指标	设计费用预算控制率	计算公式 / 说明	$\frac{\text{考核期内设计费用支出额}}{\text{考核期内设计费用预算额}}\times 100\%$
考核周期	季 / 年度	信息来源	设计部
失真提示	在日常工作中，当设计费用因为难以避免的因素超过预期时，就会导致考核数据出现偏差，造成考核结果失真		

16.1.2 制作人员四大量化考核指标

指标 1：制作任务完成率

考核目的	用来衡量制作任务的实际完成情况		
考核指标	制作任务完成率	计算公式 / 说明	$\frac{\text{实际完成的制作任务量}}{\text{制作任务计划完成总量}}\times 100\%$
考核周期	年度	信息来源	制作部
失真提示	企业盲目追求制作速度，设定高目标值，会导致考核指标的目标值设定不合理，评价标准不科学、不客观，造成考核结果失真		

指标 2：制作任务提交及时率

考核目的	用来衡量制作人员及时完成制作任务的情况，提升制作人员的工作积极性		
考核指标	制作任务提交及时率	计算公式 / 说明	$\frac{\text{按时提交的制作任务量}}{\text{应提交的制作任务总量}}\times 100\%$
考核周期	年度	信息来源	制作部
失真提示	企业盲目追求制作速度，设定高目标值，会导致考核指标的目标值设定与现实脱节，评价标准不科学、不客观，造成考核结果失真		

指标 3：制作成本预算控制率

考核目的	了解、评估制作人员的成本控制能力，提高制作管理水平		
考核指标	制作成本预算控制率	计算公式 / 说明	$\frac{\text{制作成本开支额}}{\text{制作成本预算额}}\times 100\%$
考核周期	季 / 年度	信息来源	制作部
失真提示	在日常工作中，制作实际支出因为各种因素超过预期，会导致考核数据出现偏差，造成考核结果失真		

指标 4：客户满意度

考核目的	用来衡量制作人员的客户服务水平，提升制作部的整体工作质量		
考核指标	客户满意度	计算公式 / 说明	接受随机调研的客户对制作水平满意度评分的算术平均值
考核周期	年度	信息来源	招商部
失真提示	企业未考虑到每一个任务的难易程度，设置的目标值偏大或偏小，从而削弱了考核的效果		

16.1.3　设计部关键绩效考核指标设计

序号	KPI 指标	考核周期	指标定义 / 公式	资料来源
1	项目设计完成率	季 / 年度	$\frac{\text{按时设计完成的项目量}}{\text{同期设计项目总数}} \times 100\%$	设计部
2	人均图纸产量	季 / 年度	$\frac{\text{交付的量产图纸数量}}{\text{当期平均人数}}$	设计部
3	设计方案一次性通过率	季 / 年度	$\frac{\text{一次性通过的设计方案数量}}{\text{提交审核的设计方案总量}} \times 100\%$	设计部
4	设计方案完成情况	季 / 年度	考核期内设计完成并通过审核的设计方案总数	设计部
5	设计制作出错率	季 / 年度	$\frac{\text{设计制作规范的页数}}{\text{设计制作总页数}} \times 100\%$	设计部
6	设计资料完整率	季 / 年度	$\frac{\text{已具备的设计资料数}}{\text{应具备的设计资料数}} \times 100\%$	设计部
7	客户满意度	季 / 年度	接受随机调研的客户对设计水平满意度评分的算术平均值	设计部

16.1.4　制作部关键绩效考核指标设计

序号	KPI 指标	考核周期	指标定义 / 公式	资料来源
1	方案执行完成率	季 / 年度	$\frac{\text{按时完成的方案任务数}}{\text{同期方案任务总数}} \times 100\%$	制作部
2	领导满意度	季 / 年度	相关领导对制作水平满意度评分的算术平均值	制作部
3	客户满意度	季 / 年度	接受随机调研的客户对制作水平满意度评分的算术平均值	制作部
4	完成项目制作总数	季 / 年度	考核期内已经通过审核的项目制作总数	制作部

16.2 设计制作业务关键绩效考核指标的目标值设计与调整

16.2.1 设计制作业务关键绩效考核指标的目标值设计

序号	KPI 指标	目标值
1	项目进度按时完成率	项目进度按时完成率达到____%
2	业务成本预算控制率	业务成本预算控制率在____% 以下
3	项目质量等级	项目质量等级在____以上
4	客户满意度	客户满意度评价的平均分在____分以上
5	领导满意度	领导满意度评价的平均分在____分以上

16.2.2 设计制作业务关键绩效考核指标的目标值调整

设计制作业务关键绩效考核指标的目标值调整需要注意以下两个重要因素。

1. 注意工作细节

无论是设计业务还是制作业务，业务执行人要想把工作做好，都必须高度注意执行过程中的一些细节。例如，设计业务要想做好，需要业务执行人在一些细节上反复修改、精益求精；制作业务要想做好，需要业务执行人精选材料，按照操作规范进行精细化作业。因此，对这类业务的关键绩效考核指标的目标值就要综合看待，如项目进度按时完成率、业务成本预算控制率，这两个指标在企业其他业务的绩效考核上可能很重要，但对于设计制作业务考核来说，即便达到了考核要求，若未在工作细节上下功夫，该项业务价值也会大打折扣，绩效考核也就失去了意义。

在实践中，企业可以针对细节性工作专门设定考核指标和目标值。例如，一些汽车公司针对设计业务设置了“造型设计体验”指标，根据业务负责人的偏好灵活设定目标值。

2. 平衡业务成本、项目质量和项目进度

对设计制作业务进行考核，其实也是在业务成本、项目质量和项目进度上找平衡，这三者之间存在一种此消彼长的关系。例如，企业管理者要严格控制设计制作业务的成本，但成本降低可能会影响项目质量，质量等级可能会下降，项目进度按时完成率也会下降。

因此，设计制作业务关键绩效考核指标的目标值调整，还要看业务负责人在实际工作中的工作倾向。例如，当负责人看重项目质量时，就可以在绩效考核中将项目质量等级的目标值设置得高一些，相应地，业务成本预算控制率的目标值也要提升，而项目进度按时完成率的目标值则要适当降低，即“慢工出细活”。

16.3 设计制作人员考核标准设计

16.3.1 设计人员考核标准

设计人员的考核标准必须依据设计业务的特殊性而定，要通过考核标准的制定促使设计人员在规定的时间内完成必要的创意工作任务，同时也要注意设计质量。

1. 从考核指标的角度来看

设计人员的考核指标必须能够反映设计人员的工作任务完成情况、成本控制情况、工作能力和客户的反馈情况。例如，项目设计完成率可以反映设计人员的工作任务完成情况，设计方案一次性通过率和设计制作出错率可以反映设计人员的工作能力，客户满意度则能反映客户反馈的情况。

2. 从考核目标值的角度来看

设计人员的考核目标值通常较为稳定，是在过去工作经验的基础上拟定的。企业一般会通过项目设计完成率来保证设计工作的完成进度。

3. 从考核变化的角度来看

设计工作属于创意性工作，企业要根据业务负责人的“倾向”做出灵活的调整，其核心则是工作进度、工作质量、工作成本之间的平衡。例如，一旦业务负责人对质量有足够的关注，那么项目质量等级就要上调，工作进度和工作成本的目标值设定会适当“宽容”一点。

企业的整体管理水平也是影响考核变化的一个重要因素。通常，企业的管理水平一旦有了显著的提升，就表现为在质量、成本的硬约束条件下，工作任务的进度会加快。此时，相关考核指标的目标值就可以做出相应的调整。

16.3.2 制作人员考核标准

由于制作人员的工作涉及各种制作细节，需要按章操作，保证质量，因此其考核标准的制定与设计人员略有不同。

1. 从考核指标的角度来看

制作人员在现场进行制作，要选择合适的材料，在按章操作的同时要控制成本，以保证及时完成制作任务。企业在对制作人员的考核指标进行设定时，必须要考虑这些因素，如制作任务完成率、制作任务提交及时率、制作成本预算控制率、客户满意度等。从总体上看，在考核指标的设定上，与设计人员相比，制作人员的考核要求更为全面，尤其是对工作质量和任务完成度有较高的要求。

2. 从考核目标值的角度来看

制作人员考核指标的目标值设定必须合理，不能“太过”，企业不能为所有指标都设定高绩效目标值，这样不但无法提升制作人员的工作效能，反而可能造成企业绩效考核的“灾难”。

3. 从考核变化的角度来看

在制作过程中，制作人员要把握好制作成本、制作质量和制作进度之间的平衡，针对考核变化调整目标值。

16.4 设计制作岗位关键绩效考核指标量表

16.4.1 设计部经理考核指标量表

被考核人姓名			职位	设计部经理	部门	设计部
考核人姓名			职位	总经理	部门	
序号	KPI 指标	权重	目标值			考核得分
1	完成的项目设计方案总数	20%	考核期内完成的项目设计方案的总数在____项以上			
2	项目设计完成率	15%	考核期内项目设计完成率达到____%			
3	设计费用控制情况	10%	考核期内设计费用控制在预算范围之内			
4	设计方案一次性通过率	10%	考核期内设计方案一次性通过率在____%以上			
5	设计制作出错率	10%	考核期内设计制作出错率累计不超过____%			
6	人均图纸产量	10%	考核期内人均图纸产量保证____张			
7	客户满意度	10%	考核期内客户满意度评分的算术平均值达到____分			
8	部门员工绩效考核平均分	10%	考核期内部门员工绩效考核平均分在____分以上			
9	核心员工保有率	5%	考核期内核心员工保有率在____%以上			
本次考核总得分						
被考核人		考核人			复核人	
签字： 日期：		签字： 日期：			签字： 日期：	

16.4.2 制作部经理考核指标量表

被考核人姓名			职位	制作部经理	部门	制作部
考核人姓名			职位	总经理	部门	
序号	KPI 指标	权重	目标值			考核得分
1	完成的项目方案制作总数	20%	考核期内完成的项目方案制作总数在____项以上			

（续表）

序号	KPI 指标	权重	目标值	考核得分
2	项目制作完成率	15%	考核期内项目制作完成率达到____%	
3	制作费用控制情况	10%	考核期内制作费用控制在预算范围之内	
4	制作出错率	10%	考核期内制作出错率累计不超过____%	
5	领导满意度	10%	考核期内领导满意度评价的平均分在____分以上	
6	客户满意度	10%	考核期内客户满意度评价的平均分在____分以上	
7	部门员工绩效考核平均分	10%	考核期内部门员工绩效考核平均分在____分以上	
8	核心员工保有率	15%	考核期内核心员工保有率在____% 以上	
本次考核总得分				
被考核人		考核人	复核人	
签字：　日期：		签字：　日期：	签字：　日期：	

16.4.3　设计部主管考核指标量表

被考核人姓名			职位	设计部主管	部门	设计部
考核人姓名			职位	设计部经理	部门	设计部
序号	KPI 指标	权重	目标值			考核得分
1	完成的项目设计方案总数	20%	考核期内完成的项目设计方案总数在____项以上			
2	项目设计完成率	15%	考核期内项目设计完成率达到____%			
3	设计方案一次性通过率	15%	考核期内设计方案一次性通过率在____% 以上			
4	设计制作出错率	15%	考核期内设计制作出错率不超过____%			
5	设计方案提交及时率	15%	考核期内设计方案提交及时率达到____%			
6	人均图纸产量	10%	考核期内人均图纸产量在____张以上			
7	设计资料完整率	5%	考核期内设计资料完整率达到____%			
8	客户满意度	5%	考核期内客户满意度评价的平均分在____分以上			
本次考核总得分						
被考核人			考核人		复核人	
签字：　日期：			签字：　日期：		签字：　日期：	

16.4.4 制作部主管考核指标量表

被考核人姓名			职位	制作部主管	部门	制作部
考核人姓名			职位	制作部经理	部门	制作部
序号	KPI 指标	权重	目标值			考核得分
1	完成的项目方案制作总数	15%	考核期内完成的项目方案制作总数在____项以上			
2	项目制作完成率	15%	考核期内项目制作完成率达到____%			
3	制作出错率	20%	考核期内制作出错率不超过____%			
4	项目制作提交及时率	20%	考核期内项目制作提交及时率达到____%			
5	领导满意度	15%	考核期内领导满意度评价的平均分在____分以上			
6	客户满意度	15%	考核期内客户满意度评价的平均分在____分以上			
本次考核总得分						
被考核人		考核人			复核人	
签字： 日期：		签字： 日期：			签字： 日期：	

16.5 设计制作业务提成方案设计

16.5.1 设计人员业务提成方案

设计人员业务提成方案

一、方案目的

为了实现按劳分配与按生产要素分配相结合，使设计要素参与企业收益分配，进一步调动设计人员的工作积极性，加快设计技术向生产转化的进程，特制定本方案。

二、提成办法

设计的新产品鉴定完成后，由总工程师组织开展对设计人员的业绩评定工作，提出创新等级及提成分配比例的意见，报总经理审批。产品达到一定的市场占有率后，主创设计人员开始从该产品的年销售额中按一定比例提取奖励。

三、提成基准

以产品的年销售额（回款数）为基准。

四、奖惩形式

1. 新产品开发完工奖

新产品在样品开发成功后，根据新产品的类别及单品售价，按规定的比例提取奖金，分两次给付。在图纸设计、工艺编制等技术准备工作完成后，发给应计提数的____%，剩余部分待样机试制成功并通过鉴定或用户认可后给付。如未按计划进度完成图纸设计和工艺编制等，每延期一天，扣减奖金的____%；造成经济损失的，视情节加倍扣罚。

2. 新产品销售提成奖

在新产品投放市场的前____年内，根据新产品的创新等级、市场占有率、年销售额、回款额等指标，每年分别按不同的提成比例计提奖金，具体如下所示。

新产品的销售提成比例

序号	产品名称	规格型号	创新等级	市场占有率	年销售额	回款额	提成比例
第1年	▲	××					____%
第2年	▲	××					____%
……							____%

五、提成奖励实施

产品设计提成的奖励对象为整体项目小组，小组内部的提成分配方法由项目组长提出，交由企业项目评审委员会审核通过后实施。

六、其他说明

设计人员存在严重违章违纪行为，给企业造成重大损失的，以及非因退休等原因解除、终止劳动关系的，将丧失提成资格。

16.5.2　制作人员业务提成方案

制作人员业务提成方案

一、方案目的

为明确制作项目的提成分配规则，有效激励制作团队，使其更好地完成企业制作业务指标，特制定本方案。

二、提成构成

制作人员的提成比例由两部分组成，一部分为职责比例，根据制作人员在团队里不同的岗位职责确定，相对固定；另一部分为劳动比例，根据每人在具体项目中的实际参与度、工作量的大小确定。

三、提成说明

按照企业规定的项目成本归集办法实现的项目利润（项目收入－项目直接成本－间接费用－税金及附加），在资金回收到位的前提下，可计提奖励给制作部。具体计提办法如下：

（1）完成该项目任务量的80%，并且资金回收到位，按目标利润额的____%计提；

（2）100% 完成该项目任务量，并且资金回收到位，按目标利润额的____% 计提；

（3）每超额完成 20%，计提比率递增____%。

四、项目提成实施

（1）评审委员会负责对制作项目进行考评，并确定提成比例，如发生拖延工期、存在质量问题的，由项目评审委员会依据实际情况降低或免除项目提成奖金或予以其他处罚。

（2）制作项目提成的奖励对象为整体项目小组，小组内部的分配方法由项目组长拟定，交由项目评审委员会审核通过后方可实施。

（3）涉及项目提成分配的部门或成员，如因特殊情况需要提前支取提成款项的，必须以书面形式向企业提出申请，并报项目总监审核，由总经理审批通过后方可支取。

五、其他

（1）本方案经总经理审核、签字后执行。

（2）方案未尽事宜，企业将根据需要，按工作进度予以调整，并向制作人员进行公示。

16.6 设计制作部门绩效考核实施细则

16.6.1 设计部绩效考核实施细则

细则名称	设计部绩效考核实施细则	编号	
		版本	

第 1 章　总则

第 1 条　总则

为了加强对设计部工作人员的管理，提高设计部的部门工作绩效，同时完善企业绩效考核工作体系，特制定本细则。

第 2 章　考核周期及内容

第 2 条　考核周期

本细则适用于对设计部经理、主管和一般工作人员的月度、季度和年度考核。

第 3 条　考核内容

考核内容包括设计人员的工作业绩、工作能力、个人素质及综合表现，具体如下所示。

设计人员考核的内容

考核项目	内容说明 / 考核指标范例
工作业绩	该岗位的具体工作业绩考核指标，如项目设计完成率、设计制作出错率等
工作能力	计划能力、执行力、工作潜力
个人素质	纪律性、合作性、工作态度、品德言行
综合表现	出勤率、客户满意度、日常行为及工作态度等

（续）

第3章 考核实施及应用

第4条 考核程序

1. 员工自评

设计人员按照“员工自我评价表”，根据分工不同选择适当的内容进行自我评价。

2. 设计人员的直接主管复评

设计人员的直接主管对其工作表现进行复评。

3. 间接主管评估

间接主管（高于被考核人员两级）对设计人员的考核结果进行评估。

4. 结果认定

人力资源部及考核小组结合员工自评、直接主管复评及间接主管评估做出最终考核结果认定。

第5条 绩效考核结果的应用

1. 绩效考核结果的等级划分。

绩效考核结果的等级划分如下所示。

绩效考核结果的等级划分

考核结果等级	优秀	良好	一般	合格	不合格
绩效总分	90分及以上	80~89分	70~79分	60~69分	59分及以下

2. 绩效汇总

考核小组负责汇总各周期考核分数表，并编制“绩效考核汇总表”，交人力资源部备案。

3. 绩效奖励

（1）对于连续三个月绩效考核结果等级为优秀的设计人员，奖励____万元的培训基金。

（2）本企业在安排人员调动与晋升时，以绩效考核结果为参考依据，具体如下：

①连续六个月评为良好的设计人员与连续三个月评为合格的设计人员，在征求上级意见后，可对其岗位进行调配；

②连续六个月评为优秀的设计人员，优先晋升为部门主管，基本工资上调____元。

（3）年度考核作为年终奖计提的重要依据，具体计提标准如下：

①年度考核分数在90分及以上的，年终奖发放____元；

②年度考核分数在80~89分的，年终奖发放____元；

③年度考核分数在70~79分的，年终奖发放____元；

④年度考核分数在60~69分的，年终奖发放____元；

⑤年度考核分数在59分及以下的，由上级主管讨论决定是否发放年终奖。

第6条 绩效反馈

1. 绩效面谈

当设计人员自评分数与上级评价分数出现等级上的差别时，考核小组负责人应在考核后三日内与该员工进行面谈，并做好记录；如有必要，可另外附具体的事实说明，作为考核结果的补充材料。

2. 绩效改进

考核小组及企业相关负责人根据绩效面谈结果，找出设计人员在工作中存在的问题，并进行讨论、分析，制定有效的解决措施与改进计划。

编制日期		审核日期		批准日期	
修改标记		修改处数		修改日期	

16.6.2 制作部绩效考核实施细则

细则名称	制作部绩效考核实施细则	编号	
		版本	

第 1 章 总则

第 1 条 考核目的

为了提升制作部工作人员的工作能力和制作水平，降低制作成本，特制定本细则。

第 2 条 考核范围

适用于制作部经理、主管和一般工作人员的绩效考核工作。

第 2 章 考核周期及内容

第 3 条 考核周期

对制作部经理、主管和普通工作人员的考核按月度、季度和年度进行。

第 4 条 考核内容

制作部一般工作人员的考核内容如下所示。

一般工作人员的考核内容

考核项目	权重分配	项目细化
工作质量	40%	制作产品被驳回一次扣____分
工作效率	20%	制作任务每逾期上交一次扣____分
工作成本	20%	制作费用每超出计划的 1% 扣____分
工作能力	20%	在国家权威期刊上每发表一篇论文加____分

考核实行百分制，其中每一个考核项目的满分均为 100 分，在增减相应的奖惩分数后乘以其权重就能得到考核总分。计算公式如下：

（1）制作部普通工作人员的考核得分 = 工作质量得分 ×40%+ 工作效率得分 ×20%+ 工作成本得分 ×20%+ 工作能力得分 ×20%

（2）制作部经理 / 主管的考核得分 = 下属各制作人员评分总和 ÷ 制作人员数量 + 总经理和副总经理印象分 + 关键员工流动控制情况评分

第 3 章 考核结果的应用

第 5 条 绩效考核结果的等级划分

绩效考核结果的等级划分如下所示。

绩效考核结果的等级划分

考核结果等级	优秀	良好	一般	合格	不合格
绩效总分	90 分及以上	80~89 分	70~79 分	60~69 分	59 分及以下

第 6 条 结果汇总

考核小组负责汇总各周期考核分数表，交人力资源部备案。

第 7 条 绩效奖励

1. 培训奖励

对于连续三个月绩效考核结果等级为优秀的一般工作人员，奖励____万元的培训基金。

（续）

2. 年终奖

（1）年度考核分数在 90 分及以上的，年终奖发放____元。

（2）年度考核分数在 80~89 分的，年终奖发放____元。

（3）年度考核分数在 70~79 分的，年终奖发放____元。

（4）年度考核分数在 60~69 分的，年终奖发放____元。

（5）年度考核分数在 59 分及以下的，由上级主管讨论决定是否发放年终奖。

编制日期		审核日期		批准日期	
修改标记		修改处数		修改日期	

第 17 章

新媒体人员绩效考核

17.1 新媒体人员与部门考核指标设计

17.1.1 新媒体人员三大量化考核指标

指标 1：点击率

考核目的	评估推送内容的吸引力		
考核指标	点击率	计算公式 / 说明	$\frac{\text{点击次数}}{\text{展示次数}} \times 100\%$
考核周期	日 / 周 / 月度	信息来源	新媒体部
失真提示	企业应事先明确是否会将页面停留时间过短的点击数统计在内，否则会造成统计数据不准确		

指标 2：转化率

考核目的	考核新媒体平台的运营水平		
考核指标	转化率	计算公式 / 说明	$\frac{\text{转化次数}}{\text{访问次数}} \times 100\%$
考核周期	季 / 年度	信息来源	新媒体部
失真提示	计算时，若分子和分母的统计周期不一致，会导致考核结果失真		

指标 3：响应率

考核目的	提升服务的效率		
考核指标	响应率	计算公式 / 说明	$\frac{\text{在规定时间内对用户的问题和评论做出响应的信息数量}}{\text{用户的问题和评论总数}} \times 100\%$
考核周期	日 / 周 / 月度	信息来源	新媒体部
失真提示	当反馈的信息或记录不完备时，会使考核缺乏必要的依据		

17.1.2　广告人员三大量化考核指标

指标 1：广告投放有效率

考核目的	用于评估广告投放所产生的效用		
考核指标	广告投放有效率	计算公式 / 说明	$\frac{销售收入增长率}{广告费用增长率} \times 100\%$
考核周期	季 / 年度	信息来源	广告部、销售部、财务部
失真提示	企业如果将部分非广告投放所带来的销售收入增长也计算在内，就会导致考核所依据的数据信息不准确，造成考核结果失真		

指标 2：千人成本

考核目的	用于评估广告的效率及其经济性		
考核指标	千人成本	计算公式 / 说明	$\frac{广告费用}{到达人数} \times 100\%$
考核周期	季 / 年度	信息来源	广告部、财务部
失真提示	在统计到达人数时，采用的方法不当，导致考核数据的信度低，考核结果的可信度不高		

指标 3：广告费用预算控制率

考核目的	用于评估广告费用预算控制的情况		
考核指标	广告费用预算控制率	计算公式 / 说明	$\frac{广告费用实际支出}{广告费用预算额} \times 100\%$
考核周期	季 / 年度	信息来源	广告部、财务部
失真提示	部分广告费用的实际支出未被计算在内，导致考核时计算的数据不准确		

17.1.3　新媒体部关键绩效考核指标设计

序号	KPI 指标	考核周期	指标定义 / 公式	资料来源
1	原创内容的比例	月 / 季度	$\frac{原创内容的数量}{所有推送内容的数量} \times 100\%$	新媒体部
2	点击率	月 / 周 / 月度	$\frac{点击次数}{展示次数} \times 100\%$	新媒体部
3	留言数	日 / 月 / 年度	推送内容的留言数量代表读者的黏性	新媒体部
4	用户活跃率	月 / 季度	$\frac{活跃用户}{总用户} \times 100\%$	新媒体部
5	受众增长率	季 / 年度	$\frac{新增加的受众数量}{受众总数} \times 100\%$	新媒体部

（续表）

序号	KPI 指标	考核周期	指标定义 / 公式	资料来源
6	累积关注人数	季 / 年度	原有关注人数＋净增关注人数	新媒体部
7	转化率	季 / 年度	$\frac{\text{转化次数}}{\text{访问次数}} \times 100\%$	新媒体部 财务部
8	响应率	日 / 周 / 月度	$\frac{\text{在规定时间内对用户的问题和评论做出响应的信息数量}}{\text{用户的问题和评论总数}} \times 100\%$	新媒体部
9	平均响应时间	季 / 年度	对用户的评论或询问做出回应平均所需的时间	新媒体部

17.1.4　广告部关键绩效考核指标设计

序号	KPI 指标	考核周期	指标定义 / 公式	资料来源
1	广告宣传计划按时完成率	月 / 季度	$\frac{\text{按时完成的广告项目数}}{\text{广告项目总数}} \times 100\%$	广告部
2	广告投放有效率	月 / 季 / 年度	$\frac{\text{销售收入增长率}}{\text{广告费用增长率}} \times 100\%$	广告部 销售部
3	千人成本	季 / 年度	$\frac{\text{广告费用}}{\text{到达人数}} \times 100\%$	广告部 财务部
4	广告费用占销率	季 / 年度	$\frac{\text{广告费用}}{\text{销售额}} \times 100\%$	广告部 财务部
5	有效接触频次	季 / 年度	即为达到理想的投放效果，目标受众在一定期间内必须接触广告信息的次数	广告部
6	广告到达率	季 / 年度	$\frac{\text{接触广告的人数}}{\text{广告传播范围内的总人数}} \times 100\%$	广告部
7	广告费用预算控制率	季 / 年度	$\frac{\text{广告费用实际支出}}{\text{广告费用预算额}} \times 100\%$	广告部 财务部

17.2　新媒体业务关键绩效考核指标的目标值设计与调整

17.2.1　新媒体业务关键绩效考核指标的目标值设计

序号	KPI 指标	目标值
1	点击率	点击率达到____%
2	转化率	转化率达到____%

（续表）

序号	KPI 指标	目标值
3	留言数	留言数不少于____条
4	用户活跃率	用户活跃率达到____%
5	受众增长率	受众增长率达到____%
6	转化率	转化率不低于____%
7	平均响应时间	平均响应时间在____秒内

17.2.2 新媒体业务关键绩效考核指标的目标值调整

1. 考虑环境因素

新媒体运营人员要学会筛选有价值的内容进行及时推送。其中，针对重大热点事件的推送，企业在设置点击率、用户留言数等考核指标的目标值时，目标值可适度提高。

2. 考虑受众者与季节因素

例如，新媒体运营的内容与学生有关，则要考虑到寒暑假时期学生关注该平台的兴致更高，因此在设置点击率、用户活跃率等考核指标的目标值时，这一时期的目标值可相应提高。

17.3 新媒体人员考核标准设计

17.3.1 新媒体人员考核标准

1. 考核指标选取

新媒体运营可细分为内容运营、用户运营、活动运营三大类别。根据工作内容的不同，考核指标会有差异性。例如，新媒体内容运营人员的工作重点在于内容的创作，因此对其进行考核时，内容创作方面的考核指标应设置较高的目标值；对新媒体用户运营人员，平台关注度的高低是很重要的考核点；而对新媒体活动运营人员，活动推广情况、用户黏性等指标则是考核的重点。

2. “加减分”项的设计

对一些表现优异或绩效糟糕的情形，可以单独增设“加减分”项，以此达到鼓励先进、鞭策后进，推动工作任务落实的目的。

17.3.2 广告人员考核标准

1. 考核指标选取

考核内容的划分维度是多样化的，如对广告人员的考核，可以将考核内容划分为重要任务、岗位工作、工作态度三大方面，并在此基础上细化考核指标。若是阶段性的工作，则可选取多个考核指标对广告人员的工作进行考核。

2. 考核标准设计

在对广告人员进行考核时，企业要注意对一些定性指标做出清晰的说明，以便于考核评分。例如，对工作配合度 / 部门协作满意度指标，考核标准可以这样设计：未能及时提供工作支持而引起投诉的，每发生 1 次减____分。

17.4 新媒体岗位关键绩效考核指标量表

17.4.1 新媒体运营经理考核指标量表

被考核人姓名		职位	新媒体运营经理	部门	新媒体部
考核人姓名		职位	总经理	部门	
序号	KPI 指标	权重	目标值		考核得分
1	推文的数量	10%	考核期内推文的数量达到____条或篇		
2	信息推送频率	10%	考核期内信息推送频率不低于____次或条		
3	点击率	15%	考核期内点击率达到____%		
4	转发率	15%	考核期内转发率达到____%		
5	活跃度	15%	考核期内平均用户留言数不低于____条		
6	转化率	20%	考核期内转化率达到____%		
7	平均响应时间	5%	考核期内平均响应时间为____秒		
8	关键员工保有率	10%	考核期内关键员工保有率达到____%		
本次考核总得分					
被考核人		考核人		复核人	
签字： 日期：		签字： 日期：		签字： 日期：	

17.4.2 广告部经理考核指标量表

被考核人姓名		职位	广告部经理	部门	广告部
考核人姓名		职位	总经理	部门	
序号	KPI 指标	权重	目标值		考核得分
1	广告宣传计划按时完成率	20%	考核期内广告宣传计划按时完成率达到____%		
2	广告策划方案通过率	15%	考核期内广告策划方案通过率达到____%		

（续表）

<table>
<tr><th>序号</th><th>KPI 指标</th><th>权重</th><th>目标值</th><th>考核得分</th></tr>
<tr><td>3</td><td>广告投放有效率</td><td>15%</td><td>考核期内广告投放有效率达到____%</td><td></td></tr>
<tr><td>4</td><td>广告预算达成率</td><td>10%</td><td>考核期内广告预算达成率控制在____%以内</td><td></td></tr>
<tr><td>5</td><td>千人成本</td><td>10%</td><td>考核期内千人成本控制不超过____元</td><td></td></tr>
<tr><td>6</td><td>广告效果评估报告提交及时率</td><td>10%</td><td>考核期内广告效果评估报告提交及时率达到____%</td><td></td></tr>
<tr><td>7</td><td>广告成功度</td><td>5%</td><td>考核期内广告成功度评分在____分以上</td><td></td></tr>
<tr><td>8</td><td>广告认知度</td><td>5%</td><td>考核期内广告认知度评分在____分以上</td><td></td></tr>
<tr><td>9</td><td>市场占有率</td><td>5%</td><td>考核期内市场占有率提高____%</td><td></td></tr>
<tr><td>10</td><td>部门员工绩效考核平均分</td><td>5%</td><td>考核期内部门员工绩效考核平均分达到____分</td><td></td></tr>
<tr><td colspan="4">本次考核总得分</td><td></td></tr>
<tr><td>考核指标说明</td><td colspan="4">（1）广告效果评估报告提交及时率 = $\frac{\text{报告及时提交数}}{\text{提交报告的总数}}\times 100\%$
（2）市场占有率 = $\frac{\text{某区域一定时期内某种商品的销售量}}{\text{该种商品在同一市场同期销售总量}}\times 100\%$</td></tr>
<tr><td colspan="2">被考核人</td><td colspan="2">考核人</td><td>复核人</td></tr>
<tr><td colspan="2">签字：　　日期：</td><td colspan="2">签字：　　日期：</td><td>签字：　　日期：</td></tr>
</table>

17.4.3 新媒体运营编辑考核指标量表

<table>
<tr><td>被考核人姓名</td><td></td><td>职位</td><td>新媒体运营编辑</td><td>部门</td><td>新媒体部</td></tr>
<tr><td>考核人姓名</td><td></td><td>职位</td><td>新媒体运营经理</td><td>部门</td><td>新媒体部</td></tr>
</table>

<table>
<tr><th>序号</th><th>KPI 指标</th><th>权重</th><th>目标值</th><th>考核得分</th></tr>
<tr><td>1</td><td>推文数量</td><td>20%</td><td>考核期内推文数量达到____条或篇</td><td></td></tr>
<tr><td>2</td><td>阅读量</td><td>10%</td><td>考核期内阅读量达到____人次</td><td></td></tr>
<tr><td>3</td><td>内容差错率</td><td>25%</td><td>考核期内内容差错率不高于____%</td><td></td></tr>
<tr><td>4</td><td>粉丝增长量</td><td>10%</td><td>考核期内粉丝增长量达到____万</td><td></td></tr>
<tr><td>5</td><td>好评率</td><td>20%</td><td>考核期内好评率不低于____%</td><td></td></tr>
<tr><td>6</td><td>图文排版效果满意度</td><td>5%</td><td>考核期内图文排版效果满意度达到____%</td><td></td></tr>
<tr><td>7</td><td>转发率</td><td>10%</td><td>考核期内转发率达到____%</td><td></td></tr>
<tr><td colspan="4">本次考核总得分</td><td></td></tr>
<tr><td colspan="2">被考核人</td><td colspan="2">考核人</td><td>复核人</td></tr>
<tr><td colspan="2">签字：　　日期：</td><td colspan="2">签字：　　日期：</td><td>签字：　　日期：</td></tr>
</table>

17.5　新媒体业务提成方案设计

17.5.1　新媒体运营业务提成方案

新媒体运营业务提成方案

一、目的

为调动企业新媒体运营人员的工作积极性，特制定本提成方案。

二、考核内容及标准

1. 原创内容

（1）单条阅读量达到____人次以上的，绩效加____分。

（2）单条转发量达到____次，绩效加____分。

2. 线上活动

策划的线上活动，满足以下条件的，绩效加____分。

（1）有创意。

（2）粉丝参与度高，新增粉丝____人。

（3）全程无明显错误或失误。

3. 其他工作表现

（1）工作是否能准时完成。

（2）与企业其他部门的配合程度如何。

（3）工作是否积极主动。

上述内容根据企业设计的考核制度来评定，进而得出考核分数。

三、提成发放

1. 提成核算办法

业务提成＝考核得分 ÷100× 奖金总额

2. 发放时间

业务提成每月发放一次，发放时间为每月的____日发放上月的提成。

17.5.2　广告业务提成方案

广告业务提成方案

一、目的

为明确广告业务提成核算标准及发放办法，激发广告人员的工作积极性，特制定本提成方案。

二、提成比例设计

具体的提成比例设计如下所示。

提成比例设计

业务情形	提成比例
对外承接的业务	三个月内回款的，依照合同金额的____%计提提成
	超过三个月回款的业务不计算在个人业绩中
对内业务	广告投放有效率达到____%，依照销售收入增长额的____%计提提成

三、提成发放

（1）企业人力资源部于每月____日统计上月的业绩，并依据提成比例和发放标准计算广告业务人员的提成。

（2）广告业务提成于每月____日随底薪一起发放。

17.6　新媒体部与广告部绩效考核实施细则

17.6.1　新媒体部绩效考核实施细则

细则名称	新媒体部绩效考核实施细则	编号	
		版本	

第1条　目的

为了对企业新媒体部的工作进行客观、全面的评估，特制定本细则。

第2条　考核频率

每季度考核一次。

第3条　工作绩效考核（70%）

对新媒体部的工作绩效考核，主要从以下几方面进行。

1. 推送的信息量（40%）

（1）原创内容占比。

（2）非原创内容占比。

2. 内容质量（45%）

（1）粉丝阅读情况。

（2）转发率。

（3）粉丝增长率。

（4）用户互动数。

（5）内容中有无一般性错误及重大错误。

3. 版面设计（15%）

主要考核版面的设计有无不合理之处。

第4条　部门管理考核（30%）

（1）部门员工遵守企业规章制度的情况（40%）。

（续）

<table>
<tr><td colspan="6">（2）部门员工的培训情况（30%）。
（3）部门员工的流动情况（30%）。
第 5 条　考核结果的应用
考核结果与部门奖金挂钩，具体标准如下：
（1）考核得分为 90（含）~ 100 分，部门奖金按____% 发放；
（2）考核得分为 80（含）~ 89 分，部门奖金按____% 发放；
（3）考核得分为 70（含）~ 79 分，部门奖金按____% 发放；
（4）考核得分为 60（含）~ 69 分，不计发奖金。</td></tr>
<tr><td>编制日期</td><td></td><td>审核日期</td><td></td><td>批准日期</td><td></td></tr>
<tr><td>修改标记</td><td></td><td>修改处数</td><td></td><td>修改日期</td><td></td></tr>
</table>

17.6.2 广告部绩效考核实施细则

<table>
<tr><td rowspan="2">细则名称</td><td rowspan="2">广告部绩效考核实施细则</td><td>编号</td><td></td></tr>
<tr><td>版本</td><td></td></tr>
<tr><td colspan="4">第 1 章　总则
第 1 条　为正确评价广告部的工作业绩，规范广告部的绩效考核程序，确定广告部相关人员的培训需求，特制定本细则。
第 2 条　本细则仅适用于对广告部的绩效考核。
第 2 章　考核项目的确定
第 3 条　人力资源部应根据广告部的工作特点拟定考核项目。
第 4 条　人力资源部在拟定考核项目时，应征询广告部管理人员及市场总监的意见，并根据相关意见进行修改。
第 5 条　人力资源部在设计广告部的绩效考核项目时，应重点考虑以下六个方面：
（1）广告计划管理；
（2）广告策划；
（3）广告制作与管理；
（4）广告投放管理；
（5）广告投放效果监测；
（6）广告成本控制。
第 3 章　考核指标的编制
第 6 条　考核指标的编制原则
1. 具体性原则
人力资源部应针对广告部的具体工作设计考核指标，内容不可太宽泛。
2. 可量化原则
广告部的考核指标必须可量化，要杜绝人为因素的干扰。
3. 可持续使用原则
广告部的考核指标应能够持续使用，要尽量减少对某一特殊工作或短期工作考核指标的设计。
第 7 条　人力资源部负责对广告部的考核指标进行设计，并及时告知广告部相关人员，征询其意见。
第 4 章　考核的实施
第 8 条　考核原则
（1）以提高员工绩效为导向。</td></tr>
</table>

（续）

（2）定性考评与定量考评相结合。
（3）多角度考评。
（4）公平、公正、公开。
第 9 条　考核的组织
绩效考核小组负责对广告部进行考核。绩效考核小组的成员由人力资源部、广告部及与广告相关的部门派出的人员组成。
第 10 条　考核时间
广告部的考核分为月度考核、季度考核与年度考核，相关时间规定如下。
1. 考核周期
绩效考核小组根据考核内容确定考核周期。
（1）广告部的核心工作在当月能够完成的，采用月度考核。
（2）广告部的核心工作需要跨月完成，但不超过一个季度的，采用季度考核。
（3）广告部的核心工作需要跨季度完成的，采用年度考核。
2. 考核时间
（1）月度考核的时间为每月 1 日至 5 日，考核内容为广告部上月的工作绩效。
（2）季度考核的时间为每季度第一个月的 1 日至 10 日，考核内容为广告部上个季度的工作绩效。
（3）年度考核的时间为每年 1 月 1 日至 5 日，考核内容为广告部上个年度的工作绩效。
第 11 条　考核程序
（1）绩效考核小组与广告部在考核期初共同确认考核目标和要求。
（2）在考核过程中，绩效考核小组应对广告部的工作进行指导。
（3）绩效考核小组在考核期内需要收集各类考核资料，以作为考核的依据。
（4）绩效考核小组按照确定的考核项目和考核指标，对广告部进行考评。
（5）考核结束后，绩效考核小组与广告部相关人员进行沟通，确认考核结果。
（6）人力资源部对广告部的考核结果进行汇总并记入部门绩效档案。
第 12 条　考核申诉
（1）绩效考核小组在考核结束后的两个工作日内公布广告部的考核结果。
（2）广告部相关人员对考核结果有异议的，可在接到考核结果通知后的三个工作日内提出申诉；超过申诉期的，视为广告部认同考核结果。
（3）人力资源部在接到申述请求后，必须在五个工作日内给予答复。

第 5 章　考核结果的应用

第 13 条　考核结果的应用
对广告部考核结果的应用主要体现在以下四个方面。
（1）广告部的奖金分配。
（2）广告部相关人员的工资晋升。
（3）广告部相关人员的岗位调整。
（4）广告部相关人员的培训。

第 6 章　附则

第 14 条　本制度由人力资源部制定，其解释权、修改权归人力资源部所有。
第 15 条　本制度自颁布之日起实施。

编制日期		审核日期		批准日期	
修改标记		修改处数		修改日期	

第 18 章

财务会计人员绩效考核

18.1 财务会计人员与部门考核指标设计

18.1.1 财务管理人员三大量化考核指标

指标 1：报表数据错漏项

考核目的	用于评估财务报表数据的准确性		
考核指标	报表数据错漏项	指标定义	企业高层领导或其他主管人员发现的报表数据错误的项数
考核周期	月 / 季 / 年度	信息来源	企业主管领导
失真提示	当报表数据错漏记录缺失时，会导致考核工作无据可依		

指标 2：融资计划完成率

考核目的	用于评估企业融资计划的落实情况，以满足企业发展对资金的需求		
考核指标	融资计划完成率	指标定义	$\frac{\text{实际融资数额}}{\text{计划融资数额}} \times 100\%$
考核周期	月 / 季 / 年度	信息来源	财务部
失真提示	当实际融资数额的统计时间与融资额到账的时间不一致时，会导致考核结果的可比性低		

指标 3：财务预算控制率

考核目的	用于评估企业财务预算的落实情况		
考核指标	财务预算控制率	指标定义	$\frac{\text{实际支出}}{\text{预算支出}} \times 100\%$
考核周期	月 / 季 / 年度	信息来源	财务部
失真提示	企业或部门预算调整后，若未依据调整后的数据进行计算，就会导致考核所依据的统计数据不准确，造成考核结果失真		

18.1.2 会计人员三大量化考核指标

指标 1：会计核算差错率

考核目的	用于评估会计核算的准确性		
考核指标	会计核算差错率	计算公式 / 说明	$\frac{\text{会计核算差错笔数}}{\text{会计核算业务笔数}} \times 100\%$
考核周期	月 / 季 / 年度	使用说明	会计差错是指会计核算在计算、确认、记录等方面的错误
失真提示	如果会计核算差错未被及时发现、纠正，就会导致考核所依据的数据不准确，造成考核结果失真		

指标 2：账务处理及时率

考核目的	用于评估账务处理的及时性		
考核指标	账务处理及时率	计算公式 / 说明	$\frac{\text{账务及时处理的次数}}{\text{账务处理总次数}} \times 100\%$
考核周期	月 / 季 / 年度	信息采集方法	数据查证法、询问法
失真提示	如果企业监管不到位，账务处理延迟情况未被及时发现，就会导致考核所依据的数据不准确，造成考核结果失真		

指标 3：现金收付差错率

考核目的	考核出纳现金收付的质量		
考核指标	现金收付差错率	指标定义	$\frac{\text{现金差错金额}}{\text{现金收付总额}} \times 100\%$
考核周期	月 / 季 / 年度	信息来源	财务部
失真提示	当差错金额统计错误时，就会导致考核结果失真		

18.1.3 财务部关键绩效考核指标设计

序号	KPI 指标	考核周期	指标定义 / 公式	资料来源
1	财务预算达成率	月 / 季 / 年度	$\frac{\text{企业实际年度支出}}{\text{企业年度预算支出}} \times 100\%$	财务部
2	财务费用降低率	月 / 季 / 年度	$\frac{\text{财务费用降低额}}{\text{财务费用预算额}} \times 100\%$	财务部
3	账务处理的及时性	月 / 季 / 年度	账务处理在规定时间内及时完成的次数	财务部
4	现金收支的准确性	月 / 季 / 年度	现金收支准确，无差错	财务部
5	财务资料的完好性	月 / 季 / 年度	财务资料完好，无损坏、丢失或泄露的情况	财务部

（续表）

序号	KPI 指标	考核周期	指标定义 / 公式	资料来源
6	会计核算差错率	月 / 季 / 年度	$\frac{\text{会计核算差错笔数}}{\text{会计核算业务笔数}} \times 100\%$	财务部
7	财务报表编制的准确性	月 / 季 / 年度	财务报表编制准确，无差错	财务部
8	会计凭证的准确性	月 / 季 / 年度	会计凭证符合填制规则与事实	财务部
9	总账登记的及时性	月 / 季 / 年度	总账登记能够在企业规定的时间内完成，无延迟	财务部
10	对账、结账的及时性	月 / 季 / 年度	统计对账、结账能够在规定时间内完成的次数	财务部
11	会计凭证归档率	月 / 季 / 年度	$\frac{\text{会计凭证归档数}}{\text{会计凭证应归档的总数}} \times 100\%$	财务部
12	银行收付款的及时性	月 / 季 / 年度	银行收付款业务能够按时完成	财务部
13	银行余额调节表的准确性	月 / 季 / 年度	银行余额调节表数据准确	财务部
14	税金缴纳的准确性	月 / 季 / 年度	能够按时且准确地缴纳税金	财务部
15	现金收支凭证的完好性	月 / 季 / 年度	各项收支凭证完好，无损坏、丢失的情况	财务部
16	库存现金管理出错的次数	月 / 季 / 年度	统计库存现金管理出错的次数	财务部

18.1.4　资金部关键绩效考核指标设计

序号	KPI 指标	考核周期	指标定义 / 公式	资料来源
1	企业资金预算达成率	月 / 季 / 年度	$\frac{\text{企业实际年度资金使用额}}{\text{企业资金使用预算额}} \times 100\%$	资金部
2	资金筹集计划编制及时率	月 / 季 / 年度	$\frac{\text{编制及时的次数}}{\text{编制的总次数}} \times 100\%$	资金部
3	月度流动资金计划编制及时率	月 / 季 / 年度	$\frac{\text{编制及时的次数}}{\text{编制的总次数}} \times 100\%$	资金部
4	资金使用目标达成率	月 / 季 / 年度	$\frac{\text{资金使用目标已达成数}}{\text{资金使用目标应达成数}} \times 100\%$	资金部
5	资金收支的准确性	月 / 季 / 年度	资金收支准确，无差错	资金部
6	资金变动信息掌握的及时性	月 / 季 / 年度	及时掌握资金变动信息，避免给企业造成损失	资金部
7	资金使用评估报告编制的及时率	月 / 季 / 年度	$\frac{\text{编制及时的次数}}{\text{编制的总次数}} \times 100\%$	资金部

18.1.5 审计部关键绩效考核指标设计

序号	KPI 指标	考核周期	指标定义 / 公式	资料来源
1	审计计划执行率	季 / 年度	$\frac{\text{已执行的审计计划}}{\text{审计计划总数}} \times 100\%$	审计部
2	审计报告一次通过率	季 / 年度	$\frac{\text{首次审核通过的报告数}}{\text{应提交的审计报告总数}} \times 100\%$	审计部
3	审计问题追踪检查率	季 / 年度	$\frac{\text{对审计问题追踪检查的次数}}{\text{出现审计问题的总次数}} \times 100\%$	审计部
4	审计结果的准确性	季 / 年度	审计结果准确无差错	审计部
5	审计报告证据充分性	季 / 年度	审计报告的证据充分，无因证据不足而被推翻的情况	审计部
6	审计报告归档率	季 / 年度	$\frac{\text{审计报告归档数}}{\text{审计报告总数}} \times 100\%$	审计部

18.2 财务会计业务考核指标的目标值设计与调整

18.2.1 财务会计业务关键绩效考核指标的目标值设计

序号	关键绩效指标	目标值
1	财务预算达成率	财务预算达成率达到____%
2	融资计划完成率	融资计划完成率达到____%
3	对账、结账的及时性	对账、结账能够在规定的时间内完成
4	财务预算控制率	财务预算控制率达到____%

18.2.2 财务会计业务关键绩效考核指标的目标值调整

1. 融资计划完成率

受市场低迷等宏观经济环境的影响，企业融资成本可能会提高、融资难度也会增加。这种情况下，企业可适当降低融资计划完成率的绩效目标值。

2. 财务预算控制率

财务预算是一系列专门反映企业一定预算期内预计财务状况和经营成果，以及现金收支等价值指标的各种预算的总称。一旦企业经营业务发生重大变化，如增加或减少业务部门，都会给财务预算控制率带来影响。因此，当企业内外部环境发生重大变化时，就需要对财务预算控制率的目标值进行调整。

18.3　财务会计人员考核标准设计

18.3.1　财务管理人员考核标准

1. 选取考核指标

财务管理人员主要负责企业财务分析、预算控制等方面的工作，企业在选择绩效考核指标时，要避免指标之间的重复性问题。

2. 设定考核指标的目标值

企业在计算财务管理人员的绩效指标时，可能会因数据口径不同等问题导致绩效指标的计算结果不同。因此，企业在设计财务管理人员的绩效目标值时，需要统一数据口径及计算方法，并以文字的形式做好记录。

18.3.2　会计人员考核标准

1. 选取考核指标

会计人员主要负责企业的会计核算等工作，其绩效考核指标主要包括会计核算差错率、账务处理及时率及现金收付差错率等。

2. 考核指标的计算标准

由于会计人员的工作以会计核算为主，因此企业应加强对其相关指标的考核。例如，企业可通过会计核算差错率来评估会计核算的准确性。会计核算差错率这一指标适用于对会计人员、出纳人员的考核，考核周期为月度、季度及年度。会计核算差错的统计范围如下。

（1）凭证失误：凡凭证丢失，漏盖、错盖公章，按笔数统计。

（2）结算失误：错、漏、多、少算款项，按笔数统计。

（3）记账失误：错记、串户、余额错结，按笔数统计。

（4）财务报表：串、错、漏项，按笔数统计。

3. 设定考核指标的目标值

考核小组负责分析会计各岗位的工作情况，确定各岗位的绩效目标，并对会计人员的绩效目标进行描述，设定目标值。

18.4 财务会计岗位关键绩效考核指标量表

18.4.1 财务部经理考核指标量表

被考核人姓名		职位	财务部经理	部门	财务部
考核人姓名		职位	总经理	部门	
序号	KPI 指标	权重	目标值		考核得分
1	部门工作计划完成率	15%	考核期内部门工作计划完成率达到____%		
2	部门管理费用控制情况	10%	考核期内部门管理费用控制在预算范围内		
3	财务计划编制及时率	10%	考核期内财务计划编制及时率达到____%		
4	财务体系规范化目标达成率	10%	考核期内财务体系规范化目标达成率达到____%		
5	财务预算控制率	10%	考核期内企业财务预算控制率达到____%		
6	报表数据错漏项	10%	考核期内提交的各类报表、报告中数据出错的项数控制在____项以内		
7	报表编制及时率	10%	考核期内报表编制及时率达到____%		
8	财务费用降低率	10%	考核期内财务费用降低率在____%以上		
9	现金收支准确性	5%	考核期内现金收支准确，无差错		
10	财务资料完好性	5%	考核期内财务资料完好，无损坏、丢失、泄露的情况		
11	部门员工绩效考核平均分	5%	考核期内部门员工绩效考核平均分在____分以上		
本次考核总得分					
被考核人		考核人		复核人	
签字： 日期：		签字： 日期：		签字： 日期：	

18.4.2 会计主管考核指标量表

被考核人姓名		职位	会计主管	部门	财务部
考核人姓名		职位	财务部经理	部门	财务部
序号	KPI 指标	权重	目标值		考核得分
1	部门工作计划完成率	15%	考核期内部门工作计划完成率达到____%		
2	部门管理费用控制情况	10%	考核期内部门管理费用控制在预算范围内		

（续表）

序号	KPI 指标	权重	目标值	考核得分
3	财务分析报告提交的及时性	10%	考核期内财务分析报告能够在规定的时间内提交	
4	会计核算差错率	10%	考核期内会计核算差错率低于____%	
5	财务报表编制的准确性	10%	考核期内财务报表编制准确，无差错	
6	会计凭证的准确性	10%	考核期内会计凭证符合编制规则，无不符合事实的情况	
7	总账登记的及时性	10%	考核期内总账登记及时，无延误	
8	对账、结账的及时性	10%	考核期内对账、结账能够在企业规定的时间内完成，无延误	
9	会计凭证的归档率	10%	考核期内会计凭证的归档率达到____%	
10	部门员工绩效考核平均分	5%	考核期内部门员工绩效考核平均分在____分以上	
本次考核总得分				
被考核人		考核人	复核人	
签字：　　日期：		签字：　　日期：	签字：　　日期：	

18.4.3 资金部经理考核指标量表

被考核人姓名		职位	资金部经理	部门	资金部
考核人姓名		职位	总经理	部门	
序号	KPI 指标	权重	目标值		考核得分
1	部门工作计划完成率	15%	考核期内部门工作计划完成率达到 100%		
2	部门管理费用控制情况	15%	考核期内部门管理费用控制在预算范围内		
3	资金预算达成率	15%	考核期内资金预算达成率达到____%		
4	资金筹集计划编制及时率	15%	考核期内资金筹集计划编制及时率达到____%		
5	月度流动资金计划编制及时率	10%	考核期内月度流动资金计划编制及时率达到____%		
6	资金使用目标达成率	10%	考核期内资金使用目标达成率在____% 以上		
7	资金收支准确性	5%	考核期内资金收支准确，无差错		
8	资金头寸变动信息掌握的及时性	5%	考核期内能够及时掌握资金头寸信息，未给企业造成损失		
9	资金使用评估报告编制及时率	5%	考核期内资金使用评估报告编制及时率达到____%		

（续表）

序号	KPI 指标	权重	目标值	考核得分
10	部门员工绩效考核平均分	5%	考核期内部门员工绩效考核平均分在____分以上	
本次考核总得分				
被考核人		考核人	复核人	
签字： 日期：		签字： 日期：	签字： 日期：	

18.4.4 审计部经理考核指标量表

被考核人姓名		职位	审计部经理	部门	审计部
考核人姓名		职位	总经理	部门	
序号	KPI 指标	权重	目标值		考核得分
1	部门工作计划完成率	20%	考核期内部门工作计划完成率达到____%		
2	部门管理费用控制情况	15%	考核期内部门管理费用控制在预算范围内		
3	审计计划执行率	15%	考核期内审计计划执行率在____%以上		
4	审计报告一次性通过率	15%	考核期内审计报告一次性通过率在____%以上		
5	审计问题追踪检查率	10%	考核期内审计问题追踪检查率在____%以上		
6	审计结果的准确性	10%	考核期内审计结果准确，无差错		
7	审计报告证据的充分性	5%	考核期内审计报告证据充分，无因证据不足而被推翻的情况		
8	审计报告归档率	5%	考核期内审计报告归档率达到____%		
9	部门员工绩效考核平均分	5%	考核期内部门员工绩效考核平均分在____分以上		
本次考核总得分					
被考核人		考核人		复核人	
签字： 日期：		签字： 日期：		签字： 日期：	

18.4.5 会计人员考核指标量表

被考核人姓名		职位	会计人员	部门	财务部
考核人姓名		职位	财务部经理	部门	财务部
序号	KPI 指标	权重	目标值		考核得分
1	会计核算差错率	20%	考核期内会计核算差错率低于____%		

（续表）

序号	KPI 指标	权重	目标值	考核得分
2	财务报表编制的准确性	15%	考核期内财务报表编制准确，无差错	
3	会计凭证的准确性	15%	考核期内会计凭证准确，无差错	
4	总账登记的及时性	15%	考核期内总账登记及时，无延误	
5	对账、结账的及时性	15%	考核期内对账、结账能够在规定时间内完成，无延误	
6	分类明细账登记的及时性	10%	考核期内分类明细账按时登记完成，无延误	
7	账务处理及时性	5%	考核期内账务处理及时，无延误	
8	会计凭证归档率	5%	考核期内会计凭证归档率达到____%	
本次考核总得分				
被考核人		考核人	复核人	
签字：　日期：		签字：　日期：	签字：　日期：	

18.4.6 出纳人员考核指标量表

被考核人姓名		职位	出纳人员	部门	财务部
考核人姓名		职位	财务部经理	部门	财务部
序号	KPI 指标	权重	目标值		考核得分
1	现金收支的准确性	20%	考核期内各项现金收支数额准确，无差错		
2	现金日记账登记的及时性	15%	考核期内现金日记账登记及时，无延误		
3	工资发放准确性	15%	考核期内工资发放数额准确，无差错		
4	银行结算业务的准确性	15%	考核期内银行结算金额准确，无差错		
5	费用报销的准确性	10%	考核期内费用报销准确，无差错		
6	现金收支凭证的完好性	10%	考核期内现金收支凭证完好，无损坏、丢失的情况		
7	现金收支报表编制的及时性	10%	考核期内现金收支报表编制及时，无延误		
8	财务凭证归档率	5%	考核期内财务凭证归档率达到____%		
本次考核总得分					
被考核人		考核人		复核人	
签字：　日期：		签字：　日期：		签字：　日期：	

18.5 财务会计业务考核方案设计

18.5.1 财务管理业务考核方案

财务管理业务考核方案

一、实施目的

为更好地对企业的财务管理业务进行考核，充分调动财务管理人员的工作积极性，特制定本方案。

二、考核周期

月度考核与年度考核相结合。

三、财务管理业务考核的内容

财务管理业务考核的内容

考核内容	目标值及评价标准	分值	资料来源
财务报表编制的及时性	财务管理人员要及时完成各项报表的编制工作。未按时完成，但不影响正常工作的，扣____分；未按时完成，且影响正常工作的，扣____分	25	完成记录
财务报表编制的质量	财务报表的内容要真实、可靠、完整，会计方法前后一致。财务报表的内容真实、可靠、完整，会计方法前后不一致，扣____分；财务报表完整，会计方法前后不一致，数据有错误，扣____分	25	差错记录
税金缴纳的及时性	及时、足额、准确缴纳各项税金，若因延迟缴纳被罚交滞纳金，每出现一次扣____分，扣完为止	20	纳税记录
账面管理	及时完成各类账目的登账、对账、结账工作。各类账目登记及账务处理工作未在规定时间内完成的，扣____分，扣完为止	15	各类账务
各类资产是否账实相符	确保各类资产账实相符。每出现一次不相符，扣____分；账实不符的次数累计达到____次，此项不得分	5	对账记录
财务分析报告提交的及时性	财务分析报告按照企业规定的时间提交，未及时提交的，每出现一次，扣____分，扣完为止	5	报告提交记录
财务分析的准确性	对企业整体财务状况分析准确，每出现一次错误扣____分	5	报告问题标记

四、注意事项

在考核实施的过程中，各项工作执行人员要养成做工作记录的习惯，随时对各项工作的完成情况或执行结果进行记录。工作记录要得到考核者与被考核者的共同认可，以便为绩效考核结果提供客观的依据。

18.5.2 会计业务考核方案

会计业务考核方案

一、考核目的

为提高会计人员的业务水平，减少财务差错，特制定本方案。

二、考核原则

企业对会计人员的绩效考核要建立在客观事实的基础上，避免掺入主观因素和感情色彩。绩效考核是对会计人员考核期内工作成果的综合评价，不应将会计人员本考核期之前的表现计入本次考核成绩，也不能取近期的业绩或比较突出的一两个成果来代替整个考核期的成绩。

三、考核内容及权重

会计业务分为税务会计业务、成本会计业务和核算会计业务三个部分，所占权重分别为 40%、30% 和 30%。

1. 税务会计业务考核的内容

税务会计业务考核的内容

考核项	考核内容	权重	考核得分
各种应纳税款的计算	应纳税款计算的准确性	25%	
纳税申请表的编制	纳税申请表编制的及时性与准确性	15%	
纳税申报	纳税申报的及时性	15%	
纳税业务会计核算	纳税业务会计核算的及时性与准确性	20%	
出口退税的办理	出口退税办理的及时性与准确性	15%	
对有关部门税务检查的配合力度	相关部门对企业税务检查配合工作的满意程度	10%	

2. 成本会计业务考核的内容

成本会计业务考核的内容

考核项	考核内容	权重	考核得分
提交各类成本报表及核算明细表	各类成本报表及核算明细表提交的及时性、数据的准确性	15%	
提交相关产品、配件价格建议表	相关产品、配件价格建议表提交的及时性及数据的准确性	10%	
对各种原始凭证和会计凭证的审核	对相关凭证的准确性进行审核，统计错漏项	15%	

（续表）

考核项	考核内容	权重	考核得分
大额订单的生产、采购计划的成本费用评估	（1）是否按成本费用开支标准与范围进行评估 （2）因审核不力而导致的费用超标笔数	10%	
成本预算与费用的控制情况	成本预算与费用是否在可控指标内	15%	
项目、部门决算	项目、部门决算的准确性与及时性	15%	
成本分析报告	（1）成本分析报告提交的及时性 （2）成本分析报告的质量	10%	
制证工作	（1）相关凭证的填制是否完整、准确、清晰 （2）凭证保管是否完好	10%	

3. 核算会计业务考核的内容

核算会计业务考核的内容

考核项	考核内容	权重	考核得分
结算单据的审核	审核后的财务数据出错率	15%	
会计核算	核算数据的准确性	15%	
年度合并报表及企业财务状况说明书的编制	年度合并报表及企业财务状况说明书提交的及时性与差错率	20%	
对企业库存情况进行账实核对	未按时核对的次数	10%	
财务决算资料准备	财务决算资料准备的及时性与完整性	15%	
财务分析报告的编制	财务分析报告编制的及时性、全面性与准确性	15%	
会计档案保管	会计档案保管的及时性与完整性	10%	

四、考核实施

1. 考核时间

（1）月度考核，考核日期为次月的____日至____日。

（2）季度考核，考核日期为次季度第 1 个月的____日至____日。

（3）年度考核，考核日期为次年 1 月的____日至____日。

2. 考核主体及方式

考核采取企业主管领导与财务部经理综合评议的方式。其中，企业主管领导的考核评议占 70%，财务部经理的考核评议占 30%。

18.6 财务会计业务绩效考核实施细则

18.6.1 财务管理业务绩效考核实施细则

<table>
<tr><td rowspan="2">细则名称</td><td rowspan="2" colspan="3">财务管理业务绩效考核实施细则</td><td>编号</td><td></td></tr>
<tr><td>版本</td><td></td></tr>
<tr><td colspan="6">第 1 条　目的
为明确财务管理人员的工作职责，确保达到绩效考核的目的，特制定本细则。
第 2 条　考核周期
（1）季度：一年考核四次，考核时间为次季度第 1 个月的 10 日前。
（2）年度：每年考核一次，考核时间为次年的 1 月 15 日前。
第 3 条　考核原则
定性与定量考核相结合。
第 4 条　考核指标说明
定性考核与定量考核相结合。
（1）财务预算达成率，占 20 分。绩效目标值为____%，每降低 1%，减____分；低于____%，此项得分为 0。
（2）财务分析的准确性，占 20 分。考核期内，财务分析工作应无差错。每出现一项差错，减____分；差错超过____项，此项得分为 0。
（3）财务费用降低率，占 20 分。绩效目标值为____%，每降低 1%，减____分；低于____%，此项得分为 0。
（4）账务处理的及时性，占 20 分。考核期内，账务处理要及时，每出现一次不及时的情况，减____分；超过____次，此项得分为 0。
（5）财务资料的完好性，占 20 分。考核期内，财务资料应完好无损，每出现一次损坏、丢失或泄露的情况，减____分；超过____次，此项得分为 0。</td></tr>
<tr><td>编制日期</td><td></td><td>审核日期</td><td></td><td>批准日期</td><td></td></tr>
<tr><td>修改标记</td><td></td><td>修改处数</td><td></td><td>修改日期</td><td></td></tr>
</table>

18.6.2 会计业务绩效考核实施细则

<table>
<tr><td rowspan="2">细则名称</td><td rowspan="2">会计业务绩效考核实施细则</td><td>编号</td><td></td></tr>
<tr><td>版本</td><td></td></tr>
<tr><td colspan="4">第 1 条　目的
为强化会计业务考核，切实提升工作效能，特制定本细则。
第 2 条　原则
考核应以规定的考核项目及事实为依据，自始至终以公平、公正为原则，杜绝徇私舞弊。
第 3 条　考核主体
会计主管及一线工作人员。
第 4 条　指标设定
（1）会计核算差错率，占 25 分。考核期内，会计核算差错率为 0，得满分；出现差错的，此项不得分。</td></tr>
</table>

（续）

（2）会计报表编制的准确性，占25分。考核期内，会计报表编制准确，得满分；存在错误的，此项不得分。 （3）会计凭证的准确性，占20分。考核期内，会计凭证准确，得满分；存在错误的，此项不得分。 （4）总账登记的及时性，占10分。考核期内，总账登记及时，得满分。每出现一次延迟，减____分；超过____次，此项得分为0。 （5）对账、结账的及时性，占10分。考核期内，对账、结账及时，得满分。每出现一次延迟，减____分；超过____次，此项得分为0。 （6）会计凭证归档率，占10分。绩效目标值为____%，每降低1%，减____分；低于____%，此项得分为0。					
编制日期		审核日期		批准日期	
修改标记		修改处数		修改日期	

第 19 章

行政办公人员绩效考核

19.1 行政办公人员与部门考核指标设计

19.1.1 行政人员四大量化考核指标

指标 1：办公用品采购按时完成率

考核目的	衡量企业行政部及相关工作人员采购任务的按时完成情况		
考核指标	办公用品采购按时完成率	计算公式 / 说明	$\frac{\text{办公用品采购按时完成量}}{\text{办公用品应采购量}} \times 100\%$
考核周期	季 / 年度	信息来源	行政部
失真提示	企业应将因采购需求申报不及时等造成的延误排除在考核范围之外		

指标 2：行政办公设备完好率

考核目的	保证行政办公设备正常运转，提高使用效率		
考核指标	行政办公设备完好率	计算公式 / 说明	$\frac{\text{设备完好的台数}}{\text{设备总台数}} \times 100\%$
考核周期	月 / 季 / 年度	信息来源	行政部
失真提示	当设备完好的标准界定不清时，就会造成考核评价标准模糊，导致考核结果失真		

指标 3：法律纠纷处理及时率

考核目的	衡量行政部处理法律纠纷工作的及时性		
考核指标	法律纠纷处理及时率	计算公式 / 说明	$\frac{\text{在企业规定时限内处理法律纠纷的数量}}{\text{全部法律纠纷的数量}} \times 100\%$
考核周期	年度	信息来源	行政部
失真提示	笼统地进行数据核算，未将一些特殊情况排除在外，会导致考核结果不能准确地反映工作实绩		

指标 4：文件收发及时率

考核目的	衡量文件收发的及时性		
考核指标	文件收发及时率	计算公式 / 说明	$\frac{\text{单位时间内实际收发文件的次数}}{\text{单位时间内总收发文件次数}} \times 100\%$
考核周期	季 / 年度	信息来源	行政部
失真提示	企业应将因承办部门（人员）积压延误而导致的文件收发不及时排除在考核范围之外		

19.1.2 办公人员五大量化考核指标

指标 1：文书记录起草差错次数

考核目的	考核办公人员对工作的熟练程度和认真态度		
考核指标	文书记录起草差错次数	计算公式 / 说明	发生的严重影响文书记录质量的错误次数
考核周期	月 / 季 / 年度	信息来源	办公室
失真提示	如果企业未及时记录文书起草差错，就会造成考核结果失真		

指标 2：印鉴违规使用的次数

考核目的	规范办公人员对印鉴的使用		
考核指标	印鉴违规使用的次数	计算公式 / 说明	办公人员没有按照制度规定使用印鉴的次数
考核周期	月 / 季 / 年度	信息来源	办公室
失真提示	当印鉴违规使用次数存在漏记、多记等情况时，就会造成考核结果失真		

指标 3：会议召开的及时性

考核目的	考核相关会议人员的工作效率		
考核指标	会议召开的及时性	计算公式 / 说明	会议准备充分，未出现因会议准备不足而造成会议延误或会议中断的现象
考核周期	月 / 季 / 年度	信息来源	办公室
失真提示	如果对会议召开“及时”的标准界定不清晰，就容易造成考核结果失真		

指标 4：文件归档及时率

考核目的	用于衡量办公人员文件归档的及时性		
考核指标	文件归档及时率	计算公式 / 说明	$\frac{\text{规定时间内已归档的文件数}}{\text{规定时间内应归档的文件总数}} \times 100\%$
考核周期	月 / 季 / 年度	信息来源	办公室
失真提示	如果对文件归档“及时”的标准界定不清，就容易造成考核结果失真		

指标 5：文件处理及时率

考核目的	确保文件处理及时，提高办公效率		
考核指标	文件处理及时率	计算公式 / 说明	$\frac{\text{在规定时间内已处理的文件数}}{\text{在规定时间内应处理的文件数}} \times 100\%$
考核周期	季 / 年度	信息来源	办公室
失真提示	如果企业的文件管理混乱，未做好相关记录，就会造成考核结果失真		

19.1.3　行政部关键绩效考核指标设计

序号	KPI 指标	考核周期	指标定义 / 公式	资料来源
1	行政工作计划完成率	季 / 年度	$\frac{\text{行政工作实际完成量}}{\text{行政工作计划完成量}} \times 100\%$	行政部
2	后勤工作计划完成率	季 / 年度	$\frac{\text{后勤工作实际完成量}}{\text{后勤工作计划完成量}} \times 100\%$	行政部
3	行政费用预算完成率	季 / 年度	$\frac{\text{实际耗费金额}}{\text{行政费用预算总金额}} \times 100\%$	财务部
4	办公用品采购按时完成率	季 / 年度	$\frac{\text{办公用品采购按时完成量}}{\text{办公用品应采购量}} \times 100\%$	行政部
5	行政办公设备完好率	季 / 年度	$\frac{\text{设备完好的台数}}{\text{设备总台数}} \times 100\%$	行政部
6	后勤服务满意度	季 / 年度	企业员工对后勤服务满意度评价的算术平均值	行政部
7	车辆调度的合理性	季 / 年度	相关部门因车辆调度不合理而对行政部投诉的次数	行政部
8	消防安全事故发生的次数	季 / 年度	考核期内消防安全事故发生的次数	行政部
9	法律纠纷处理及时率	年度	$\frac{\text{在企业规定时限内处理法律纠纷的数量}}{\text{全部法律纠纷的数量}} \times 100\%$	行政部
10	文件收发及时率	季 / 年度	$\frac{\text{单位时间内实际收发文件的次数}}{\text{单位时间内总收发文件次数}} \times 100\%$	行政部
11	部门协作满意度	年度	相关合作部门对行政部工作满意度评分的算术平均值	人力资源部

19.1.4 办公室关键绩效考核指标设计

序号	KPI 指标	考核周期	指标定义 / 公式	资料来源
1	办公室工作计划按时完成率	月 / 季 / 年度	$\frac{\text{规定时间内实际完成的计划任务数}}{\text{规定时间内应完成的计划任务数}} \times 100\%$	办公室
2	文书记录起草差错次数	月 / 季 / 年度	严重影响文书记录质量的差错次数	办公室
3	总经理日程安排的合理性	月 / 季 / 年度	总经理对日程安排表示满意	办公室
4	印鉴违规使用的次数	月 / 季 / 年度	没有按照制度规定使用印鉴的次数	办公室
5	文件传递的及时性	月 / 季 / 年度	考核期内文件传递及时，无延误	办公室
6	会议召开的及时性	月 / 季 / 年度	会议准备充分，未出现因会议准备不足而造成会议延误或中断的现象	办公室
7	文件归档及时率	月 / 季 / 年度	$\frac{\text{规定时间内已归档的文件数}}{\text{规定时间内应归档的文件总数}} \times 100\%$	办公室
8	企业宣传网站更新次数	月 / 季 / 年度	考核期内企业宣传网站更新的次数	办公室
9	办公室费用控制情况	月 / 季 / 年度	办公室费用控制在预算范围内	办公室
10	文件处理及时率	季 / 年度	$\frac{\text{在规定时间内已处理的文件数}}{\text{在规定时间内应处理的文件数}} \times 100\%$	办公室

19.2 行政办公业务关键绩效考核指标的目标值设计与调整

19.2.1 行政办公业务关键绩效考核指标的目标值设计

序号	关键绩效指标	目标值
1	行政工作计划完成率	行政工作计划完成率达到 100%
2	办公用品采购按时完成率	办公用品采购按时完成率达到____%
3	行政办公设备完好率	行政办公设备完好率达到____%
4	印鉴违规使用的次数	印鉴违规使用的次数为 0
5	文件收发及时率	文件收发及时率达到____%
6	后勤服务满意度	后勤服务满意度平均分在____分以上
7	文书记录起草差错次数	文书记录起草差错次数控制在____次以内
8	会议召开的及时性	会议召开及时，无延误和中断现象
9	文件归档及时率	文件归档及时率达到 100%

19.2.2 行政办公业务关键绩效考核指标的目标值调整

1. 关于“行政办公设备完好率”指标目标值的调整

行政办公设备已使用年限是影响设备运作的一个重要因素，也是“行政办公设备完好率”指标目标值设定的重要参考因素。当行政办公设备的使用年限超过某一限定值时，设备的运行状况就会发生变化，此时“行政办公设备完好率”就要适当降低标准。

2. 关于“文书记录起草差错次数”指标目标值的调整

“文件记录起草差错次数”指标的目标值应随着行政办公人员的工作年限及受专业培训程度进行调整。行政办公人员的工作年限越长、接受的专业培训越多，企业越要提高考核要求。

19.3 行政办公人员考核标准设计

19.3.1 行政人员考核标准

1. 选取考核指标

行政人员的考核指标通常包括办公用品采购按时完成率、行政办公设备完好率、法律纠纷处理及时率、文件收发及时率等，企业可根据行政部的现状、企业的需求及不同的岗位要求选取考核指标。

2. 设定考核周期

行政人员的考核周期主要有月度考核、季度考核及年度考核，企业应根据考核指标的选取来确定考核周期。

3. 设计考核指标权重

行政人员考核指标权重的设计通常是根据考核周期、行政业务考核所涉及工作的重要性来确定的。工作内容越重要，占据的权重比例就越大。

19.3.2 办公室人员考核标准

1. 选取考核指标

办公室人员的考核指标通常包括文书记录起草差错次数、印鉴违规使用的次数、会议召开的及时性、文件归档及时率等，企业可根据办公室的现状、总经理的需求及不同的岗位要求选取考核指标。

2. 设定考核周期

办公室人员的考核周期主要有月度考核、季度考核及年度考核。企业应根据考核指标的选取来确定考核周期。

3. 设计考核指标权重

办公室人员考核指标权重的设计通常是根据考核周期、办公业务考核所涉及工作的重要性来确定的。工作内容越重要，占据的权重比例就越大。

4. 设计加减分项

加减分项是零权重，该指标在考核周期内不一定出现，一旦出现，将按照事先规定的标准进行加减操作。例如，“总经理日程安排的合理性”这一指标就属于加减分项，根据总经理对日程安排的满意程度来打分。

19.4 行政办公岗位关键绩效考核指标量表

19.4.1 行政部经理考核指标量表

被考核人姓名		职位	行政部经理	部门	行政部
考核人姓名		职位	总经理	部门	
序号	KPI 指标	权重	目标值		考核得分
1	行政工作计划完成率	15%	考核期内行政工作计划完成率达到 100%		
2	后勤工作计划完成率	15%	考核期内后勤工作计划完成率达到 100%		
3	行政费用预算完成率	15%	考核期内行政费用预算完成率在____% 以内		
4	部门管理费用控制情况	10%	考核期内部门管理费用控制在预算范围内		
5	行政办公设备完好率	10%	考核期内行政办公设备完好率达到____%		
6	办公用品采购按时完成率	10%	考核期内办公用品采购按时完成率达到____%		
7	后勤服务满意度	10%	考核期内后勤服务满意度评分在____分以上		
8	消防安全事故发生次数	5%	考核期内消防安全事故发生的次数为 0		
9	部门协作满意度	5%	考核期内部门协作满意度评分在____分以上		
10	部门员工绩效考核平均分	5%	考核期内部门员工绩效考核平均分在____分以上		
本次考核总得分					
被考核人		考核人		复核人	
签字： 日期：		签字： 日期：		签字： 日期：	

19.4.2 办公室主任考核指标量表

<table>
<tr><td>被考核人姓名</td><td colspan="2"></td><td>职位</td><td>办公室主任</td><td>部门</td><td>办公室</td></tr>
<tr><td>考核人姓名</td><td colspan="2"></td><td>职位</td><td>总经理</td><td>部门</td><td></td></tr>
<tr><td>序号</td><td>KPI 指标</td><td>权重</td><td colspan="3">目标值</td><td>考核得分</td></tr>
<tr><td>1</td><td>办公室费用预算完成率</td><td>30%</td><td colspan="3">考核期内办公室费用预算完成率在____% 以内</td><td></td></tr>
<tr><td>2</td><td>办公设备完好率</td><td>20%</td><td colspan="3">考核期内办公设备完好率达到____%</td><td></td></tr>
<tr><td>3</td><td>文件归档及时率</td><td>10%</td><td colspan="3">考核期内文件归档及时率达到____%</td><td></td></tr>
<tr><td>4</td><td>文体活动计划完成率</td><td>10%</td><td colspan="3">考核期内文体活动计划完成率达到____%</td><td></td></tr>
<tr><td>5</td><td>部门满意度</td><td>10%</td><td colspan="3">考核期内各部门满意度调查问卷平均分达到____分</td><td></td></tr>
<tr><td>6</td><td>领导满意度</td><td>10%</td><td colspan="3">考核期内领导满意度评分达到____分</td><td></td></tr>
<tr><td>7</td><td>关键员工培养</td><td>5%</td><td colspan="3">考核期内培养关键员工的人数达到____人</td><td></td></tr>
<tr><td>8</td><td>培训计划完成率</td><td>5%</td><td colspan="3">考核期内培训计划完成率达到____%</td><td></td></tr>
<tr><td colspan="6">本次考核总得分</td><td></td></tr>
<tr><td colspan="2">被考核人</td><td colspan="3">考核人</td><td colspan="2">复核人</td></tr>
<tr><td colspan="2">签字：　　日期：</td><td colspan="3">签字：　　日期：</td><td colspan="2">签字：　　日期：</td></tr>
</table>

19.4.3 接待部经理考核指标量表

<table>
<tr><td>被考核人姓名</td><td colspan="2"></td><td>职位</td><td>接待部经理</td><td>部门</td><td>接待部</td></tr>
<tr><td>考核人姓名</td><td colspan="2"></td><td>职位</td><td>总经理</td><td>部门</td><td></td></tr>
<tr><td>序号</td><td>KPI 指标</td><td>权重</td><td colspan="3">目标值</td><td>考核得分</td></tr>
<tr><td>1</td><td>接待部工作计划完成率</td><td>20%</td><td colspan="3">考核期内接待部工作计划完成率达到 100%</td><td></td></tr>
<tr><td>2</td><td>部门管理费用控制情况</td><td>15%</td><td colspan="3">考核期内部门管理费用控制在预算范围内</td><td></td></tr>
<tr><td>3</td><td>接待费用控制率</td><td>15%</td><td colspan="3">考核期内接待费用控制率在____% 以内</td><td></td></tr>
<tr><td>4</td><td>接待服务方案提交及时率</td><td>15%</td><td colspan="3">考核期内接待服务方案提交及时率达到____%</td><td></td></tr>
<tr><td>5</td><td>信息传递及时率</td><td>10%</td><td colspan="3">考核期内接待对象反映的信息传递及时率达到 100%</td><td></td></tr>
<tr><td>6</td><td>接待服务满意度</td><td>10%</td><td colspan="3">考核期内接待服务满意度评分在____分以上</td><td></td></tr>
<tr><td>7</td><td>接待服务被投诉的次数</td><td>10%</td><td colspan="3">考核期内接待服务被投诉的次数在____次以下</td><td></td></tr>
<tr><td>8</td><td>部门员工绩效考核平均分</td><td>5%</td><td colspan="3">考核期内部门员工绩效考核平均分在____分以上</td><td></td></tr>
<tr><td colspan="6">本次考核总得分</td><td></td></tr>
<tr><td colspan="2">被考核人</td><td colspan="3">考核人</td><td colspan="2">复核人</td></tr>
<tr><td colspan="2">签字：　　日期：</td><td colspan="3">签字：　　日期：</td><td colspan="2">签字：　　日期：</td></tr>
</table>

19.4.4 法务部经理考核指标量表

被考核人姓名			职位	法务部经理	部门	法务部
考核人姓名			职位	总经理	部门	部门
序号	KPI 指标	权重	目标值			考核得分
1	法务部工作计划完成率	15%	考核期内法务部工作计划完成率达到 100%			
2	部门管理费用控制情况	15%	考核期内部门管理费用控制在预算范围内			
3	诉讼风险管理体系建设目标达成率	15%	考核期内诉讼风险管理体系建设目标达成率达到____%			
4	法律纠纷处理及时率	15%	考核期内法律纠纷处理及时率达到____%			
5	各类法律风险分析报告提交及时率	10%	考核期内各类法律风险分析报告提交及时率达到____%			
6	诉讼胜诉率	10%	考核期内参与的诉讼案件胜诉率在____% 以上			
7	法律支持满意度	10%	考核期内相关部门对法务部提供的法律支持满意度评分在____分以上			
8	普法培训计划完成率	5%	考核期内普法培训计划完成率达到 100%			
9	部门员工绩效考核平均分	5%	考核期内部门员工绩效考核平均分在____分以上			
本次考核总得分						
考核指标说明	诉讼风险管理体系建设目标达成率 $=\frac{\text{体系建设目标达成数}}{\text{体系建设目标总数}}\times 100$					
被考核人		考核人			复核人	
签字： 日期：		签字： 日期：			签字： 日期：	

19.4.5 行政主管考核指标量表

被考核人姓名			职位	行政主管	部门	行政部
考核人姓名			职位	行政部经理	部门	行政部
序号	KPI 指标	权重	目标值			考核得分
1	行政工作计划完成率	15%	考核期内行政工作计划完成率达到 100%			
2	行政费用预算完成率	15%	考核期内行政费用预算完成率达到____%			

（续表）

序号	KPI 指标	权重	目标值	考核得分
3	行政办公设备完好率	15%	考核期内行政办公设备完好率达到____%	
4	办公用品采购按时完成率	10%	考核期内办公用品采购按时完成率达到____%	
5	车辆调度被投诉的次数	10%	考核期内相关部门因车辆调度不合理而对行政部进行投诉的次数在____次以内	
6	行政公文起草及时率	10%	考核期内行政公文起草及时率达到____%	
7	收发文件及时率	10%	考核期内收发文件及时率达到____%	
8	文件资料归档完整率	5%	考核期内文件资料归档完整率达到 100%	
9	会议组织满意度	5%	考核期内参会者对会议组织满意度的评分在____分以上	
10	部门协作满意度	5%	考核期内部门协作满意度评分在____分以上	
本次考核总得分				
被考核人		考核人	复核人	
签字：　　日期：		签字：　　日期：	签字：　　日期：	

19.5 行政办公成本控制方案设计

19.5.1 行政费用控制方案

行政费用控制方案

一、方案目的

为节约行政费用支出，加强行政费用管理，特制定本方案。

二、日常行政费用的控制

日常行政费用是指为满足企业日常办公需要所发生的费用，包括购买办公用品（文具、复印纸等）、邮递、名片制作、刻章、配钥匙等费用。

1. 归口管理部门

（1）行政部负责办公用品的日常实物管理。

（2）办公用品由企业员工按照行政部核定的标准自行领用。

2. 报销审批权限

（1）行政费用单笔金额超过 10 000（含）元的，由总经理审批。

审批程序：经办人——部门主管——行政部经理——财务部经理——行政总监——总经理——财务报销。

（2）行政费用单笔金额在 4 000（含）~10 000 元的，由行政总监审批。

审批程序：经办人——部门主管——行政部经理——财务部经理——行政总监——财务报销。

（3）办公费用单笔在 4 000 元以下的，由部门经理审批。

审批程序：经办人——部门主管——行政部经理——财务部经理——财务报销。

三、印刷费用控制

印刷费用是指因公印制文件、会议材料、资料、期刊、图书、年鉴、宣传品、讲义、培训教材、报表、票据、证书、公文用纸、信封等印刷品所发生的费用。

1. 归口管理部门

（1）行政部负责印刷费用的核定、印刷质量监督等工作，坚持从简、优质价廉的原则。

（2）业务部门提出书面印刷申请，经相关负责人审批同意后，统一由行政部安排印刷。

2. 报销审批权限

（1）印刷费用单笔超过 2 000（含）元的，由行政总监审批。

审批程序：经办人——部门主管——行政部经理——财务部经理——行政总监——财务报销。

（2）印刷费用单笔在 2 000 元以下的，由部门经理审批。

审批程序：经办人——部门主管——行政部经理——财务部经理——财务报销。

四、办公设备维修费用控制

办公设备维修费用是指办公设备不能正常工作时，因进行维修而产生的费用。

1. 归口管理部门

行政部负责维修费用的日常管理工作。

2. 报销审批权限

（1）办公设备维修费用单笔超过 1 000（含）元的，由行政总监审批。

审批程序：经办人——部门主管——行政部经理——财务部经理——行政总监——财务报销。

（2）办公设备维修费用单笔在 1 000 元以下的，由部门经理审批。

审批程序：经办人——部门主管——行政部经理——财务部经理——财务报销。

五、网络费用控制

网络费用是指企业各部门使用的网络及网络设备的维护、服务费用。

1. 归口管理部门

行政部负责网络的使用、维护、签订服务合同、办理备案、安排付款等日常管理工作。

2. 报销审批权限

（1）网络费用单笔超过3 000（含）元的，由行政总监审批。

审批程序：经办人——部门主管——行政部经理——财务部经理——行政总监——财务报销。

（2）网络维修费用单笔在3 000元以下的，由部门经理审批。

审批程序：经办人——部门主管——行政部经理——财务部经理——财务报销。

六、图书资料费用控制

图书资料费用是指企业订阅专业图书、参考资料等的支出。

1. 归口管理部门

行政部负责图书资料订阅、费用预算控制及报销等日常工作。

2. 报销审批权限

（1）图书资料费用单笔超过1 000（含）元的，由行政总监审批。

审批程序：经办人——部门主管——行政部经理——财务部经理——行政总监——财务报销。

（2）图书资料费用单笔在1 000元以下的，由部门经理审批。

审批程序：经办人——部门主管——行政部经理——财务部经理——财务报销。

19.5.2 招待费用控制方案

招待费用控制方案

一、方案目的

为有效控制企业的招待费用支出，节约成本费用，提高企业的经营管理水平，特制定本方案。

二、控制招待费用支出

1. 完善招待费用支出规定

（1）各成员单位及项目组可参照本方案，结合本企业特点制定公关招待管理办法，上报行政部备案。

（2）企业招待费用应严格执行限额定量、包干使用、计划管理、结算和报销制度。

2. 费用支出不当的惩处

（1）按月度分解超支的招待费，由部门领导承担。

（2）未按照企业招待费用支出标准进行招待，造成负面影响或严重损失的，除追究直接责任人的责任外，还将按照过失责任对相关人员进行处罚。

三、加强招待费用管理

1. 招待费用提取

招待费用依据地区全年净分段限额的一定比例提取。

2. 招待费的使用

（1）任何一笔招待费的使用都不得背离企业的经营目的与要求。

（2）安排宾客用餐时，除特殊情况外，原则上陪同人员不得超过____名。

（3）招待宾客用餐时，应安排在企业定点或签约酒店。

（4）预算在____元以上的招待费要填写“招待费用申请单”，提前向上级主管申请。

（5）负责招待的员工，需要充分考虑和认清招待的目的和招待的方法，合理招待，有效使用经费开支。

3. 超支处理

（1）招待费超过预算时，一般不予报销。

（2）如有特殊情况，须经总经理签字、财务总监核准后予以报销。

四、规范招待费用报销程序

（1）接待工作结束三日内，经办人应先填写招待费报销单，并在清单中写明招待费发生的时间、地点、事由、单位、人员及金额。

（2）经办人将活动发生的各项费用发票按时间顺序整齐地粘贴在报销单背面，上报部门经理审核、行政经理审批。

（3）招待费用报销单经过审批后，财务部负责办理报销手续。

五、其他控制措施

除上述控制措施外，企业还可以通过设立“重要客户招待卡”等方式控制或降低招待费用。

19.6 行政办公部门绩效考核实施细则

19.6.1 行政部绩效考核实施细则

<table>
<tr><td rowspan="2">细则名称</td><td rowspan="2">行政部绩效考核实施细则</td><td>编号</td><td></td></tr>
<tr><td>版本</td><td></td></tr>
<tr><td colspan="4">第 1 章 总则
第 1 条 为规范行政部的绩效考核工作，提高行政部的工作效率，特制定本细则。
第 2 条 本细则适用于行政部员工的考核工作。
第 3 条 企业对行政部的考核本着公开、公平、公正的原则。</td></tr>
</table>

（续）

第2章 考核周期与考核内容

第4条 企业对行政部采取定期考核的方式，包括季度考核和年度考核。季度考核于每季度结束后的下一个月的____日前进行，年度考核于次年1月____日前进行。

第5条 企业主要从行政工作计划完成情况、后勤工作计划完成情况及行政费用预算控制情况等方面对行政部进行考核。

第3章 考核实施

第6条 人力资源部根据工作计划发出员工考核通知，说明考核目的、考核对象、考核内容及考核进度安排。

第7条 人力资源部根据行政部的考核内容制定绩效考核指标，结合行政部的实际情况及企业内外部环境等因素，确定各个指标的权重。

第8条 行政部绩效考核采用百分制，具体的绩效考核指标、权重和考核标准如下所示。

行政部绩效考核指标、权重及考核标准

序号	考核指标	权重	考核标准
1	行政工作计划完成率	20%	（1）行政工作计划完成率达到100%，得20分 （2）行政工作计划完成率＜100%，每降低____%，扣____分 （3）行政工作计划完成率低于____%，该项得分为0
2	后勤工作计划完成率	15%	（1）后勤工作计划完成率达到100%，得15分 （2）后勤工作计划完成率＜100%，每降低____%，扣____分 （3）后勤工作计划完成率低于____%，该项得分为0
3	行政费用预算完成率	15%	（1）行政费用预算完成率达到____%，得15分 （2）行政费用预算完成率在____%~____%，得____分 （3）行政费用预算完成率＜____%，该项得分为0
4	办公用品采购按时完成率	10%	（1）办公用品采购按时完成率达到100%，得10分 （2）办公用品采购按时完成率＜100%，每降低____%，扣____分 （3）办公用品采购按时完成率低于____%，该项得分为0
5	行政办公设备完好率	10%	（1）行政办公设备完好率达到100%，得10分 （2）行政办公设备完好率＜100%，每降低____%，扣____分 （3）行政办公设备完好率低于____%，该项得分为0
6	后勤服务满意度	10%	（1）后勤服务满意评分达到____分，得10分 （2）后勤服务满意评分每降低____分，扣____分 （3）后勤服务满意评分低于____分，该项得分为0
7	车辆调度的合理性	10%	（1）投诉的次数为0，得10分 （2）投诉的次数每增加____次，扣____分 （3）投诉的次数高于____次，该项得分为0
8	消防安全事故发生的次数	5%	（1）消防安全事故发生的次数为0，得5分 （2）消防安全事故发生的次数每增加____次，扣____分 （3）消防安全事故发生的次数高于____次，该项得分为0
9	部门协作满意度	5%	（1）部门协作满意度评分达到____分，得5分 （2）部门协作满意度评分每降低____分，扣____分 （3）部门协作满意度评分低于____分，该项得分为0

第9条 企业相关领导根据上述评分表对行政部的工作进行打分。

（续）

第 10 条　人力资源部负责汇总各考评人的意见、评分表及评语，并对分值进行统计，确定最终考核得分。

第 11 条　人力资源部按照最终考核得分将行政部的考核结果分为五个等级，各等级对应的分数如下所示。

行政部考核结果等级划分

考核结果等级	优秀（S）	良好（A）	中等（B）	及格（C）	差（D）
分数	90 ~ 100 分	80 ~ 89 分	70 ~ 79 分	60 ~ 69 分	60 分以下

第 12 条　行政部若对考核结果有异议，可在考核结果公布后七个工作日内向人力资源部提出申诉；超过申诉期的，视为行政部认同考核结果。

第 4 章　考核结果的应用

第 13 条　行政部工作人员应根据考核结果找出实际存在的问题并进行改善。

第 14 条　考核结果将作为员工岗位晋升、发放奖金等的主要依据。

第 5 章　附则

第 15 条　本细则由人力资源部制定，解释权归人力资源部所有。

第 16 条　本细则自颁布之日起执行。

编制日期		审核日期		批准日期	
修改标记		修改处数		修改日期	

19.6.2　办公室绩效考核实施细则

细则名称	办公室绩效考核实施细则	编号	
		版本	

第 1 章　总则

第 1 条　为规范办公室的绩效考核工作，调动办公室工作人员的积极性，提高办公室工作人员的业务素质，特制定本细则。

第 2 条　本细则适用于办公室的所有工作人员。

第 3 条　企业对办公室的考核本着公开、公平、公正的原则。

第 2 章　考核周期与考核内容

第 4 条　办公室绩效考核的周期为月度、季度和年度。月度考核于次月____日前进行，季度考核于每季度结束后下一个月的____日前进行，年度考核于次年 1 月____日前进行。

第 5 条　企业主要对办公室工作人员的业务进行考核，考核指标包括文书记录起草差错次数、印章违规使用次数及费用预算完成率等。

第 3 章　绩效考核的实施

第 6 条　企业针对办公室不同的考核内容制定量化指标，结合办公室实际情况及企业内外部环境等因素，确定各个指标的权重。

第 7 条　办公室绩效考核采用百分制，具体的绩效考核指标、权重和考核标准如下所示。

办公室的绩效考核指标、权重和考核标准

序号	考核指标	权重	考核标准
1	办公室工作计划按时完成率	20%	（1）办公室工作计划按时完成率达到 100%，得 20 分 （2）办公室工作计划按时完成率＜ 100%，每降低____%，扣____分 （3）办公室工作计划按时完成率低于____%，该项得分为 0

（续）

（续表）

2	文书记录起草差错次数	15%	（1）文书记录起草差错次数为0，得15分 （2）文书记录起草差错每出现____次，扣____分 （3）文书记录起草差错次数高于____次，该项得分为0
3	印章违规使用的次数	15%	（1）印章违规使用的次数为0，得15分 （2）凡存在印章违规使用情况的，该项得分为0
4	文件传递的及时性	10%	（1）文件传递及时，无延迟情况的，得10分 （2）文件传递每出现一次延迟，扣____分 （3）文件传递延迟的次数超过____次，该项得分为0
5	会议召开的及时性	10%	（1）会议召开及时，无延误或中断，得10分 （2）会议召开每出现一次延误或中断，扣____分 （3）会议召开延误或中断____次，该项得分为0
6	文件归档及时率	10%	（1）文件归档及时率达到100%，得10分 （2）文件归档及时率每降低____%，扣____分 （3）文件归档及时率低于____%，该项得分为0
7	固定资产盘点偏差率	10%	（1）固定资产盘点偏差率≤____%，得10分 （2）固定资产盘点偏差率每增加____%，扣____分 （3）固定资产盘点偏差率高于____%，该项得分为0
8	办公室费用预算完成率	5%	（1）办公室费用预算完成率达到____%，得5分 （2）办公室费用预算完成率在____%~____%，得____分 （3）办公室费用预算完成率低于____%，该项得分为0
9	文件处理及时率	5%	（1）文件处理及时率达到100%，得5分 （2）文件处理及时率每降低____%，扣____分 （3）文件处理及时率低于____%，该项得分为0

第8条　人力资源部根据上述考核结果计算得分。

第9条　人力资源部按照最终考核得分将办公室的考核结果分为五个等级，各等级对应的分数如下所示。

办公室考核结果等级的划分

考核结果等级	优秀（S）	良好（A）	中等（B）	及格（C）	差（D）
分数	90 ~ 100分	80 ~ 89分	70 ~ 79分	60 ~ 69分	59分及以下

第10条　办公室若对考核结果有异议，可在考核结果公布后七个工作日内向人力资源部提出申诉；超过申诉期的，视为办公室认同考核结果。

第4章　考核结果的应用

第11条　办公室工作人员应根据考核结果找出实际存在的问题并进行改善。

第12条　人力资源部可将考核结果应用到部门奖金的发放和员工基本工资的调整中。

第13条　人力资源部建立办公室日常考核台账，记录考核内容和结果，以此作为考核打分及考核结果反馈、考核申诉处理的依据。

第5章　附则

第14条　本细则由人力资源部制定，解释权归人力资源部所有。

第15条　本细则自颁布之日起执行。

编制日期		审核日期		批准日期	
修改标记		修改处数		修改日期	

第 20 章

人力资源工作人员绩效考核

20.1 人力资源工作人员与部门考核指标设计

20.1.1 人力资源工作人员五大量化考核指标

指标 1：招聘计划完成率

考核目的	衡量招聘工作的完成情况		
考核指标	招聘计划完成率	计算公式 / 说明	$\frac{\text{实际招聘到岗的人数}}{\text{计划招聘人数}} \times 100\%$
考核周期	月 / 年度	信息来源	人力资源部
失真提示	相关工作人员为达成招聘计划，未从实际情况出发，仓促招人，会导致人岗不匹配，失去考核的意义		

指标 2：培训计划完成率

考核目的	用于评估培训计划的完成情况		
考核指标	培训计划完成率	计算公式 / 说明	$\frac{\text{实际完成的培训项目数（次数）}}{\text{计划培训的项目数（次数）}} \times 100\%$
考核周期	月 / 年度	信息来源	人力资源部
失真提示	当培训记录缺失时，会导致统计数据出现偏差，造成考核结果失真		

指标 3：考核数据准确率

考核目的	用于评估绩效考核数据的真实性、有效性		
考核指标	考核数据准确率	计算公式 / 说明	$\frac{\text{（考核数据总数－实查有误的数据）}}{\text{考核数据总数}} \times 100\%$
考核周期	月度	信息来源	人力资源部
失真提示	企业绩效考核所依据的数据未公开，使考核人员无法及时发现数据错误，从而造成考核结果失真		

指标 4：员工工资计算差错次数

考核目的	用于评估员工工资计算的准确性，保证工资按时且准确地发放		
考核指标	员工工资计算差错次数	计算公式 / 说明	员工工资计算差错次数是指员工工资计算出错的人次数
考核周期	月度	信息来源	人力资源部
使用说明	员工工资计算差错的类型主要包括因错误理解员工工资范畴，漏统、重统、错统相关指标项目，以及对统计报告期把握不准而导致的差错等		

指标 5：劳动争议发生次数

考核目的	用于分析企业与员工的劳动关系情况		
考核指标	劳动争议发生次数	计算公式 / 说明	劳动争议发生次数是指企业与员工之间因劳动的权利与义务发生分歧而引起争议的次数
考核周期	月度	信息来源	人力资源部
失真提示	当企业对劳动争议的责任界定不清时，就会造成考核结果失真		

20.1.2 人力资源部关键绩效考核指标设计

序号	KPI 指标	考核周期	指标定义 / 公式	资料来源
1	人力资源工作计划按时完成率	月 / 季 / 年度	$\frac{\text{按时完成的工作量}}{\text{计划工作量}}\times 100\%$	人力资源部
2	招聘计划完成率	月 / 季 / 年度	$\frac{\text{实际招聘到岗的人数}}{\text{计划招聘人数}}\times 100\%$	人力资源部
3	培训计划完成率	月 / 季 / 年度	$\frac{\text{实际完成的培训项目（次数）}}{\text{计划培训的项目（次数）}}\times 100\%$	人力资源部
4	绩效考核计划按时完成率	月 / 季 / 年度	$\frac{\text{按时完成的绩效考核工作量}}{\text{绩效考核计划工作总量}}\times 100\%$	人力资源部
5	绩效考核申诉处理及时率	月 / 季 / 年度	$\frac{\text{及时处理的绩效考核申诉数}}{\text{绩效考核申诉总数}}\times 100\%$	人力资源部
6	工资与奖金计算差错次数	月 / 季 / 年度	考核期内工资与奖金计算差错的次数	人力资源部 财务部
7	员工任职资格达标率	年度	$\frac{\text{当期任职资格考核达标的员工}}{\text{当期员工总数}}\times 100\%$	人力资源部
8	核心员工流失率	月 / 季 / 年度	$\frac{\text{一定周期内流失的核心员工数}}{\text{企业核心员工总数}}\times 100\%$	人力资源部

20.1.3　培训发展部关键绩效考核指标设计

序号	KPI 指标	考核周期	指标定义 / 公式	资料来源
1	人才培养计划完成率	月 / 季 / 年度	$\frac{\text{已完成的人才培养计划工作量}}{\text{人才培养计划工作总量}} \times 100\%$	培训发展部
2	培训计划完成率	月 / 季 / 年度	$\frac{\text{实际完成的培训项目（次数）}}{\text{计划培训的项目（次数）}} \times 100\%$	培训发展部
3	培训参与率	月 / 季 / 年度	$\frac{\text{实际参加培训的人数}}{\text{应参加培训的人数}} \times 100\%$	培训发展部
4	培训成本控制率	月 / 季 / 年度	$\frac{\text{实际培训成本开支额}}{\text{培训预算额}} \times 100\%$	财务部
5	员工职业生涯辅导计划完成率	月 / 季 / 年度	$\frac{\text{辅导计划实际完成量}}{\text{计划工作量}} \times 100\%$	培训发展部
6	培训考核达标率	月 / 季 / 年度	$\frac{\text{培训考核达标的人数}}{\text{培训的总人数}} \times 100\%$	培训发展部
7	职称评定申报及时率	月 / 季 / 年度	$\frac{\text{规定时间内提交申请材料的次数}}{\text{计划申请职称评定的次数}} \times 100\%$	培训发展部
8	员工任职资格达标率	年度	$\frac{\text{当期任职资格考核达标的人数}}{\text{当期员工总数}} \times 100\%$	培训发展部

20.1.4　绩效薪酬部关键绩效考核指标设计

序号	KPI 指标	考核周期	指标定义 / 公式	资料来源
1	绩效考核计划按时完成率	月 / 季 / 年度	$\frac{\text{按时完成的绩效考核工作量}}{\text{绩效考核计划工作总量}} \times 100\%$	绩效薪酬部
2	绩效考核申诉处理及时率	月 / 季 / 年度	$\frac{\text{及时处理的绩效考核申诉数}}{\text{绩效考核申诉总数}} \times 100\%$	绩效薪酬部
3	工资与奖金计算差错次数	月 / 季 / 年度	考核期内工资与奖金计算差错的次数	财务部
4	工资与奖金报表编制及时率	月 / 季 / 年度	$\frac{\text{规定时间内完成报表编制的次数}}{\text{报表编制的总次数}} \times 100\%$	财务部
5	薪酬调查方案提交及时率	月 / 季 / 年度	$\frac{\text{规定时间内提交薪酬调查方案的次数}}{\text{计划完成薪酬调查的总次数}} \times 100\%$	绩效薪酬部
6	绩效评估报告提交及时率	月 / 季 / 年度	$\frac{\text{规定时间内完成绩效评估报告的次数}}{\text{应完成绩效评估报告的总次数}} \times 100\%$	绩效薪酬部

20.2 人力资源业务关键绩效考核指标的目标值设计与调整

20.2.1 人力资源业务关键绩效考核指标的目标值设计

序号	KPI 指标	目标值
1	人力资源规划方案提交及时率	人力资源规划方案提交及时率达到____%
2	招聘计划完成率	招聘计划完成率达到____%
3	录用合格率	录用合格率达到____%
4	培训计划完成率	培训计划完成率达到____%
5	员工工资计算差错次数	员工工资计算差错次数低于____次
6	劳动争议发生次数	劳动争议发生次数低于____次

20.2.2 人力资源业务关键绩效考核指标的目标值调整

1. 企业成长阶段

企业处于不同的成长阶段，对人力资源管理业务的要求是不同的。人力资源战略规划只有与企业的发展要求相适应，才能被有效实施，人力资源管理才能发挥积极的作用。特别是对于中小企业来说，其发展的速度较快，发展需求也在不断变化，招人、用人的数量及条件都会发生相应的变化，这时就需要根据企业的实际情况对人力资源相关业务的绩效目标值做出调整。

2. 工作方法更新

随着互联网的发展，人力资源管理工作发生了很多变化，招聘渠道逐渐变多、培训方式多种多样、薪酬核算更为便捷。这些工作方法的更新会使人力资源业务相关绩效目标的达成变得容易，对此企业应对相关考核指标的绩效目标值做出相应调整。

20.3 人力资源工作人员考核标准设计

20.3.1 招聘人员考核标准

1. 选取考核指标

为客观公正地评价招聘人员的工作水平，提高招聘人员的工作绩效，企业应科学地选取考核指标。招聘人员的考核指标主要包括招聘计划完成率、到面率、录用合格率、招聘方案一次性通过率等。企业应先对招聘人员的工作内容进行客观、有效的分析，再选取合适的考核指标。

2. 设定考核指标目标值

招聘人员考核指标目标值的设定应根据企业招聘岗位、招聘渠道及招聘时间点来衡量。例如，通过主动查找人员信息并进行邀约面试的到面率要比主动投递简历并参与面试的到面率低，校招基础性岗位的招聘计划完成率要比社招稀缺人才岗位的招聘计划完成率高。企业可以根据具体情况设定符合招聘人员工作状况的考核指标目标值。

3. 设定考核周期

招聘人员的考核周期采取两种方式：一种为月度考核、季度考核与年度考核相结合；另一种为按照招聘项目周期进行考核。例如，招聘计划完成率可以按照年度来考核，也可以按照招聘项目，如秋季校园招聘项目的时间节点来考核。

20.3.2　培训人员考核标准

1. 选取考核指标

培训人员的工作涉及培训计划拟定、培训课程制定、培训实施、培训经费控制、培训效果评估等事宜。根据这些工作内容可以拟定的考核指标有培训计划完成率、培训参与率、培训成本控制率、员工职业生涯辅导计划完成率及培训考核达标率等。培训指标的选取应根据培训人员具体的岗位职责而定。

2. 设定考核指标目标值

培训人员考核指标的目标值是由相关主管人员和培训人员共同沟通设定的，争取在与整个人力资源规划相匹配的同时，对员工起到激励作用。例如，培训参与率这一指标，理论上企业付出培训成本，当然希望培训参与率能达到 100%，但员工有可能会因为其他重要工作而缺席培训，这时员工的培训参与率就会降低。在这种情况下，企业就应对培训参与率的目标值重新进行设定。

3. 设计考核指标权重

培训人员考核指标的权重与培训人员工作内容的重要性有关。工作内容占比越大、越重要，相应的考核指标权重则越大。

20.4　人力资源岗位关键绩效考核指标量表

20.4.1　人力资源部经理考核指标量表

<table>
<tr><td colspan="2">被考核人姓名</td><td colspan="2"></td><td>职位</td><td>人力资源部经理</td><td>部门</td><td>人力资源部</td></tr>
<tr><td colspan="2">考核人姓名</td><td colspan="2"></td><td>职位</td><td>总经理</td><td>部门</td><td></td></tr>
<tr><td>序号</td><td colspan="2">KPI 指标</td><td>权重</td><td colspan="3">目标值</td><td>考核得分</td></tr>
<tr><td>1</td><td colspan="2">人力资源工作计划按时完成率</td><td>15%</td><td colspan="3">考核期内人力资源工作计划按时完成率达到100%</td><td></td></tr>
</table>

（续表）

序号	KPI 指标	权重	目标值	考核得分
2	人力资源成本预算控制率	15%	考核期内人力资源成本预算控制率在____%以下	
3	人力资源规划方案提交及时率	15%	考核期内人力资源规划方案提交及时率在____%以上	
4	招聘计划完成率	10%	考核期内招聘计划完成率达到 100%	
5	培训计划完成率	10%	考核期内培训计划完成率达到 100%	
6	绩效考核计划按时完成率	10%	考核期内绩效考核计划按时完成率达到 100%	
7	薪酬调查方案提交及时率	10%	考核期内薪酬调查方案提交及时率达到 100%	
8	员工任职资格达标率	5%	考核期内企业员工任职资格达标率达到 100%	
9	核心员工流失率	5%	考核期内企业核心员工流失率不得高于____%	
10	部门员工绩效考核平均分	5%	考核期内部门员工绩效考核平均分在____分以上	
本次考核总得分				
被考核人		考核人		复核人
签字：　日期：		签字：　日期：		签字：　日期：

20.4.2　培训发展部经理考核指标量表

被考核人姓名		职位	培训发展部经理	部门	人力资源部
考核人姓名		职位	总经理	部门	
序号	KPI 指标	权重	目标值		考核得分
1	人才培养计划完成率	15%	考核期内人才培养计划完成率达到 100%		
2	培训计划完成率	10%	考核期内培训计划完成率达到 100%		
3	培训成本控制率	10%	考核期内培训成本控制率在____%以下		
4	部门管理费用控制情况	10%	考核期内部门管理费用控制在预算范围之内		
5	员工职业生涯辅导计划完成率	10%	考核期内员工职业生涯辅导计划完成率达到____%		
6	培训目标达成率	10%	考核期内培训目标达成率在____%以上		
7	培训参与率	10%	考核期内培训参与率达到____%		
8	培训考核达标率	10%	考核期内培训考核达标率在____%以上		

（续表）

序号	KPI 指标	权重	目标值	考核得分
9	职称评定申报及时率	5%	考核期内职称评定申报及时率达到 100%	
10	员工任职资格达标率	5%	考核期内员工任职资格达标率达到 100%	
11	部门员工绩效考核平均分	5%	考核期内部门员工绩效考核平均分在____分以上	
本次考核总得分				
被考核人		考核人		复核人
签字：　日期：		签字：　日期：		签字：　日期：

20.4.3　绩效薪酬部经理考核指标量表

被考核人姓名		职位	绩效薪酬部经理	部门	绩效薪酬部
考核人姓名		职位	总经理	部门	
序号	KPI 指标	权重	目标值		考核得分
1	部门工作计划完成率	15%	考核期内部门工作计划完成率达到 100%		
2	部门管理费用控制情况	15%	考核期内部门管理费用控制在预算范围内		
3	绩效考核计划按时完成率	10%	考核期内绩效考核计划按时完成率达到 100%		
4	薪酬调查方案提交及时率	10%	考核期内薪酬调查方案提交及时率达到 100%		
5	绩效评估报告提交及时率	10%	考核期内绩效评估报告提交及时率达到 100%		
6	工资、奖金计算差错次数	10%	考核期内因人为原因造成差错的次数为 0		
7	员工保险、福利计算差错次数	10%	考核期内因人为原因造成差错的次数为 0		
8	员工薪酬满意度	10%	考核期内员工对薪酬满意度的评分达到____分		
9	薪酬考核资料归档率	5%	考核期内薪酬考核资料归档率在____% 以上		
10	部门员工绩效考核平均分	5%	考核期内部门员工绩效考核平均分在____分以上		
本次考核总得分					
被考核人		考核人		复核人	
签字：　日期：		签字：　日期：		签字：　日期：	

20.4.4 培训主管考核指标量表

被考核人姓名		职位	培训主管	部门	人力资源部
考核人姓名		职位	人力资源部经理	部门	

序号	KPI 指标	权重	目标值	考核得分
1	培训计划完成率	20%	考核期内培训计划完成率达到 100%	
2	培训费用控制情况	15%	考核期内培训费用未超出预算范围	
3	人均培训成本	15%	考核期内人均培训成本低于____元	
4	培训总次数	10%	考核期内组织培训总次数达到____次	
5	培训计划编制及时率	10%	考核期内培训计划编制及时率达到 100%	
6	培训目标达成率	10%	考核期内培训目标达成率在____% 以上	
7	培训考核达标率	10%	考核期内培训考核达标率在____% 以上	
8	培训评估报告提交及时率	5%	考核期内培训评估报告提交及时率达到 100%	
9	培训资料归档率	5%	考核期内培训资料归档率达到 100%	
本次考核总得分				

被考核人	考核人	复核人
签字： 日期：	签字： 日期：	签字： 日期：

20.4.5 考核主管考核指标量表

被考核人姓名		职位	考核主管	部门	人力资源部
考核人姓名		职位	人力资源部经理	部门	

序号	KPI 指标	权重	目标值	考核得分
1	绩效考核计划按时完成率	20%	考核期内绩效考核计划按时完成率达到 100%	
2	绩效考核申诉处理及时率	15%	考核期内绩效考核申诉处理及时率达到 100%	
3	考评体系优化目标达成率	15%	考核期内考评体系优化目标达成率在____% 以上	
4	绩效激励方案编制及时率	10%	考核期内绩效激励方案编制及时率达到 100%	
5	考核培训计划完成率	10%	考核期内对相关部门的考核培训计划完成率达到 100%	
6	考核数据统计出错的次数	10%	考核期内考核数据统计出错的次数为 0	
7	绩效评估报告提交及时率	10%	考核期内绩效评估报告提交及时率达到 100%	

（续表）

序号	KPI 指标	权重	目标值			考核得分
8	部门协作满意度	5%	考核期内部门协作满意度评分在___分以上			
9	考核资料归档率	5%	考核期内考核资料归档率达到 100%			
本次考核总得分						
被考核人		考核人		复核人		
签字： 日期：		签字： 日期：		签字： 日期：		

20.4.6　薪酬主管考核指标量表

被考核人姓名		职位	薪酬主管	部门	绩效薪酬部
考核人姓名		职位	绩效薪酬部经理	部门	

序号	KPI 指标	权重	目标值			考核得分
1	薪酬调研报告提交及时率	15%	考核期内薪酬调研报告提交及时率达到 100%			
2	人力成本核算与预测报告提交及时率	15%	考核期内人力成本核算与预测报告提交及时率达到 100%			
3	薪酬福利体系优化目标达成率	15%	考核期内薪酬福利体系优化目标达成率在____%以上			
4	工资与奖金计算差错次数	15%	考核期内因人为原因造成差错的次数为 0			
5	员工保险、福利计算差错次数	15%	考核期内因人为原因造成差错的次数为 0			
6	工资与奖金报表编制及时率	10%	考核期内工资与奖金报表编制及时率达到 100%			
7	薪酬异议处理及时率	10%	考核期内薪酬异议处理及时率达到____%			
8	员工薪酬满意度	5%	考核期内员工对薪酬满意度的评分达到____分			
本次考核总得分						
被考核人		考核人		复核人		
签字： 日期：		签字： 日期：		签字： 日期：		

20.4.7　员工关系专员指标量表

被考核人姓名		职位	员工关系专员	部门	人力资源部
考核人姓名		职位	人力资源部经理	部门	

序号	KPI 指标	权重	目标值	考核得分
1	劳动合同签订差错率	25%	考核期内劳动合同签订差错率为 0	

（续表）

序号	KPI 指标	权重	目标值	考核得分
2	劳动合同签订及时率	20%	考核期内劳动合同签订及时率达到 100%	
3	员工考勤统计准确率	20%	考核期内员工考勤统计准确率达到 100%	
4	合同资料及时归档率	15%	考核期内合同资料及时归档率在____% 以上	
5	员工满意度	10%	考核期内员工满意度评分达到____分	
6	协作部门满意度	5%	考核期内协作部门满意度评分达到____分	
7	入职、离职手续办理的及时性	5%	考核期内员工的入职、离职手续办理及时，因人为原因造成不及时的次数为 0	
本次考核总得分				

被考核人		考核人		复核人	
签字：	日期：	签字：	日期：	签字：	日期：

20.5　人力资源成本控制方案设计

20.5.1　招聘成本控制方案

招聘成本控制方案

一、目的

（1）有效控制人力资源招聘成本，合理分配招聘费用。

（2）提高人力资源招聘效率，保证人力资源招聘效果。

二、费用构成

人力资源招聘费用包括在人力资源招聘过程中产生的会场费、广告费、网络费、用车费及其他相关费用。

三、人力资源规划

（1）人力资源部根据各部门的人员招聘需求，并结合本企业实际情况，制定“人员需求规划表”，上报总经理审批。“人员需求规划表”的形式如下所示。

人员需求规划表

级别	高层	中层	基层	小计
现有人数				
类别				
规划人数				
备注				

（2）“人员需求规划表”经总经理审批后，下发至人力资源部执行。

四、确定招聘要求

人力资源部的招聘专员应就“人员需求规划表”的相关事项与各部门进行沟通，确定具体的招聘要求，如对应聘人员的年龄、性别、学历、工作经验、工作能力及个性品质等方面的要求。

五、选择招聘方式

招聘专员应结合招聘人数、招聘标准及所需人员的类别等选择合适的招聘方式，尽量为企业节约招聘成本。具体说明如下：

（1）可以通过内部晋升、调动、工作轮换、返聘及员工推荐这五种方式选拔合适的人才；

（2）招聘专员在对需要填补的职位类型、工作接替速度、招聘的区域、招聘成本等进行综合考虑后，选择合适的外部招聘方式。

六、招聘费用预算

招聘专员应根据人员招聘费用预算编制“招聘费用预算表”，具体格式如下所示。

招聘费用预算表

所需职位	空缺职位数	拟采取的招聘方式	预算费用
基层员工			
中层员工			
高层员工			
人力资源部经理意见	签字： 日期：____年____月____日		
总经理意见	签字： 日期：____年____月____日		

七、招聘费用核算

（1）招聘时，招聘负责人应在“招聘成本登记表”上签名，以作为招聘成本的确认依据。

（2）“招聘成本登记表”上应注明招聘负责人及实际支出的招聘费用，具体如下表所示。

招聘成本登记表

招聘项目	时间及地点	参加部门	各部门招聘负责人签名
备注	招聘负责人		
	招聘费用		

（3）财务部负责按月汇总“招聘成本登记表”及相关招聘费用的报销单据，按照财务流程对招聘费用进行核算、报销。

（4）报销费用时，财务部应核实费用项目的原始凭证，并经部门负责人、人力资源部经理签字后，方可办理报销手续（财务人员应对报销凭证的真实性、合法性及报销程序上的完备性进行审核，以确保报销项目符合企业要求）。

20.5.2 培训成本控制方案

培训成本控制方案

一、目的

（1）合理控制培训成本费用，降低培训费用支出。

（2）建立有效控制培训成本费用的机制。

（3）用经济手段激励和规范培训成本控制工作。

二、成本控制措施

（1）严格执行培训项目审批程序，确保培训项目的质量和效果。

（2）按照项目要求有计划地选派学员、安排培训，最大限度地利用好各培训项目，杜绝资源浪费。

（3）大力培养内部讲师，建立内部讲师体系，减少外聘培训讲师的支出成本。

（4）所有培训教材及材料均由培训发展部统一购买。培训教材及材料须上报培训发展部经理审批通过后方可购买。

（5）控制培训办公用品费用支出，提倡物品的二次利用与无纸化办公。

三、考核评审程序

（1）各部门每月月末编制“培训成本费用实际支出表”并上报财务部。

（2）财务部负责核对各部门的“培训成本费用实际支出表”，并与各部门的“培训费用预算标准表”进行对比，编制“成本费用实际与预算对比表”。

（3）相关负责人根据“成本费用实际与预算对比表”对成本费用实际支出的节约情况进行评审。

（4）根据评审结果，培训费用节约率超过____%的，企业向部门发放费用节约奖励。

四、激励政策

（1）授予培训费用节约部门荣誉称号，并在月度总结会上予以表扬。

（2）在年终评审时，结余培训经费的40%可用于部门员工的集体福利，60%可用于改善办公条件或结转下年继续使用。

20.6 人力资源工作考核实施细则

20.6.1 招聘工作绩效考核实施细则

<table>
<tr><td rowspan="2">细则名称</td><td rowspan="2">招聘工作绩效考核实施细则</td><td>编号</td><td></td></tr>
<tr><td>版本</td><td></td></tr>
<tr><td colspan="4">第 1 条 目的
为明确招聘工作的重点，促进招聘工作绩效的提升，特制定本考核细则。
第 2 条 适用范围
招聘业务考核。
第 3 条 考核标准
（1）招聘计划制定未按规定时间完成的情况每出现 1 次，减____分；招聘计划中的重要内容有缺失的，每缺失 1 项，减____分。
（2）因招聘工作流程不完善而导致其他部门投诉的，减____分 / 次。
（3）招聘计划完成率的目标值为____%，每低____%，减____分。
（4）招聘合格率的目标值为____%，每低____%，减____分。
（5）新员工的入职手续应在企业规定的时间内完成。延迟办理入职手续的情况每出现 1 次，减____分。
（6）招聘人员应合理有效地将企业的招聘成本控制在预算范围内，每超预算____%，减____分；超出____%，该项得分为 0。
（7）企业用人部门满意度评分应达到____分，每低____分，减____分。
第 4 条 考核结果的应用
本考核结果可作为阶段工作绩效改进、绩效奖金发放、员工调薪和职务晋升等工作决策的依据。</td></tr>
</table>

编制日期		审核日期		批准日期	
修改标记		修改处数		修改日期	

20.6.2 绩效工作考核实施细则

<table>
<tr><td rowspan="2">细则名称</td><td rowspan="2">绩效工作考核实施细则</td><td>编号</td><td></td></tr>
<tr><td>版本</td><td></td></tr>
<tr><td colspan="4">第 1 条 目的
为明确绩效工作重点，促进企业整体工作绩效的提升，特制定本考核细则。
第 2 条 适用范围
绩效工作考核。
第 3 条 考核标准
1. 绩效考核管理制度的编制情况
工作目标：制定完善并适合本企业的绩效考核管理制度。
考核标准：因绩效考核管理制度不完善造成考核混乱的情况每发生 1 次，扣减相关负责人浮动工资的____%。
2. 绩效考核计划完成情况
工作目标：制定企业绩效考核计划，组织并监督计划的执行，按时完成绩效考核计划。
考核标准：年度工作计划完成率达到 100%，每低____%，扣除相关负责人浮动工资的____%。</td></tr>
</table>

（续）

<table>
<tr><td colspan="6">

3. 考核体系优化目标实现的情况
工作目标：建立企业绩效考核体系，实现考核体系优化目标。
考核标准：考核体系优化目标达成率应达到____%，每低____%，扣除相关负责人浮动工资的____%。
4. 绩效考核的有效性
工作目标：协助企业各部门实施绩效考核工作，并达到绩效考核的预期效果。
考核标准：
（1）中高层领导半年度考核覆盖率应达到____%，每低____%，扣除相关负责人浮动工资的____%；
（2）各部门员工季度考核覆盖率应达到____%，每低____%，扣除相关负责人浮动工资的____%；
（3）员工对绩效考核的满意率应达到____%，每低____%，扣除相关负责人浮动工资的____%。
5. 根据考核结果，制定企业绩效奖惩方案
因绩效奖惩方案拟定不合理而未能有效执行的次数不得超过____次，每超过一次，扣除相关负责人浮动工资的____%。
6. 编制绩效考核工作报告
考核工作结束后，相关负责人要编制绩效考核工作报告，报告中对重要内容不得有遗漏，否则将扣除相关负责人浮动工资的____%。
第 4 条　考核结果的应用
本考核结果可作为员工工作绩效改进、绩效奖金发放、调薪和职务晋升等工作决策的依据。

</td></tr>
<tr><td>编制日期</td><td></td><td>审核日期</td><td></td><td>批准日期</td><td></td></tr>
<tr><td>修改标记</td><td></td><td>修改处数</td><td></td><td>修改日期</td><td></td></tr>
</table>

第 21 章

后勤保障人员绩效考核

21.1 后勤保障人员与部门考核指标设计

21.1.1 后勤保障人员五大量化考核指标

指标 1：环境卫生达标率

考核目的	加强环境卫生管理，为员工营造干净、优美的工作和生活环境		
考核指标	环境卫生达标率	计算公式 / 说明	$\frac{\text{环境卫生检查达标次数}}{\text{环境卫生检查总次数}} \times 100\%$
考核周期	周 / 月 / 季 / 年度	信息来源	后勤部
失真提示	卫生检查标准不明确，会导致考核评分标准不一，从而降低考核结果的客观性		

指标 2：出车及时率

考核目的	保障各部门的业务用车需求		
考核指标	出车及时率	计算公式 / 说明	$\frac{\text{及时完成出车任务的次数}}{\text{应出车的次数}} \times 100\%$
考核周期	月 / 年度	信息来源	车辆部
配套指标	（1）配套指标项目：车辆交通事故次数（车辆在道路上因驾驶员人为过错或者意外造成人身伤亡或财产损失事件的次数） （2）指标使用说明：对车辆交通事故次数的考核，可根据事故的等级（轻微事故、一般事故、重大事故、特大事故）分别制定相应的评价标准		

指标 3：垃圾清运及时率

考核目的	用于评估垃圾清运的及时性		
考核指标	垃圾清运及时率	计算公式 / 说明	$\frac{\text{及时清运垃圾的天数}}{\text{考核期总天数}} \times 100\%$
考核周期	月度	信息来源	保洁部
失真提示	检查时间选择不当，会导致检查人员无法及时发现延迟清运的情况，从而造成考核所依据的资料信息不准确		

指标 4：公共设施完好率

考核目的	用于评估企业公共设施的完好情况		
考核指标	公共设施完好率	计算公式 / 说明	$\frac{公共设施完好数}{公共设施总数}\times100\%$
考核周期	月度	信息来源	环境部
失真提示	公共设施检查记录缺失，会导致考核工作无据可依，造成考核结果失真		

指标 5：服务满意率

考核目的	不断改进后勤保障工作，提升服务质量		
考核指标	服务满意率	计算公式 / 说明	在接受调查的员工中，对各项后勤服务工作表示满意的员工数占接受调查人数的百分比
考核周期	季 / 年度	信息来源	后勤部
失真提示	可能会因调查样本太少、调查信息的统计分析出现偏差等，影响考核结果的准确性		

21.1.2 保洁部关键绩效考核指标设计

序号	KPI 指标	考核周期	指标定义 / 公式	资料来源
1	环境卫生达标率	季 / 年度	$\frac{环境卫生检查达标的天数}{环境卫生检查的总天数}\times100\%$	保洁部
2	防疫消杀工作计划目标完成率	季 / 年度	$\frac{防疫消杀工作已完成的目标数}{防疫消杀工作计划目标数}\times100\%$	保洁部
3	垃圾清运及时率	季 / 年度	$\frac{及时清运垃圾的天数}{考核期总天数}\times100\%$	保洁部
4	保洁工作满意率	季 / 年度	$\frac{对保洁工作表示满意的业主数}{参与评分的业主总数}\times100\%$	保洁部
5	技术培训计划完成率	季 / 年度	$\frac{实际完成的培训数}{计划完成的培训数}\times100\%$	保洁部
6	保洁工具完好率	季 / 年度	$\frac{保洁工具完好的数量}{保洁工具总数量}\times100\%$	保洁部

21.1.3 车辆部关键绩效考核指标设计

序号	KPI 指标	考核周期	指标定义 / 公式	资料来源
1	车辆调度被投诉的次数	季 / 年度	相关部门因车辆调度不合理而对车辆部投诉的次数	车辆部
2	车辆完好率	季 / 年度	$\frac{技术状况符合出行技术要求的营运车辆数}{所有营运车辆数}\times100\%$	车辆部

（续表）

序号	KPI 指标	考核周期	指标定义 / 公式	资料来源
3	部门协作满意度	年度	相关合作部门对车辆部工作满意度评分的算术平均值	综合部
4	车辆交通事故次数	季 / 年度	考核期内车辆交通事故发生的次数	车辆部
5	每日百公里耗油	季 / 年度	考核期内每日百公里的燃油消耗量	车辆部
6	车辆年检等手续办理的及时性	车辆年检时间	车辆年检等手续办理及时，无拖延	车辆部

21.1.4 餐饮部关键绩效考核指标设计

序号	KPI 指标	考核周期	指标定义 / 公式	资料来源
1	营业毛收益	月 / 年度	部门销售收入—部门营业支出	财务部
2	饭菜供应及时率	月 / 年度	$\frac{\text{及时供应饭菜的次数}}{\text{供应饭菜总次数}} \times 100\%$	餐饮部
3	经营成本节约率	季 / 年度	$\frac{\text{经营成本节省额}}{\text{经营成本预算额}} \times 100\%$	餐饮部
4	餐具损耗率	季 / 年度	$\frac{\text{破损餐具套数}}{\text{餐具总套数}} \times 100\%$	餐饮部
5	菜品出新率	季 / 年度	$\frac{\text{新菜品数量}}{\text{菜品总数}} \times 100\%$	餐饮部
6	就餐员工满意度	季 / 年度	接受随机调查的就餐员工对餐饮服务满意度评分的算术平均值	餐饮部
7	员工投诉解决率	季 / 年度	$\frac{\text{已解决的投诉事件数}}{\text{员工投诉总数}} \times 100\%$	综合部 餐饮部
8	食品安全事故发生的次数	季 / 年度	考核期内食品安全事故发生的次数	餐饮部
9	卫生清洁达标率	月 / 季 / 年度	$\frac{\text{当期卫生检查达标的次数}}{\text{对餐厅进行卫生检查的总次数}} \times 100\%$	餐饮部

21.1.5 住宿部关键绩效考核指标设计

序号	KPI 指标	考核周期	指标定义 / 公式	资料来源
1	宿舍安排及时率	月 / 季 / 年度	$\frac{\text{宿舍安排及时的次数}}{\text{宿舍安排总次数}} \times 100\%$	住宿部
2	房间设备、设施完好率	季 / 年度	$\frac{\text{完好的房间设备、设施数量}}{\text{房间设备、设施总数}} \times 100\%$	住宿部

（续表）

序号	KPI 指标	考核周期	指标定义 / 公式	资料来源
3	宿舍物品维修及时率	月 / 年度	$\frac{\text{及时维修宿舍物品的次数}}{\text{应维修宿舍物品的次数}} \times 100\%$	住宿部
4	安全事故发生的次数	月 / 年度	宿舍内安全事故发生的次数	住宿部
5	维修费用节省率	季 / 年度	$\frac{\text{节省的维修费用}}{\text{维修费用应开支总额}} \times 100\%$	住宿部
6	住宿员工满意度	季 / 年度	接受随机调查的住宿员工对住宿服务满意度评分的算术平均值	住宿部
7	投诉解决率	月 / 季 / 年度	$\frac{\text{已解决的投诉事件数}}{\text{投诉总数}} \times 100\%$	住宿部
8	宿舍卫生达标率	季 / 年度	$\frac{\text{当期卫生检查达标的次数}}{\text{对宿舍卫生检查的总次数}} \times 100\%$	住宿部

21.1.6 环境部关键绩效考核指标设计

序号	KPI 指标	考核周期	指标定义 / 公式	资料来源
1	各项设备、设施完好率	周 / 月 / 季 / 年度	$\frac{\text{当期完好的设备、设施数量}}{\text{企业设备、设施总数}} \times 100\%$	环境部
2	环境卫生达标率	季 / 年度	$\frac{\text{环境卫生检查达标的天数}}{\text{环境卫生检查的总天数}} \times 100\%$	环境部
3	设备、设施正常运转的天数	年度	企业内各系统设备、设施正常运转的天数	环境部
4	系统运行成本节约率	季 / 年度	$\frac{\text{各系统运行成本支出节省额}}{\text{各系统运行成本支出预算}} \times 100\%$	环境部
5	设备、设施维修及时率	月 / 季 / 年度	$\frac{\text{按时完成设备、设施维修的次数}}{\text{设备、设施需要维修的总次数}} \times 100\%$	环境部
6	企业娱乐设施完好率	季 / 年度	$\frac{\text{企业娱乐设施完好的数量}}{\text{企业娱乐设施总数}} \times 100\%$	环境部

21.2 后勤保障业务关键绩效考核指标的目标值设计与调整

21.2.1 后勤保障业务关键绩效考核指标的目标值设计

序号	关键绩效指标	目标值
1	环境卫生达标率	环境卫生达标率达到____%

（续表）

序号	关键绩效指标	目标值
2	车辆调度被投诉的次数	车辆调度被投诉的次数低于____次
3	公共设施完好率	公共设施完好率达到____%
4	服务满意率	服务满意率达到____%
5	安全事故发生的次数	安全事故发生的次数低于____次

21.2.2　后勤保障业务关键绩效考核指标的目标值调整

1. 企业特点

根据企业经营范围的不同，后勤保障业务关键绩效考核指标的目标值也不尽相同。例如，相较于文化类、创意类企业，化工生产类、食品生产类企业为了满足生产条件，对企业卫生环境的要求会更加严格。因此，企业应根据自身的经营类型对考核指标的目标值进行设计与调整。

2. 特殊时期的影响

后勤保障部门不仅需要保障企业内部员工的后勤事务，同时也要保障企业外部人员来访相应的接待事务。在外部接待任务较多时期，企业需要根据当时的特殊情况，对目标值进行相应的调整，以确保后勤保障任务的高效完成。

21.3　后勤保障人员考核标准设计

21.3.1　餐饮人员考核标准

1. 选取考核指标

餐饮人员在企业内部属于服务人员，企业对餐饮人员的考核除了要侧重餐饮食品质量外，还要侧重服务态度。餐饮人员的考核指标包括饭菜供应及时率、饭菜卫生合格率、餐具消毒达标率及餐饮服务满意度等。

2. 设定考核指标目标值

餐饮服务需要根据企业餐饮成本控制及餐饮预算来把控服务标准，对内可以和其他服务性部门比对服务满意度相关指标的目标值，对外可以和其他企业的餐饮部门比对饭菜供应及时率、菜品出新率等指标的目标值，从而设定符合本企业要求的考核指标目标值。

3. 设定考核周期

餐饮人员的考核周期可分为月度、季度及年度。饭菜卫生合格率、餐具消毒达标率等指标可以按月度进行考核，菜品出新率则可以按季度或年度进行考核。

21.3.2　环境人员考核标准

1. 选取考核指标

环境人员的主要工作内容为环境清理及设备保护，有些企业也会对环境人员的工作内容提出更多的要求。环境人员的考核指标一般包括设备、设施完好率，卫生清洁达标率及企业娱乐设施完好率等。

2. 设定考核指标目标值

环境人员考核指标目标值的设定主要与企业所在行业环境的要求有关。企业在设定目标值时，既要考虑行业数据，还要考虑企业历史数据和发展要求等，要做到有理有据。

3. 设定考核周期

环境人员的考核周期分为月度、季度和年度，个别指标可以按周考核。例如，为了让企业的各项设备、设施正常运转，企业可以按周检查设备、设施的完好情况，并做好考核记录。

21.4　后勤保障岗位关键绩效考核指标量表

21.4.1　保洁主管考核指标量表

<table>
<tr><td colspan="2">被考核人姓名</td><td colspan="2"></td><td>职位</td><td>保洁主管</td><td>部门</td><td>保洁部</td></tr>
<tr><td colspan="2">考核人姓名</td><td colspan="2"></td><td>职位</td><td>保洁部经理</td><td>部门</td><td>保洁部</td></tr>
<tr><td>序号</td><td colspan="2">KPI 指标</td><td>权重</td><td colspan="3">目标值</td><td>考核得分</td></tr>
<tr><td>1</td><td colspan="2">卫生检查覆盖率</td><td>15%</td><td colspan="3">考核期内卫生检查覆盖率达到 100%</td><td></td></tr>
<tr><td>2</td><td colspan="2">环境卫生达标率</td><td>20%</td><td colspan="3">考核期内企业各区域环境卫生达标率达到 100%</td><td></td></tr>
<tr><td>3</td><td colspan="2">防疫消杀工作计划目标完成率</td><td>10%</td><td colspan="3">考核期内防疫消杀工作计划目标完成率达到 100%</td><td></td></tr>
<tr><td>4</td><td colspan="2">垃圾清运及时率</td><td>10%</td><td colspan="3">考核期内垃圾清运及时率达到____%</td><td></td></tr>
<tr><td>5</td><td colspan="2">保洁工作满意率</td><td>10%</td><td colspan="3">考核期内业主对保洁工作表示满意的比率达到____%</td><td></td></tr>
<tr><td>6</td><td colspan="2">技术培训计划完成率</td><td>10%</td><td colspan="3">考核期内下属员工技术培训计划完成率达到 100%</td><td></td></tr>
<tr><td>7</td><td colspan="2">保洁工具完好率</td><td>15%</td><td colspan="3">考核期内保洁工具管理完善，完好率达到____%</td><td></td></tr>
<tr><td>8</td><td colspan="2">有效投诉件数</td><td>10%</td><td colspan="3">考核期内被有效投诉的件数不超过____件</td><td></td></tr>
<tr><td colspan="7">本次考核总得分</td><td></td></tr>
<tr><td colspan="3">被考核人</td><td colspan="3">考核人</td><td colspan="2">复核人</td></tr>
<tr><td colspan="3">签字：　　日期：</td><td colspan="3">签字：　　日期：</td><td colspan="2">签字：　　日期：</td></tr>
</table>

21.4.2 餐饮主管考核指标量表

被考核人姓名			职位	餐饮主管	部门	餐饮部
考核人姓名			职位	餐饮部经理	部门	餐饮部
序号	KPI 指标	权重	目标值			考核得分
1	饭菜供应及时率	25%	考核期内饭菜供应及时率达到____%			
2	饭菜卫生合格率	15%	考核期内饭菜卫生合格率达到____%			
3	餐具损耗率	15%	考核期内餐具损耗率低于____%			
4	餐具消毒达标率	15%	考核期内餐具消毒达标率达到____%			
5	菜品出新率	15%	考核期内菜品出新率在____% 以上			
6	员工投诉解决率	15%	考核期内员工投诉解决率达到 100%			
7	食品安全事故发生的次数	5%	考核期内食品安全事故发生的次数为 0			
8	卫生清洁达标率	5%	考核期内卫生清洁达标率达到____%			
9	餐饮服务满意度	5%	考核期内餐饮服务满意度评分在____分以上			
本次考核总得分						
被考核人		考核人		复核人		
签字： 日期：		签字： 日期：		签字： 日期：		

21.4.3 住宿主管考核指标量表

被考核人姓名			职位	住宿主管	部门	住宿部
考核人姓名			职位	住宿部经理	部门	住宿部
序号	KPI 指标	权重	目标值			考核得分
1	宿舍安排及时率	10%	考核期内宿舍安排及时率达到____%			
2	房间设备、设施完好率	10%	考核期内房间设备、设施完好率达到____%			
3	宿舍物品维修及时率	15%	考核期内宿舍物品维修及时率达到____%			
4	安全事故发生的次数	10%	考核期内宿舍安全事故发生的次数为 0			
5	维修费用节省率	15%	考核期内维修费用节省率达到____%			
6	住宿员工满意度	15%	考核期内住宿员工满意度评价的平均分在____分以上			
7	投诉解决率	5%	考核期内投诉解决率达到____%			
8	宿舍卫生达标率	15%	考核期内宿舍卫生达标率达到____%			
9	部门员工培训计划完成率	5%	考核期内部门员工培训计划完成率达到____%			
本次考核总得分						
被考核人		考核人		复核人		
签字： 日期：		签字： 日期：		签字： 日期：		

21.4.4 车辆主管考核指标量表

被考核人姓名		职位	车辆主管	部门	车辆部
考核人姓名		职位	车辆部经理	部门	车辆部

序号	KPI 指标	权重	目标值	考核得分
1	车辆保养计划按时完成率	15%	考核期内车辆保养计划按时完成率达到 100%	
2	车辆调度被投诉的次数	15%	考核期内相关部门因车辆调度不合理而对车辆部投诉的次数在____次以内	
3	车辆完好率	10%	考核期内车辆完好率达到____%	
4	车辆安全事故发生的次数	5%	考核期内车辆安全事故发生的次数为 0	
5	每日百公里耗油	15%	考核期内车辆每日百公里耗油控制在限额水平以下	
6	车辆年检等手续办理的及时性	10%	能够按规定时间办理车辆年检等手续，无延误	
7	出车及时率	5%	考核期内出车及时率达到 100%	
8	车辆维修成本	15%	考核期内车辆维修成本控制在预算范围内	
9	交通违章总次数	10%	考核期内交通违章总次数在____次以下	
本次考核总得分				

被考核人		考核人		复核人	
签字：	日期：	签字：	日期：	签字：	日期：

21.4.5 环境主管考核指标量表

被考核人姓名		职位	环境主管	部门	环境部
考核人姓名		职位	环境部经理	部门	环境部

序号	KPI 指标	权重	目标值	考核得分
1	各项设备、设施完好率	15%	考核期内企业各系统设备、设施完好率达到____%	
2	环境卫生达标率	20%	考核期内环境卫生达标率达到 100%	
3	设备、设施正常运转天数	15%	考核期内企业各系统设备、设施正常运转在____天以上	
4	系统运行成本节约率	15%	考核期内有效控制各系统的运行成本，成本节约率达到____%	
5	企业娱乐设施完好率	15%	考核期内企业各项娱乐设施完好率达到____%	
6	垃圾清运及时率	15%	考核期内垃圾清运及时率达到____%	
7	部门员工技能提升率	5%	考核期内部门员工技能提升率达到____%	
本次考核总得分				

被考核人		考核人		复核人	
签字：	日期：	签字：	日期：	签字：	日期：

21.5 后勤保障成本控制方案设计

21.5.1 餐饮成本控制方案

餐饮成本控制方案

一、目的

为了有效降低餐饮成本，实现成本费用控制目标，特制定本方案。

二、适用范围

本方案适用于餐饮部成本控制管理工作。

三、建立餐饮成本控制标准

1. 设定标准成本定额

（1）企业应设定标准成本定额，将其作为餐饮成本控制的目标。标准成本是根据餐饮产品销售要求制定的单位餐饮产品成本消耗量，重点是控制食品和饮品成本。

（2）餐饮成本的预算由财务部成本会计在餐饮部负责人及厨房相关人员的协助下进行编制。

2. 标准成本定额的形成

（1）餐饮部确定每种食品和饮品所需的原料及其用量，形成单位产品标准成本和成本率，并计算出销售价格。

（2）餐饮部在对食品和饮品进行调整时，必须重新确定原料及其用量，制定标准成本预算，控制实际成本消耗。

四、餐饮成本形成过程的控制

（1）对采购、收货、领用、内部调拨及盘点等影响餐饮成本的因素和过程进行管理。

（2）库房收货后必须填制入库单，厨房领料必须根据制作需要填写领料单。

（3）餐饮部要根据饮食采购计划控制进货成本。

（4）财务部与餐饮部于每月末进行库房存货盘点。

（5）组织采购人员到厨房学习，使其了解食品原料的出成率，以确保原料采购质量，有效控制成本形成过程。

五、餐饮成本监督和控制

（1）财务部每天对餐厅的食品、饮品的销售量及其成本进行统计，掌握成本的增减变化和餐厅的成本率，必要时可提出销售价格调整建议。

（2）根据销售量及成本，调整供应量。

六、餐饮成本考核

1. 明确考核目的

标准成本是针对餐饮单位产品而定的，企业要想掌握整个餐饮成本控制的实施情况，就需要对食品及饮品的收入和成本消耗进行统计，并编制收入、成本报告，以此考核标准成本预算的实施情况，并提出改进措施，控制实际成本消耗。

2. 每日审查食品和饮品收入

（1）餐厅收款员根据实际销售制作收入报表，核数员负责编制“餐饮部每日营业统计表”，注明餐厅每日的销售收入。

（2）财务部每天对食品和饮品收入进行审核，包括审核收款项目、收款数额及高级管理人员的用餐标准等，并审查收款机的过机数，以确保收入准确，成本核算无误。

（3）财务部成本会计要抽查菜单正本和副本的内容，以及价格和收款数量，以防止厨房的饮食品种与数量同收款账单上的内容不一致。

（4）审查过程中发现差错和不符的，要查明原因，追查责任。

3. 每日审查原料成本消耗

（1）相关人员要每日定时检查采购收货单、库房领料单、内部转货单等与原料成本消耗有关的单据，并根据食品、饮品销售收入审查结果计算出当时食品和饮品的成本率、累计成本率，同时与预算成本率进行比较，其差异应控制在 ±1% 的范围内。

（2）对外地采购和国外进口的食品原料与饮品，每日由收货部将收货报告及有关单据转到财务部，由饮食成本会计审核单据并计算出运输费、关税、检疫费等，计入餐饮成本；月末，尚未付款结算的原料，经检验收货后，估价计入当月成本。

（3）在完成每日食品和饮品收入审查及原料成本消耗审查后，相关负责人要编制“餐饮部每日销售成本统计表”，分别列明食品和饮品的销售成本。

4. 编制餐饮月末营业报告

（1）月末，餐饮部应对每日销售收入和成本进行统计汇总，对餐饮营业情况进行总结评价，编制“餐饮月末营业报告”。

（2）报告要详细分析饮食销售和成本消耗执行情况，并与标准成本预算及上月、上年同期的成本率进行比较，对影响成本率变化的各种因素进行分析，提出改进措施。

21.5.2 车辆成本控制方案

车辆成本控制方案

一、工作目标

为强化企业车辆管理，建立和完善车辆用油定额考核办法，加大车辆用油消耗管控力度，降低车辆运行成本，特制定本方案。

二、工作职责

（1）车辆主管负责对公务车辆的用油情况进行监督、控制，财务部辅助、配合监控管理。

（2）各部门应加强车辆成本管理，节约用油开支，使车辆均能在经济油耗的情况下有效运营。

三、用油成本管理

（1）车辆加油卡一律由企业车辆部负责管理，车辆部将按核定的部门用油额度和频率配置加油卡，各部门加油卡由部门负责人统一管理。

（2）本企业车辆一律使用加油卡加油。

（3）各部门加油卡管理人员要认真填写单车加油登记表，并保留加油小票。每月1日前，各部门要将上月单车加油登记表上报行政部，由行政部负责核查（按车型、行驶里程审核油耗）。对行政部提出的异议，各部门加油卡管理人员有责任做出解释。

（4）超过加油卡核定额度的，须另向企业提出加油申请。

（5）上述内容中涉及违章违纪行为并经主管领导认定的，扣发责任人当月一定数额的绩效工资。

四、保养管理

（1）为减轻汽车各部件的磨损，防止汽车在运行中发生故障，延长汽车的使用寿命，降低燃料、配件及轮胎的消耗，车辆部需要定期对车辆进行保养。

（2）每位司机均应掌握基本的车辆维护、保养知识，自行解决一些小的故障，减少外修频率。

五、车辆维修管理

（1）车辆部要对车辆维修进行规范化管理，对车辆不同程度的故障要有对应的维修方法和费用管理程序，努力提高车辆使用效率，降低车辆使用成本。

（2）对于司机本人无法修理，必须送修理厂的故障车辆，要坚持以修复为主、换件为辅的原则。

（3）企业车辆维修一律先审批后送修，并要在企业指定的修理厂修理；如因特殊情况确需在非指定修理厂修理的，必须经行政部同意。

21.6 后勤保障部门绩效考核实施细则

21.6.1 餐饮部绩效考核实施细则

细则名称	餐饮部绩效考核实施细则	编号	
		版本	

第1条 目的

为规范餐饮部的绩效考核管理工作，提高餐饮部的服务质量，保证各项工作计划的顺利完成，特制定本细则。

第2条 原则

（1）定性与定量相结合：考核指标应量化，同时结合员工及客人评价以及上级主管的评估确定考核结果。

（2）公平、公正。

（3）公开：考核标准的制定是通过多方协商和讨论完成的。

第3条 考核办法

（1）按百分制进行考核。

（2）实施目标管理，将各类指标分解到月，逐月考核，年终总决算。

（3）经济指标以实际完成为准，其他指标按餐厅实际情况并结合不定期检查情况对目标进行考核。

第4条 各项目标及目标值说明

（1）经济目标：占10分。利润率，全年/月综合利润率达到____%，占5分；销售收入，达到____万元，占5分。

（2）餐品质量目标：占35分。每查到一个不合格产品，扣1分。员工投诉一次扣2分。

（3）服务质量目标：占15分。员工投诉一次扣2分。在检查中，发现一次服务质量差，扣1分。每月每评上一名优秀服务员，加2分；每评上一名星级服务员，加5分。

（4）财产管理目标：占10分。存在设备、设施遗失的，扣1分；非正常损耗的，扣0.5分。存在餐具遗失的，扣0.5分；非正常损耗损坏的，扣0.1分。

（5）安全目标：占15分。发生餐饮安全事故的，扣15分。

（6）卫生目标：占15分。发生重大卫生责任事故的，扣15分；上级检查卫生不合格的，每次扣1分。

第5条 奖惩办法

（1）考核总分达到85分为合格，考核总分在85分以下的，每低____分，扣直接责任人____元，扣主管____元、领班____元。

（2）经济目标考核达到100%为合格，超额完成经济目标达到____元的，奖励____元，其中部门经理占50%、主管占30%、领班占20%。

编制日期		审核日期		批准日期	
修改标记		修改处数		修改日期	

21.6.2 住宿部绩效考核实施细则

<table>
<tr><td rowspan="2">细则名称</td><td rowspan="2">住宿部绩效考核实施细则</td><td>编号</td><td></td></tr>
<tr><td>版本</td><td></td></tr>
</table>

第 1 章 总则

第 1 条 目的

为规范住宿部的管理工作，提高住宿部的服务质量，特制定本细则。

第 2 条 考核周期

住宿部绩效考核分为月度考核、季度考核及年度考核。

第 3 条 绩效考核指标设定的依据

（1）企业总体经营计划与战略目标。

（2）住宿部的部门职责。

（3）住宿员工的合理需求。

第 4 条 绩效考核实施

（1）住宿安排及时率，权重为 25%，目标值为____%。住宿安排及时率每比目标值低____%，扣____分；低于____%，该项不得分。

（2）房间设备、设施完好率，权重为 20%，目标值为____%。房间设备、设施完好率每比目标值低____%，扣____分；造成重大安全事故的，该项不得分。

（3）住宿员工满意度，权重为 20%，目标值为____分。住宿员工满意度评分每比目标值低____分，扣____分；低于____分，该项不得分。

（4）投诉解决率，权重为 15%，目标值为____%。投诉解决率每比目标值低____%，扣____分；低于____%，该项不得分。

（5）员工培训计划完成率，权重为 10%，目标值为____%。每发现 1 项培训工作未按计划完成，扣____分；下属员工培训工作未按计划完成的次数超过____次，该项不得分。

（6）核心员工流失率，权重为 10%，目标值为____%。每超出目标值____%，扣____分；高于____%，该项不得分。

第 5 条 考核结果等级划分与奖励办法

考核总分为 100 分，指标分值等于总分乘以权重，指标分值减去考核扣分等于单项指标考核得分，所有单项考核指标得分相加等于最终考核得分。根据最终考核得分，考核结果分为四个等级，具体的等级划分及奖励办法如下所示。

考核结果的等级划分与奖励办法

等级划分	奖励办法
优秀（90 ~ 100 分）	奖励____元
良好（70 ~ 89 分）	奖励____元
一般（60 ~ 69 分）	奖励____元
不及格（59 分及以下）	无奖金

编制日期		审核日期		批准日期	
修改标记		修改处数		修改日期	

第 22 章

安保物业人员绩效考核

22.1　安保物业人员与部门考核指标设计

22.1.1　安保人员三大量化考核指标

指标 1：安保设施完好率

考核目的	评估安保设施的完好情况		
考核指标	安保设施完好率	计算公式 / 说明	$\frac{完好的安保设施数量}{安保设施总量} \times 100\%$
考核周期	月 / 季 / 年度	信息来源	安全管理部
失真提示	安保设施检查记录缺失，会导致考核工作无据可依		

指标 2：辖区安全事故发生的次数

考核目的	评估企业安全管理制度落实及安全事故的防范情况		
考核指标	辖区安全事故发生的次数	计算公式 / 说明	考核期内发生的安全事故次数
考核周期	月 / 季 / 年度	信息来源	安全管理部
失真提示	安全事故分为责任安全事故和非责任安全事故，企业需要对这两种事故进行明确划分，考核时不可混同，以免造成考核结果失真		

指标 3：安全隐患整改率

考核目的	评估安全管理部对企业安全隐患的处理情况		
考核指标	安全隐患整改率	计算公式 / 说明	$\frac{已整改的安全隐患数}{发现的安全隐患数} \times 100\%$
考核周期	月 / 季 / 年度	信息来源	安全管理部
失真提示	如果安全隐患整改完毕后没有及时登记，就会导致考核统计数据不准确		

22.1.2　物业人员三大量化考核指标

指标 1：绿化完好率

考核目的	评估物业管理区域内的绿化情况		
考核指标	绿化完好率	计算公式 / 说明	$\frac{\text{绿化完好面积}}{\text{绿化总面积}} \times 100\%$
考核周期	季 / 年度	信息来源	物业服务中心
失真提示	未将非人为因素造成的绿化植物受损的情况排除在外，会导致考核结果失真		

指标 2：投诉处理及时率

考核目的	评估投诉处理的及时性		
考核指标	投诉处理及时率	计算公式 / 说明	$\frac{\text{及时处理的投诉数量}}{\text{投诉总量}} \times 100\%$
考核周期	月 / 季 / 年度	信息来源	客户服务中心
失真提示	未排除无效投诉，会导致统计的信息不准确，造成考核结果失真		

指标 3：物业服务满意率

考核目的	用于评估物业服务质量，并及时对不合格项进行纠正		
考核指标	物业服务满意率	计算公式 / 说明	被访问者中对物业服务表示“满意”和“基本满意”的人员所占的比重
考核周期	季 / 年度	信息来源	业主、物业服务中心
失真提示	当部分无效调查问卷的结果也被统计在内时，就会导致考核结果失真		

22.1.3　安保部关键绩效考核指标设计

序号	KPI 指标	考核周期	指标定义 / 公式	资料来源
1	治安工作计划执行率	月 / 季 / 年度	$\frac{\text{已执行的治安工作计划数}}{\text{治安工作计划总数}} \times 100\%$	安保部
2	安保设施完好率	月 / 季 / 年度	$\frac{\text{完好的安保设施数量}}{\text{安保设施的总数量}} \times 100\%$	安保部
3	安保设施设备检修计划完成率	月 / 季 / 年度	$\frac{\text{安保设施设备实际检修数}}{\text{安保设施设备计划检修数}} \times 100\%$	安保部
4	安全隐患整改率	月 / 季 / 年度	$\frac{\text{已整改的安全隐患数}}{\text{发现的安全隐患数}} \times 100\%$	安保部
5	一般性治安事件发生的次数	月 / 季 / 年度	考核期内企业一般性治安事件发生的次数	安保部

（续表）

序号	KPI 指标	考核周期	指标定义 / 公式	资料来源
6	失窃事件发生的次数	月 / 季 / 年度	考核期内企业失窃事件发生的次数	安保部
7	公共财产被损坏的次数	月 / 季 / 年度	考核期内企业公共财产被损坏的次数	安保部
8	安保人员服务规范的执行情况	月 / 季 / 年度	评价安保人员日常工作与服务的规范性	安保部

22.1.4　物业部关键绩效考核指标设计

序号	KPI 指标	考核周期	指标定义 / 公式	资料来源
1	基础设施完好率	月 / 季 / 年度	$\frac{\text{基础设施完好的数量}}{\text{基础设施总数量}} \times 100\%$	物业部
2	物业设施设备检修计划完成率	月 / 季 / 年度	$\frac{\text{物业设施设备实际检修数}}{\text{物业设施设备计划检修数}} \times 100\%$	物业部
3	保洁达标率	月 / 季 / 年度	$\frac{\text{保洁达标的天数}}{\text{考核期总天数}} \times 100\%$	物业部
4	绿化完好率	年度	$\frac{\text{完好的绿化面积}}{\text{绿化总面积}} \times 100\%$	物业部
5	安全消防设施完好率	月 / 季 / 年度	$\frac{\text{企业安全消防设施完好数}}{\text{企业安全消防设施总数}} \times 100\%$	物业部
6	维修及时率	月 / 季 / 年度	$\frac{\text{维修及时的次数}}{\text{报修总次数}} \times 100\%$	物业部
7	投诉处理及时率	月 / 季 / 年度	$\frac{\text{及时处理的投诉数量}}{\text{投诉总量}} \times 100\%$	物业部
8	物业服务满意率	年度	被访问者中对物业服务表示“满意”和“基本满意”的人员所占的比重	物业部

22.2　安保物业业务关键绩效考核指标的目标值设计与调整

22.2.1　安保物业业务关键绩效考核指标的目标值设计

序号	KPI 指标	目标值
1	安保设施设备检修计划完成率	安保设施设备检修计划完成率达到____%
2	安全隐患整改率	安全隐患整改率达到____%

（续表）

序号	KPI 指标	目标值
3	一般性治安事件发生的次数	一般性治安事件发生的次数为 0
4	基础设施完好率	基础设施完好率达到____%
5	水、电、暖设施完好率	水、电、暖设施完好率达到____%
6	保洁达标率	保洁达标率达到____%
7	绿化完好率	绿化完好率达到____%
8	维修及时率	维修及时率达到____%
9	物业服务满意率	物业服务满意率达到____%

22.2.2 安保物业业务关键绩效考核指标的目标值调整

1. 时间因素

企业要加强节假日期间的安全管理工作，对安保物业人员节假日期间的绩效目标值应进行适当调整，如增加辖区巡逻的次数等。

2. 服务质量要求

物业部作为服务部门，必须全面提升服务质量，企业可参照行业标杆，再结合自身的实际，对现阶段的相关绩效目标值进行调整。

22.3 安保物业人员考核标准设计

22.3.1 安保人员考核标准

企业对安保人员进行考核，要注意安保业务的特殊性。

1. 从考核指标的角度来看

对安保人员的考核，主要从安保费用、安保服务、安保设备等方面来进行，其主旨是用尽可能少的安保费用，维持安保设备运转，为企业经营发展保驾护航。安保人员的考核指标主要包括安保费用预算空置率、安保设施完好率、安全隐患整改率等。

2. 从目标值的角度来看

安保人员的工作有其特殊性，其主要工作任务是维护企业正常生产与经营秩序，防止治安事件的发生。因此，考核指标的目标值设定就要体现这一点，如一般性治安事件发生的次数，其目标值就可以设定为 0 次。

22.3.2　物业人员考核标准

物业人员的考核标准较为明确、固定，通常只要按照规范操作即可。

1. 从考核指标的角度来看

企业对物业人员的考核主要从物业费用、物业设备、物业服务（如保洁、绿化等）等方面来进行，其主旨是用尽可能少的物业费用，维持物业设备运转，提高物业服务水平。物业人员的考核指标主要包括物业费用预算控制率、基础设施完好率、物业服务满意率等。

2. 从目标值的角度来看

物业服务通常有明确的工作规范，如保洁服务，其有严格的操作规范，考核往往也依托于这些操作规范。因此，物业服务的考核目标值应参考物业人员的操作规范来设定。

22.4　安保物业岗位关键绩效考核指标量表

22.4.1　安保部经理考核指标量表

被考核人姓名		职位	安保部经理	部门	安保部
考核人姓名		职位	总经理	部门	
序号	KPI 指标	权重	目标值		考核得分
1	治安工作计划执行率	15%	考核期内治安工作计划执行率达到 100%		
2	安保费用预算控制率	15%	考核期内安保费用预算控制率在____% 以下		
3	安保设施完好率	15%	考核期内安保设施完好率达到 100%		
4	一般性治安事件发生的次数	10%	考核期内一般性治安事件发生的次数为 0		
5	安保设施设备检修计划完成率	10%	考核期内安保设施设备检修计划完成率达到____%		
6	失窃事件发生的次数	10%	考核期内企业失窃事件发生的次数为 0		
7	公共财产被损坏的次数	10%	考核期内公共财产被损坏的次数为 0		
8	安保人员服务规范的执行情况	5%	考核期内安保人员未按服务规范执行任务的次数为 0		
9	外部合作单位满意度	5%	考核期内外部合作单位的满意度评分在____分以上		
10	部门员工绩效考核平均分	5%	考核期内部门员工绩效考核平均分在____分以上		

（续表）

<table>
<tr><td colspan="3">本次考核总得分</td><td></td></tr>
<tr><td>考核指标说明</td><td colspan="3">安保费用预算控制率 = $\frac{\text{安保费用实际支出}}{\text{安保费用预算支出}} \times 100\%$</td></tr>
<tr><td>被考核人</td><td>考核人</td><td colspan="2">复核人</td></tr>
<tr><td>签字：　　日期：</td><td>签字：　　日期：</td><td colspan="2">签字：　　日期：</td></tr>
</table>

22.4.2　物业部经理考核指标量表

<table>
<tr><td colspan="2">被考核人姓名</td><td colspan="2"></td><td>职位</td><td>物业部经理</td><td>部门</td><td>物业部</td></tr>
<tr><td colspan="2">考核人姓名</td><td colspan="2"></td><td>职位</td><td>总经理</td><td>部门</td><td></td></tr>
<tr><td>序号</td><td>KPI 指标</td><td>权重</td><td colspan="4">目标值</td><td>考核得分</td></tr>
<tr><td>1</td><td>部门工作计划完成率</td><td>20%</td><td colspan="4">考核期内部门工作计划完成率达到 100%</td><td></td></tr>
<tr><td>2</td><td>物业费用预算控制率</td><td>15%</td><td colspan="4">考核期内物业费用预算控制率在____% 以下</td><td></td></tr>
<tr><td>3</td><td>基础设施完好率</td><td>15%</td><td colspan="4">考核期内基础设施完好率达到____%</td><td></td></tr>
<tr><td>4</td><td>水、电、暖设施完好率</td><td>10%</td><td colspan="4">考核期内水、电、暖设施完好率在____% 以上</td><td></td></tr>
<tr><td>5</td><td>物业设施设备检修计划完成率</td><td>10%</td><td colspan="4">考核期内物业设施设备检修计划完成率在____% 以上</td><td></td></tr>
<tr><td>6</td><td>保洁达标率</td><td>10%</td><td colspan="4">考核期内保洁达标率在____% 以上</td><td></td></tr>
<tr><td>7</td><td>绿化完好率</td><td>5%</td><td colspan="4">考核期内绿化完好率在____% 以上</td><td></td></tr>
<tr><td>8</td><td>安全消防设施完好率</td><td>5%</td><td colspan="4">考核期内安全消防设施完好率在____% 以上</td><td></td></tr>
<tr><td>9</td><td>物业服务满意率</td><td>5%</td><td colspan="4">考核期内被访问者中对物业服务表示“满意”和“基本满意”的人员达到____%</td><td></td></tr>
<tr><td>10</td><td>部门员工绩效考核平均分</td><td>5%</td><td colspan="4">考核期内部门员工绩效考核平均分在____分以上</td><td></td></tr>
<tr><td colspan="7">本次考核总得分</td><td></td></tr>
<tr><td>考核指标说明</td><td colspan="7">物业费用预算控制率 = $\frac{\text{部门费用实际支出}}{\text{部门费用预算支出}} \times 100\%$</td></tr>
<tr><td colspan="2">被考核人</td><td colspan="2">考核人</td><td colspan="4">复核人</td></tr>
<tr><td colspan="2">签字：　　日期：</td><td colspan="2">签字：　　日期：</td><td colspan="4">签字：　　日期：</td></tr>
</table>

22.4.3　安保主管指标量表

被考核人姓名			职位	安保主管	部门	安保部
考核人姓名			职位	安保部经理	部门	安保部
序号	KPI 指标	权重	目标值			考核得分
1	安全保卫排班计划编制及时率	15%	考核期内安全保卫排班计划编制及时率达到 100%			
2	安全巡查工作按时完成率	15%	考核期内安全巡查工作按时完成率达到 100%			
3	安保设施完好率	15%	考核期内安保设施完好率达到 100%			
4	一般性治安事件发生的次数	10%	考核期内一般性治安事件发生的次数为 0			
5	安保设施设备检修计划完成率	10%	考核期内安保设施设备检修计划完成率达到____%			
6	失窃事件发生的次数	10%	考核期内失窃事件发生的次数为 0			
7	公共财产被损坏的次数	10%	考核期内公共财产被损坏的次数为 0			
8	安全保卫培训计划完成率	10%	考核期内安全保卫培训计划完成率达到____%			
9	值班记录完整率	5%	考核期内值班记录完整率为 100%			
本次考核总得分						
考核指标说明	安全保卫排班计划编制及时率 $=\frac{\text{及时完成排班计划编制的次数}}{\text{需要编制排班计划的总次数}}\times 100\%$					
被考核人		考核人		复核人		
签字：　　日期：		签字：　　日期：		签字：　　日期：		

22.4.4　物业主管考核指标量表

被考核人姓名			职位	物业主管	部门	物业部
考核人姓名			职位	物业部经理	部门	物业部
序号	KPI 指标	权重	目标值			考核得分
1	物业服务工作按时完成率	15%	考核期内物业服务工作按时完成率达到 100%			
2	基础设施完好率	15%	考核期内基础设施完好率在____% 以上			
3	维修及时率	15%	考核期内维修及时率在____% 以上			
4	水、电、暖设施完好率	10%	考核期内水、电、暖设施完好率在____% 以上			

（续表）

序号	KPI 指标	权重	目标值	考核得分
5	物业设施设备检修工作完成率	10%	考核期内物业设施设备检修工作完成率达到 100%	
6	保洁达标率	10%	考核期内保洁达标率高于____%	
7	绿化完好率	10%	考核期内绿化完好率高于____%	
8	物业服务满意率	5%	考核期内被访问者中对物业服务表示“满意”和“基本满意”的人员达到____%	
9	物业培训计划完成率	5%	考核期内物业培训计划完成率达到____%	
10	物业档案资料完好率	5%	考核期内物业档案资料完好率达到____%	
本次考核总得分				
考核指标说明	（1）物业培训计划完成率 $=\frac{\text{物业实际培训课时数}}{\text{物业计划培训课时总数}}\times 100\%$ （2）物业档案资料完好率 $=\frac{\text{物业档案资料完好数}}{\text{物业档案资料总数}}\times 100\%$			
被考核人		考核人	复核人	
签字：　　日期：		签字：　　日期：	签字：　　日期：	

22.5　安保物业服务满意度考核方案设计

22.5.1　安保人员服务满意度考核方案

安保人员服务满意度考核方案

一、绩效考核目的

为保证企业安全目标的实现，提高安保人员的工作积极性，为安保人员的薪酬调整、奖惩等提供准确、客观的依据，特制定本方案。

二、绩效考核的原则

1. 公开原则

企业通过多方协商确定绩效考核的内容和评分标准，尽量消除考核者与被考核者之间的绩效认知差别，同时要公开绩效考核结果，使绩效考核工作规范化、制度化。

2. 客观原则

绩效考核的目的之一是引导员工改进工作，因此必须用事实说话，切忌主观臆断。

三、安保人员服务满意度考核的内容及评分标准

1. 着装与行为举止（满分：____分）

（1）当班时制服干净、整齐（____分），纽扣全部扣好（____分），领带系正（____分）。

（2）当班期间不穿着制服离开工作区域。（____分）

（3）上岗时佩戴工作证。（____分）

（4）当班时跨立或立正姿势正确。（____分）

（5）举止文明、大方（____分），不讲粗话、脏话（____分）。

（6）不与来访客人争吵（____分），无打架斗殴行为（____分）。

2. 能力和工作表现（满分：____分）

（1）按规定时间交接班，从不无故迟到、早退。（____分）

（2）认真做好车辆及人员的出入登记，记录清晰。（____分）

（3）严格执行请假制度、无擅自离岗或不到岗的情况。（____分）

（4）工作中听从指挥、行动迅速。（____分）

（5）无损害企业声誉和利益的行为。（____分）

（6）无损坏企业财物和设施的行为。（____分）

（7）严格执行企业的各项规定，坚持原则、秉公办事。（____分）

（8）当班期间不做与工作无关的事情。（____分）

（9）不收受或索取任何形式的礼物和小费。（____分）

（10）主动、迅速地帮他人解决问题，不推诿。（____分）

（11）团结互助。（____分）

（12）按时检修、更新消防设备。（____分）

3. 工作成绩（满分：____分）

（1）为客户提供优质服务，并受到表扬、表彰。（____分）

（2）利用工作之外的时间为客户提供服务。（____分）

（3）拾金不昧，主动将拾到的钱和物品交到管理处。（____分）

（4）敢于同坏人坏事做斗争，制止和防止了恶性事件、事故的发生。（____分）

（5）在保护企业财产方面有突出的表现。（____分）

四、绩效考核结果的等级划分

安保人员服务工作绩效考核结果的等级划分如下所示。

绩效考核结果的等级划分

等级划分	得分范围	奖惩措施
A 级（优秀）	90 ~ 100 分	
B 级（良好）	75 ~ 89 分	
C 级（需提升）	60 ~ 74 分	

22.5.2 物业人员服务满意度考核方案

物业人员服务满意度考核方案

一、目的

加强对物业人员服务质量的考核，以便为业主提供更高效、更优质的服务。

二、考核方式

考核方式包括物业自查、专项抽查及业主满意度调查等。

三、考核项目

考核项目包括物业管理服务所有岗位及与之相关的各项工作，包括综合管理、保洁工作、安保工作、设施设备维修及绿化养护等。

四、考核要点

物业人员服务满意度考核的要点如下所示。

物业人员服务满意度考核的要点

考核项目	考核要点	考核标准
基础管理工作	内部规章制度是否健全及人员持证上岗的情况等	以企业制定的物业服务考核办法为依据确定考核标准
服务接待	指导业户入住、办理装修手续，做好业主房屋设施、公共设施的报修接待及登记工作	
业主投诉处理	及时处理业主的各种投诉，并按照企业的服务要求给予业主答复，同时做好投诉的回访工作	
费用收缴	准时安排服务中心专员向业主收缴物业管理费用	

五、考核结果的等级划分

绩效考核结果的等级划分如下所示。

绩效考核结果的等级划分

等级	分值	等级说明
A	90 分及以上	已完成工作目标，表现优异
B	80 ~ 89 分	已完成工作目标，表现较好
C	70 ~ 79 分	已完成工作目标，表现一般，尚有提升空间

（续表）

等级	分值	等级说明
D	60 ~ 69 分	未完成工作目标，但经过努力很快可以完成
E	59 分及以下	未完成工作目标，且需要长时间的努力才能完成

22.6 安保物业部门绩效考核实施细则

22.6.1 安保部绩效考核实施细则

细则名称	安保部绩效考核实施细则	编号	
		版本	

第 1 条 总则

为加强对安保部工作人员的管理，完善企业绩效考核工作体系，提高安保部工作绩效，特制定本细则。

第 2 条 部门考核评估周期

____年____月____日—____年____月____日。

第 3 条 考核项目和考核标准

安保部的考核项目和考核标准如下所示。

安保部的考核项目和考核标准

考核项目	考核指标	绩效目标值			权重	考核周期	得分
		绩优目标	考核目标	实际达成			
安保服务	治安工作计划执行率	100%	100%	____%	20%	月 / 季 / 年	
	一般性治安事件发生的次数	0 次	0 次	____次	15%	月 / 季 / 年	
	公共财产被损坏的次数	0 次	0 次	____次	15%	月 / 季 / 年	
	安保服务满意度评分	100 分	≥ 95 分	____分	10%	年度	
员工管理	安保人员服务规范的执行情况	100 分	≥ 95 分	____次	10%	月 / 季 / 年	
安保设备	安保设施完好率	≥ 98%	≥ 95%	____%	15%	季 / 年度	
	安保设施设备检修计划完成率	≥ 98%	≥ 95%	____%	15%	季 / 年度	
量化考核得分合计							

第 4 条 关键问题说明

安保部属于特殊的服务部门，安保服务满意度评分和安保人员服务规范的执行情况是两个关键的考核指标，企业可以采取随机调查的方式对这两个指标进行调查，以使考核结果更加客观、公正。

编制日期		审核日期		批准日期	
修改标记		修改处数		修改日期	

22.6.2 物业部绩效考核实施细则

细则名称	物业部绩效考核实施细则	编号	
		版本	

第 1 条 总则

为加强对物业部工作人员的管理，完善企业绩效考核工作体系，提高物业部工作绩效，特制定本细则。

第 2 条 部门考核评估周期

____年____月____日—____年____月____日。

第 3 条 考核项目和考核标准

物业部的考核项目和考核标准如下所示。

物业部的考核项目和考核标准

考核项目	考核指标	绩效目标值			权重	考核周期	得分
		绩优目标	考核目标	实际达成			
维修服务	基础设施完好率	100%	95%	____%	10%	月 / 季 / 年	
	物业设施设备检修计划完成率	100%	100%	____%	15%	月 / 季 / 年	
	维修及时率	100%	≥ 95%	____%	10%	月 / 季 / 年	
	维修服务满意度评分	≥ 95 分	≥ 90 分	____分	5%	年度	
治安管理	治安事件发生的次数	0 次	0 次	____次	20%	月 / 季 / 年	
环境卫生	环境卫生达标率	≥ 98%	≥ 95%	____%	15%	季 / 年度	
	绿化完好率	≥ 95%	≥ 90%	____%	15%	年度	
	绿化覆盖率	≥ 50%	≥ 45%	____%	5%	年度	
	垃圾清运及时率	100%	≥ 98%	____%	5%	月 / 季 / 年	
量化考核得分合计							

第 4 条 关键问题说明

物业部属于服务部门，物业各项工作的满意度评分是考核的关键指标，企业可以采取随机调查的方式对相关指标进行调查，以使考核结果更加客观、公正。

编制日期		审核日期		批准日期	
修改标记		修改处数		修改日期	

第 23 章

绩效量化考核应用与绩效改进设计

23.1 绩效量化考核结果面谈设计

23.1.1 确定绩效面谈的方法和技巧

1. 绩效面谈的方法

为了提高和保证绩效面谈的质量和效果，企业必须采用具有针对性的方法开展绩效反馈面谈工作。

（1）针对某类行为进行深入面谈。绩效面谈人员应指出被考核者工作行为方面的问题，而不要针对其个人做出批评。

（2）反馈的信息要“去伪存真”。反馈的信息必须是经过核实且被证实的。

（3）表扬与批评要适当。对表现优秀的被考核者，绩效面谈人员应给予表扬，并明确告知奖励方式；对表现较差的被考核者，绩效面谈人员应对其提出批评，并与其共同分析原因，制定解决方案。

（4）面谈法则之“4 个代替”，即以“同仁”情谊代替“主从”关系，以“引导”代替“干预”，以“交换意见”代替“质问”，以“启发”员工自动自发地工作代替“命令”。

（5）面谈反馈之“5 个避免”，即避免“光环效应”、避免“比较偏见”、避免“宽松偏见”、避免“趋中误差”、避免“近期误差”。

2. 绩效面谈的技巧

绩效面谈的技巧如图 23-1 所示。

倾听技巧

- 保持良好的目光接触
- 倾听时应保持安静，端正坐姿
- 完整、准确地接受信息，正确地理解信息，避免先入为主
- 适时询问，避免不合时宜地打断对方谈话

非言语沟通技巧

- 善于通过手势、身体姿势、眼神、面部表情、体触、体距等方式交流信息
- 通过对方的手势、身体姿势、眼神和面部表情等判断对方的情绪

语言表达技巧

- 面谈时尽量使用自然、亲切的语气，以缓解被考核者的紧张情绪
- 所提的问题要简明、有力，避免使用极端的语言
- 多提开放式问题，以寻求更多的信息，了解被考核者内心的想法

一忌无证据、无数据地乱说
二忌指手划脚教训人
三忌做“好好先生”
四忌听不进下属的意见
五忌谈话毫无建设性
六忌反馈笼统模糊，不知所云
七忌牵扯与工作无关的评价
八忌只“泼冷水”
九忌无重点，随意沟通
十忌不合时宜地提问

图 23-1　绩效面谈的技巧

23.1.2　实施绩效面谈

一般情况下，若不存在大的争议，面谈用时 30 分钟即可；对重要岗位的绩效面谈，需要邀请领导或其他相关人员参加的，应提前设定时间，一般不超过 2 个小时。绩效面谈的流程如表 23-1 所示。

表 23-1　绩效面谈的流程

阶段	实施步骤	具体事项	所用时间
面谈前期准备	信息确认	双方确认面谈的地点、时间及面谈目标	—
	拟定面谈提纲	绩效面谈人员应准备好被考核者的工作记录、绩效考核表、岗位说明书、绩效历史档案等，确定面谈内容，拟定面谈提纲	—
面谈实施	开场白	对被考核者的辛勤工作表示感谢，营造轻松愉快的谈话氛围，使被考核者放松心情	____分钟
	进入主题	转入绩效面谈主题，告知被考核者面谈的目的	____分钟
	说明考核结果	（1）对本次绩效考核结果进行说明 （2）指出被考核者的优秀和不足之处 （3）对被考核者的自我评估进行肯定	____分钟

（续表）

阶段	实施步骤	具体事项	所用时间
面谈实施	听取被考核者的意见	鼓励被考核者发表意见，并耐心倾听	____分钟
	讨论沟通	（1）就双方意见进行沟通 （2）对比并讨论考核结果与被考核者自我评估的差异之处	____分钟
	制定改进计划	针对绩效考核结果和实际工作情况制定改进计划	____分钟
	设定工作目标	（1）设定下一考核期的工作目标，双方就目标达成一致 （2）目标应具体可行，并尽可能量化	____分钟
	确认面谈内容	（1）确认面谈讨论结果 （2）记录达成一致的事项与意见相异点 （3）双方共同签字确认面谈的内容与结果	____分钟
	结束面谈	（1）肯定被考核者的努力，对员工予以激励 （2）感谢被考核者的配合，结束本次绩效面谈	____分钟
面谈后期跟踪	整理面谈记录	整理面谈记录，填写“绩效面谈记录表”，按规定呈报存档	—
	绩效改进	面谈后持续跟踪被考核者的工作情况，为其提供必要的帮助	—
	配套措施	必要时对岗位说明书、工作计划等进行修订，优化制度与工作流程	—

23.2　绩效量化考核结果应用设计

23.2.1　绩效考核结果在薪酬上的应用

绩效考核结果在薪酬上的应用主要体现在工资分配和奖金分配两个方面。

1. 将考核结果应用于工资分配

（1）用于年度工资额的调整，如考核结果为 C、D 等级的，扣减被考核者半年度工资额的 5% ~ 8%。

（2）用于工资的定期调整，如企业依据年度考核结果，决定被考核者的工资是否调级及调级的幅度。

2. 将考核结果应用于奖金分配

奖金应与被考核者超额完成工作业绩的状况挂钩。在绩效考核体系中，年度工作业绩的考核结果为年终奖金的分配提供了很好的依据，但这并不是充分的，还必须综合企业全年度经营业绩的总体水平而定。

23.2.2　绩效考核结果在职务晋升上的应用

绩效考核结果记录可以为被考核者的职务晋升和企业管理人员的选拔提供依据。如果员工的工作表现符合任职资格要求，且呈成长趋势，那么说明其既有很强的现实能力，又有一定的潜力，是可用之才；如果被考核者的工作表现呈下降趋势，那么应分析原因，促其改进，暂不晋升职务。

23.2.3 绩效考核结果在培训上的应用

绩效考核为评价员工个人的优缺点和提高员工工作绩效提供了一个反馈的渠道。通过分析绩效考核过程及结果，能够帮助企业发现员工个人的能力素质与企业要求的差距，从而及时组织相关的培训教育活动。

通过考核，若发现员工的态度不端正，可要求其参加企业适应性的培训，让其接受企业文化教育；若发现员工在某方面的能力有欠缺，可有针对性地组织其参加培训活动，进而达到开发其潜力，提高其工作能力的目的。

23.3 绩效量化考核结果改进设计

23.3.1 分析工作绩效差距

分析工作绩效差距，即明确哪些方面存在差距，存在多大的差距。工作绩效差距分析常用的五种方法如表 23-2 所示。

表 23-2 工作绩效差距分析常用的五种方法

方法	具体说明
目标比较法	即将考核期内员工的实际工作表现与绩效计划的目标进行对比，寻找工作绩效差距。例如，当月销售额的目标是 10 万元，而被考核者只完成了 8 万元，这 2 万元就是差距
历史比较法	即与历史数据进行比较。例如，上个月的销售额是 8 万元，这个月却只完成了 6 万元，两者一比较，差距就很明显了
历年同期比较法	例如，去年 2 月的个人销售额是 9 万元，今年 2 月却只有 8 万元，这说明跟去年同期相比有差距；再如，去年 3 月人员流失率是 8%，今年 3 月的人员流失率是 10%，这 2% 就是差距
横向比较法	与企业同部门、同职位的人相比较，看工作做得好还是差，找出差距。例如，甲销售员一个月的销售额是 50 万元，而乙销售员只完成 10 万元，这 40 万元的差距就说明乙销售员还有很大的业绩提升空间
行业比较法	例如，同类产品，市场上其他企业的销售员的月平均销售额是 9 万元，而本企业销售员的月平均销售额只有 7 万元，这就说明与市场有差距

23.3.2 查明差距产生的原因

企业可以采用鱼骨图分析法查明工作绩效差距产生的原因，具体如图 23-2 所示。

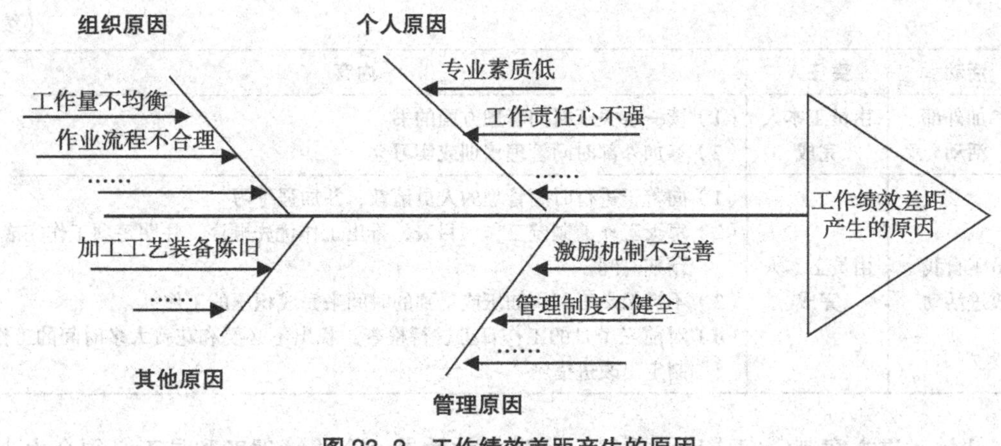

图 23-2 工作绩效差距产生的原因

23.3.3 确定绩效改进的模式

在查明绩效差距产生的原因后，企业管理者应从组织的实际情况出发，结合员工的发展规划，制定工作绩效改进策略，以提升员工的工作能力。工作绩效改进策略包括预防性策略与制止性策略，以及选用卓越的、先进的绩效改进工具，如业务流程再造法、卓越绩效模式、六西格玛管理法、标杆超越法等。

其中，预防性策略属于事前策略，是指在员工工作前由管理者制定绩效评估标准，明确哪些属于关键事件；哪些是正确的、有效的行为，哪些是错误的、无效的行为；高效的工作程序及考核要求是什么，从而有效减少员工在操作中的失误。制止性策略属于事中策略，是通过工作记录、观察等对员工的工作过程进行全面跟踪和调查，及时发现其工作中存在的问题，并予以纠正。

23.3.4 选择和实施绩效改进

绩效改进方案有不同的类型，有的侧重于工作重新分配、有的侧重于特殊培训、有的侧重于工作丰富化等。企业应针对不同的绩效问题、不同员工的具体情况，选择具有针对性的绩效改进方案。有时将几种改进方案结合在一起，会有更好的绩效改进效果。

以提升员工时间管理工作效率为例，绩效改进方案如表 23-3 所示。

表 23-3 员工时间管理绩效改进方案

活动	责任人	内容
组织内部活动	由上级主管完成	（1）为下属员工安排关于“时间管理”方面的培训 （2）派下属员工加入精于时间管理的人员所领导的专案小组 （3）为下属员工制定工作项目表和功能检查表 （4）对下属员工的工作表现给予鼓励

（续表）

活动	责任人	内容
参加外部活动	由员工本人完成	（1）读一些关于时间管理方面的书 （2）参加外部时间管理培训或实习会
员工自我改进活动	由员工本人完成	（1）向善于进行时间管理的人员请教，并加强练习 （2）每天工作前制定工作项目表，排出工作优先顺序，注明每项工作完成的预期时间 （3）不提倡员工利用加班或早到的时间来完成积压的工作 （4）对前三个月的工作日志进行检查，找出不必要和花费太多时间的工作，制定出改进措施

绩效改进方案制定完成后，要想取得良好的效果，企业管理者和员工必须全力支持并推行方案。企业管理者需要完成以下工作：确定员工已了解绩效改进方案；当环境发生变化，需要调整方案内容时，企业管理者要对员工说明情况，并协商一致；在绩效改进方案执行过程中，企业管理者应对员工进行辅导、监督等。员工在同意实施绩效改进方案后，应按照方案中的要求对自己的工作进行改进。

23.3.5 评估绩效改进效果

绩效改进方案实施后，企业需要对改进效果进行评估，以确认该方案是否达到预期改进目标。常用的评估方法是柯氏四级评估模型，以评估个人绩效改进效果为例，具体的评估项目与标准如表 23-4 所示。

表 23-4 柯氏四级评估模型——个人绩效改进效果评估

序号	评估项目	评估标准
1	反应评估	➢ 绩效改进者对绩效改进结果的满意程度 ➢ 工作场所的各类成员对改进结果的反应如何 ➢ 客户和供应商对改进结果的反应如何
2	学习评估	➢ 绩效改进活动实施后，员工了解和掌握了哪些新知识、新技能 ➢ 绩效表现差的地方是否进行了改进
3	行为评估	➢ 改进活动对工作方式是否产生了积极的影响 ➢ 工作中是否开始运用新的技能、工具和程序
4	成果评估	➢ 改进活动对关键绩效问题的改变有哪些影响 ➢ 改进活动对绩效差距的影响有多大 ➢ 差距的缩小与经营行为是否具有正向相关关系

绩效改进的评估结果将反馈到组织观察和分析的过程中，从而开始新的绩效管理循环。